梁小民 著

经济学夜话

宏观篇

生活·讀書·新知 三联书店

图书在版编目（CIP）数据

经济学夜话.宏观篇／梁小民著.—北京：
生活·读书·新知三联书店，2022.5
ISBN 978 - 7 - 108 - 07298 - 6

Ⅰ.①经⋯　Ⅱ.①梁⋯　Ⅲ.①经济学－通俗读物
Ⅳ.① F0-49

中国版本图书馆 CIP 数据核字（2021）第 211723 号

责任编辑　徐国强
装帧设计　康　健
责任校对　曹秋月
责任印制　卢　岳
出版发行　生活·讀書·新知 三联书店
　　　　　（北京市东城区美术馆东街 22 号　100010）
网　　址　www.sdxjpc.com
经　　销　新华书店
印　　刷　北京隆昌伟业印刷有限公司
版　　次　2022 年 5 月北京第 1 版
　　　　　2022 年 5 月北京第 1 次印刷
开　　本　635 毫米×965 毫米　1/16　印张 19.25
字　　数　259 千字
印　　数　0,001 - 8,000 册
定　　价　59.00 元
（印装查询：01064002715；邮购查询：01084010542）

目　录

经济学夜话：宏观篇

宏观篇

两种高价经济学家

——宏观经济学与我们

美国经济学界有两种高价经济学家。

一种是为各种知名报刊和网站写专栏文章的。他们从事宏观经济研究，不仅有高深的理论，而且关注宏观经济的走势及相关问题，往往能对未来经济走势和政府政策做出精辟分析，且预见往往八九不离十，深得读者信赖。他们写的专栏文章受欢迎，价也高。

另一种是美联储的退休老头。他们在职时运用宏观经济计量模型预测经济，并参与货币政策的制定。他们熟知美联储政策的细节，因此被许多大公司请去当顾问、作讲座，甚至当独立董事，参与公司决策。

世界上没有免费午餐，这两种经济学家提供的服务能获得高价，还在于他们的高价服务是物有所值的。否则哪里有为无用的服务支付高价的报刊、网站和大公司？他们服务的价值就在于公司和公众迫切想知道未来宏观经济的走势以及政府可能采取的政策。可见宏观经济与我们每个人的利益休戚相关。了解宏观经济与政策走势对每个人和每个公司做出各种决策至关重要。因此，了解一些宏观经济学的基础知识，为我们能读懂他们的专栏文章、听懂他们的讲座、理解他们的投资建议做点儿准备是十分必要的。

"宏观经济学"这个词是 20 世纪 30 年代才出现的。现代宏观经济学的建立以 1936 年凯恩斯的《就业利息与货币通论》（以下简称

《通论》）出版为标志。在此之前，尽管亚当·斯密等古典经济学家都研究过增长、周期等宏观经济问题，但并不存在现代意义上的宏观经济学。这是因为当时经济学家信奉"供给创造需求"的"萨伊定理"。经济依靠价格机制可以自发地实现充分就业的均衡。既然总体经济没什么问题，就不必研究了，经济学的重点就在资源配置的微观经济学上。

20世纪30年代的大危机打破了"萨伊定理"。正是在这种背景下，凯恩斯建立了以总需求分析为中心的宏观经济学体系。这被称为经济学中的"凯恩斯革命"，堪比天文学中的"哥白尼革命"。

根据美国经济学家曼昆在《经济学原理》中所下的定义，宏观经济学是"研究整体经济现象，包括通货膨胀、失业和经济增长的学科"。经济学家正是通过对这些问题的研究，找出整体经济运行的规律，并寻找实现经济稳定与增长的政策。

从20世纪30年代以来，宏观经济学有了巨大的发展，分析的问题更为广泛，也更为深入。就凯恩斯的理论而言，已经从凯恩斯主义发展为新古典综合派，又发展为今天成为主流经济学的新凯恩斯主义经济学。在凯恩斯主义发展的同时，反凯恩斯主义的经济学也有了巨大进步。自从20世纪70年代西方国家出现失业与通货膨胀并存的"滞胀"之后，凯恩斯主义一统江山的地位动摇了。原来不受重视的反凯恩斯流派异军突起，从货币主义、理性预期学派、真实经济周期学派到今天的新古典宏观经济学，他们已经壮大到可以与凯恩斯主义分庭抗礼的地步。他们的理论与政策对我们更深刻地理解宏观经济各种问题意义重大。经济学就是在不断争论、融合、再争论的过程中前进的。我们全球的经济进步，也有这些经济学家的贡献。

宏观经济问题之所以为我们关注是因为它与我们每个人的切身利益相关。经济学家幽默地说：学了宏观经济学并不能避免你的失业，但你至少可以知道自己为什么失业。我们每个人都面临选择什么职业，上大学学什么专业，如何使自己的财产保值增值、租房还是买房、什么时候买房、如何在股市投资、如何养老等或大或小的决策。要使这些决策不犯重大失误就需要经济学知识，不仅需要微观经济学知识，还需要宏观经济学知识。千万别认为，微观经济学与我们的日常决策更贴近，宏观经济学则有点儿远。试想一想，不了解宏观经济走势如何选择专业与职业，不了解失业的原因如何避免自己失业，不了解通货膨胀的原因如何使自己的财产保值与增值，不了解利率的决定与央行对利率的影响如何去投资或买房，等等。学了宏观经济学不一定总能做出正确的决策，但有了宏观经济学的知识总能避免一些决策中的重大失误。

对于企业来说，宏观经济走势与政府政策对它们的经营更为重要。在哪方面进行投资，从事哪种技术创新，企业如何应对宏观经济风险，比如2008年的全球金融危机与今天的新冠肺炎疫情流行。一些大公司高价聘请美联储退休老头参与决策，或请宏观经济学家分析经济与政策走势，正说明宏观经济的重要性。

这一部分正是要介绍一些宏观经济学的基本知识，希望大家爱读，而且读了有用。

让数字说话
——宏观经济计量模型

1987 年，美国经济学家莱维·巴特拉写了一本题为"1990 年大萧条"的书。该书在《纽约时报书评》评选的当年 15 本非虚构类畅销书中名列第三，销售 25 万册，可谓红极一时。我国也迅速引进出版了中文本。该书的中心是预言 20 世纪 90 年代美国经济全面衰退，甚至会出现 30 年代的大萧条。此后不久，美国经济学家劳伦斯·克莱因预言，90 年代不会出现全面衰退，更不会有大萧条，世界和美国经济都会保持增长。现在 90 年代已经过去了，历史证明巴特拉完全是胡说八道，克莱因的预言正确。

为什么预言会有如此大的差别。原因在于巴特拉是根据观察到的某些现象进行推理和猜测，有点儿像算命。克莱因是根据宏观经济计量模型进行科学预测，由此可以看出宏观经济计量模型在经济预测中的重要作用。

现代宏观经济学实际上包括了三部分不同而又有联系的内容：宏观经济理论、宏观经济政策和宏观经济计量模型。理论是宏观经济学的基础，政策是宏观经济理论的运用，计量模型则是这两者之间的桥梁。宏观经济计量模型是以理论为基础而建构的，可以用于经济分析、经济预测，以及经济政策分析，也可以计算出政策实施中所需要的各种数据，如边际消费倾向、投资乘数、货币乘数、利率的货币弹性、投资的利率弹性等。模型所得出的各种数据都是分析宏观经济走势与政策的基础。克莱因正是由于在这一领域内的开创性贡献而荣获 1980 年诺贝尔经济学奖。

计量经济学是 20 世纪 30 年代由挪威经济学家拉格纳·弗里希和荷兰经济学家简·丁伯根创立的。他们为此荣获首届 1969 年诺贝尔经济学奖。这一时期正是凯恩斯主义现代宏观经济学的创建时期。美国经济学家克莱因根据凯恩斯主义的理论构建宏观经济计量模型，使宏观经济学成为一门可以用数字说话的学问，并使宏观经济学得到广泛运用，这才有了以后宏观经济学的一系列发展和突破。宏观经济学建立之初就与计量模型结下了不解之缘，成为宏观经济学不可忽视的一个组成部分。

计量经济学是理论、数学和统计学的结合。宏观经济计量模型根据某种经济理论，运用数学公式来表述理论，即根据某种经济理论用数学公式表示其中包含的经济变量之间的关系，然后代入经济变量的统计数字，最后得出结论。

计量经济学的奠基人之一丁伯根在 1939 年出版的《美国的经济周期：1919—1932 年》中建立了第一个美国宏观经济计量模型。这是宏观经济计量模型之始。克莱因在 20 世纪 40 年代就根据凯恩斯主义理论建立了美国的宏观经济计量模型。1950 年，克莱因在《1921—1941 年美国的经济波动》中建立了三个宏观经济计量模型。以后，克莱因又与另一位美国经济学家戈尔德伯格建立了著名的"克莱因 – 戈尔德伯格模型"，并运用于经济预测。60 年代，许多经济学家合作建立了包括 226 个内生变量、218 个外因变量、119 个随机方程、107 个非随机方程的庞大宏观经济计量模型，用于短期经济预测。70 年代还有了运用于结构分析、预测和政策评估的数据库模型，用于失业率、国民收入预测的诺顿模型，用于逐季短期预测的查斯模型。此外还有用于货币政策分析的圣路易斯联邦储备银行模型等。这些模型对经济预测和政策分析都起到了积极作用。

还应该指出的是，克莱因从 20 世纪 60 年代开始创建的分析世界经济的林克模型。这个模型由诺顿模型发展而来，把全世界 160

多个国家的人口、GDP、工资、消费、物价、投资、进出口、利率、汇率等经济变量包括在内，预测世界经济走势。克莱因关于90年代世界经济走势的预言正是根据这一模型做出的。目前世界银行对世界经济的预测也根据在这一模型基础上改进的变量更多、更复杂的模型做出。

随着电脑技术的飞速发展、经济理论的进步和统计数据更为完善，宏观经济计量模型也越来越庞大和复杂，运用也更加广泛。我国也建立了自己的宏观经济计量模型。中国社会科学院数量经济与技术经济研究所建成的模型对我国的经济计划制订和政策运用起到了积极作用。

当然，我们也不必盲目推崇这些模型、完全相信它们得出的结论。毕竟现实经济的运行极为复杂，每天都有许多无法预测的因素。比如在去年新冠肺炎疫情开始时，谁能预见到会延续这么久？在一个复杂而多变的世界上，即使有再完善的模型，预测也是困难的。何况宏观经济计量模型永远不能尽善尽美。

了解宏观经济计量模型，运用这些模型，但不迷信模型，这是我们应有的态度。

海水中有湖水

——国家干预与自由放任的争论与融合

    美国经济学界把主张国家干预的经济学派和主张自由放任的经济学派分别称为海水边的与湖水边的经济学派。当然这种争论与海水、湖水并没有关系,而是指他们主要集中的地方。主张国家干预的经济学家主要在哈佛大学、麻省理工学院和斯坦福大学任职。这几所学校都在大西洋或太平洋沿岸,所以这些经济学家被称为海水边的。主张自由放任的经济学家主要在芝加哥大学和明尼苏达大学。这几所学校都在五大湖旁边,所以这些经济学家被称为湖水边的。海水边的就是新凯恩斯主义经济学派,湖水边的就是包括货币主义、理性预期学派等在内的新古典宏观经济学派。

    这两派经济学家在分析长期中的宏观经济问题时并没有重大分歧,都认为长期中通过市场调节可以实现充分就业均衡,长期经济增长取决于由技术进步和资本积累决定的生产率提高,长期中物价水平取决于货币数量。

    他们的分歧主要在短期宏观经济分析和由此得出的政策主张。

    新凯恩斯主义经济学家认为,短期中市场机制的调节是不完善的,难以实现充分就业的均衡。具体来说,在劳动市场上由于工资黏性,劳动的供给不一定等于劳动需求。这就是说,工资的变动由劳动市场供求关系决定,但由于短期内一些难以克服的原因,工资的变动慢于劳动供求的变动,即工资变动有滞后性。当工资不能随劳动供求关系变动迅速及时变动，劳动供给大于或小于劳动需求时，就会出现失业或超充分就业。这样短期中劳动市场就无法实现供求均衡的市场出清。

在物品市场上，由于价格黏性，物品的供给不一定能总等于需求。这就是说，物品价格的变动由物品市场供求变动决定，但由于变动价格有菜单成本这样的代价，价格的变动慢于物品市场供求关系的变动，即价格的变动有滞后性。物品价格不能随供求变动迅速及时变动，物品供给大于或小于物品需求时，就会出现衰退或繁荣。这样短期中物品市场就无法实现供求平衡的市场出清。

这种短期中劳动市场和物品市场的失衡就引起经济周期、失业和通货膨胀，因此为了稳定经济政府必须用宏观经济政策。

新凯恩斯主义经济学比传统的凯恩斯主义和新古典综合派在理论上提出了黏性工资和黏性价格理论，使宏观经济学建立在微观经济学的基础之上。在政策上，新古典综合派比传统凯恩斯主义更重视货币政策，主张财政政策与货币政策的配合。新凯恩斯主义不仅财政政策与货币政策并重，还强调了其他政策的配合。

新古典宏观经济学派认为，无论在长期还是短期中，市场机制的调节都是及时而完善的。因此，总能实现充分就业的均衡。在劳动市场上工资是有伸缩性的，随劳动市场供求关系的变动而迅速及时地变动，使劳动市场处于供求相等的市场出清状态。在物品市场上价格是有伸缩性的，随物品市场供求关系的变动迅速及时地变动，实现供求均衡的市场出清。市场机制是完善的，引起经济周期、失业和通货膨胀的不是市场机制的调节滞后，而是外部冲击，如石油危机、移民的进入等。因此，保持经济稳定的方法是让市场机制充分发挥调节作用，而不是政府干预。其实正是政府的干预破坏了市场机制的正常作用，并作为一种外部冲击引起了经济不稳定。

他们的市场机制完善论来自理性预期理论。这就是经济中的理性人可以收集各种相关信息，做出理性的、正确的预期，从而提前采取各种对策。如果政府进行干预，他们也会预期到不同形势下政府会采取的政策，从而提前采取对策使政府的政策无效。政府干预没用，反而破坏了市场机制的正常作用，引起各种问题。他们的政策就是没有政策。

这两派有对立、有分歧，但也有一致。即使在短期中，新凯恩斯主义经济学也没有否认市场机制的作用。只是在市场机制有效的程度上与新古典宏观经济学有分歧。在政策上，新古典宏观经济学也不完全反对政府的经济政策。如货币主义也认为短期中货币政策的使用，无非他们的货币政策不是刺激经济而是稳定物价。在其他方面，他们的共同之处还不少。他们也互相吸收对方的观点。正因为如此，弗里德曼说："我们现在都是凯恩斯主义者。"持凯恩斯主义的莫迪利安尼也说："我们现在都是货币主义者。"说海水中有湖水正是指这种融合关系。当然，分歧永远存在，统一永远是不可能的。但一个学科如没有了分歧，没有了争论，它也就停滞了。

新冠肺炎疫情不会使世界经济一蹶不振

——宏观经济中的短期与长期

从 2020 年年初开始，世界发生了新冠肺炎疫情，各国经济都受到不同程度的打击。除中国等少数国家保持了正增长外，其他大多数国家经济都是负增长。世界经济会由于这次疫情打击一蹶不振，进入长期萧条吗？

在分析这次疫情对宏观经济的影响时，一定要区分短期和长期。在微观经济学中我们也有短期与长期的区分，但在微观经济学和宏观经济学中，短期与长期的概念是完全不同的。微观经济学研究的是企业，短期与长期的区分是根据企业能否调整全部生产要素。如果只有一部分生产要素可以调整，另一部分生产要素不可以调整，就是短期。如果所有生产要素都可以调整就是长期。对于不同行业、不同企业，短期与长期的时间是完全不同的。在宏观经济学中研究的是整体经济，区分短期和长期的标准就是市场机制调节经济的作用能不能得到充分发挥。如果市场机制调节经济的作用不能得到充分发挥，就是短期；如果市场机制调节经济的作用可以得到充分发挥，就是长期。在宏观经济学中，多长时间是短期，多长时间是长期，也并没有完全一致的说法。一般认为标准为三年，三年以内就是短期，三年以上就是长期。实际上长期是由无数短期组成的。三年过去并不是说以后就是长期了，以后还会有三年的短期，所以短期总是存在的。有人问凯恩斯，你的《通论》为什么没有分析长期

经济学夜话：宏观篇

问题？他幽默地回答：长期中我们都会死。我想他其实是说，在整体经济中分析长期问题没有意义，宏观经济学的重点还在短期上。

在宏观经济学中，长期是研究经济的长期趋势，也就是生产能力的增加，即增长问题。对这个问题，经济学家的看法基本是一致的，形成了不同的经济增长理论。这些理论并不是相互对立的，而是不断发展的。从哈罗德－多马增长模型到新古典增长模型，再到内生经济增长模型，不是一个否定一个，而是一个发展于另一个的基础之上。所以它也算不上宏观经济学争论的问题。宏观经济学的重点在短期上，短期中的失业、通货膨胀、经济周期才是使经济学家产生困惑的问题。短期经济的目标是实现稳定，但应该靠市场稳定还是靠政府稳定，靠政府是财政政策为主还是货币政策为主，都是争论极大的问题。

新凯恩斯主义经济学者认为，短期中价格与工资不一定能根据供求的变动而调整，调整是滞后的。这就是说，短期中靠市场机制来实现稳定是不可能的。因此需要国家用宏观经济政策来调节经济实现稳定。他们是继承了凯恩斯主义的国家干预传统的，不过在理论的解释和政策运用上比凯恩斯主义有了相当大的发展与突破。

主张自由放任的经济学派其实看法并不完全一致。货币主义者认为，人们的预期是适应性预期，即可以根据过去预期的失误来调整对未来的预期。因此短期内可以利用人们预期的失误来欺骗他们，使宏观经济政策起作用。但长期中人们可以纠正预期的错误，所以宏观经济政策就不起作用了。而且，短期利用公众预期失误而让宏观经济政策起作用，会给经济带来更大的灾难，无异于饮鸩止渴。因此无论短期和长期，国家用宏观经济政策都有百害而无一利。

新古典宏观经济学派则根据理性预期假设，认为人们能做出理性的预期，预料到在某种形势下政府会采取的宏观经济政策，从而提前做出对策，使国家的干预无效。只要依靠市场经济，宏观经济就可以平稳运行。

从现实来看，经济学中占主导地位且成为政府制定政策依据的还是新凯恩斯主义经济学。所以政府还一直用宏观经济政策稳定经济。在这次新冠肺炎疫情面前，各国政府采用了不同的方法稳定经济。尽管短期中新冠肺炎疫情的冲击是相当严重的，但长期中世界经济仍然会走上正轨，保持增长，这次新冠肺炎疫情过去后也许会有恢复性的较快增长。当然未来世界经济还会出现各种问题，但与这次疫情的冲击就没什么关系了。短期疫情过去，长期经济还看其他因素。

GDP 与全球一体化

——从 GNP 变为 GDP 的原因

　　20 世纪 90 年代以前，各国在进行国民收入核算时所用的指标是 GNP（国民生产总值）。1993 年，联合国统计司要求各国以后一律不用 GNP，而改用 GDP（国内生产总值）。GDP 与 GNP 有什么区别，为什么联合国要把 GNP 改为 GDP 呢？

　　从字面上说，GDP 与 GNP 仅一字之差，在英文缩写中是"D"与"N"，在中文中是"内"与"民"。这两者都是一国一年内所生产的最终产品（物品与劳务）市场价值的总和。一字之差就差在对"一国"的解释。GDP 的一国指一的领土范围。这就是说，只要是在一国领土范围内生产的，无论是本国人还是外国人生产的，都算在一国 GDP 内。GNP 的一国指一国的公民。这就是说，只要是一国公民生产的，无论在国内还是国外生产的都在 GNP 内。

　　在国民收入核算体系中，GDP 和 GNP 有固定的关系。这就是说，GDP 中减去外国公民在本国生产的产值加上本国公民在外国生产的产值就是 GNP。或者说 GNP 中加上外国公民在本国生产的产值减去本国公民在外国生产的产值，就是 GDP。在经济发达的国家，GDP 与 GNP 之间的差额也就是 1%—2%。

　　既然这两者之间在数量上有固定的关系，从一个可以推算出另一个，且数量上的差别几乎可以忽略不计，联合国统计司为什么要求各国把过去用的 GNP 改为 GDP，实际上已经放弃了 GNP 这个概念，而且各国也欣然接受了呢？

从 GNP 变为 GDP 不是一个简单的概念变化，它反映了经济全球一体化这个重要的趋势。

在全球化的今天，各国经济已经是"我中有你，你中有我"，几乎每一种产品只知道最终是在哪里生产出来的，而很难分清其中的部件是哪国人生产的。比如美国福特公司的一款汽车，零部件来自15 个国家，你说它是哪一国公民的产品呢？只知道它最终在美国组装出来。当今世界上，很少有什么东西完全是一国公民生产的。不用说飞机、电脑这类复杂的产品，就是一个麦当劳也很可能牛肉是阿根廷的，面粉是加拿大的，番茄酱是墨西哥的。要按生产它的国民去统计几乎是不可能的。用 GDP 代替 GNP 在统计上就简单方便多了。

各国接受把 GNP 改为 GDP 也反映了一种观念上的变化。过去各国都重视民族工业，即本国公民办的企业。保护民族工业被作为一个爱国主义的口号。外国资本或外国企业的进入被认为是一种经济上的侵略。如今引进外资，请外国来办企业已成为各国的时尚。美国人在我们中国有企业，我们中国的曹德旺不也在美国办企业吗？"我中有你，你中有我"不仅体现在产品中，也体现在资本和企业中。

这种全球一体化对经济学和经济政策的制定都有重大意义。20世纪 90 年代之前，宏观经济学的研究是先不考虑开放的封闭经济，把相关理论讲清之后再进入开放经济。这种方法在认识论上说，从简单到复杂，是有意义的，但无意中把封闭经济与开放经济分开了，实际上以分析封闭经济为主体。90 年代之后，经济学家都从全球的角度来分析一国的宏观经济，宏观经济学成为开放的宏观经济学，从这种分析中得出的结论也更具有现实意义。

在封闭经济与开放经济之下，经济政策的影响也是不同的。一国的经济政策还要从全球的角度来制定。1999 年诺贝尔经济学奖获得者蒙代尔的主要贡献之一正是分析了开放经济和封闭经济中财政政策与货币政策的作用不同。他认为，在实行浮动汇率和资本自由流动的开放经济中，货币政策对经济的影响大于财政政策。在汇率固定和限制资本流动的封闭经济中，财政政策的影响大于货币政策。克林顿政府正是根据这种理论将紧缩性财政政策与扩张性货币政策相结合，既刺激了经济又减少了赤字，并获得成功。

文学上有"一字师"之说，一字之差让语言更准确、更优美。经济学上的一字之差则关系国计民生。一字之差不可小视。

人均GDP不是人均收入
——国民收入核算中的五个总量

2020年，尽管有新冠肺炎疫情扰乱，但我国的GDP仍已接近100万亿元，如果按照14亿人口计算，人均7万多元。但我相信，绝大多数人的家庭人均收入没达到这个数，甚至许多人的年工资也没到这个数。这是为什么呢？

这就告诉我们一个重要的问题，人均GDP并不等于人均收入。这两者并不相等。要了解这一点，必须弄清楚国民收入核算中各种总量指标的含义及其相互关系。有了这些知识才可以读懂国家统计部门发布的各种统计数字，从而更了解真实的经济状况。

用数字来衡量一个国家经济状况的统计体系称为国民收入核算体系。这个体系中共有五个指标。最重要的一个是国内生产总值（GDP）。它指一国一年内所生产的最终产品（包括物品与劳务）市场价值的总和。在理解这个概念时要注意这样几点。第一，"一国"指一国领土范围之内。这就是说，在一国领土上无论是本国人还是外国人生产的最终产品都是该国的GDP。它以领土为标准，而不以人口为标准。第二，"一年内所生产的"，包括一年内所生产的最终产品，包括已销售出去的，也包括未销售出去。例如，某国某年盖了1000亿元的房子，卖出800亿元的房子，剩下200亿元的房子未卖出，都计入这一年的GDP，800亿元作为住房投资支出，200亿元作为库存。下一年卖出的这200亿元的房子则不计入下一年的

GDP。第三，为了避免重复计算，只计算最终产品而不计算中间产品。最终产品是最后供消费或投资的产品，中间产品是指作为生产要素再投入下一阶段生产的产品。在实际计算中区分最终产品与中间产品不容易，因此可以计算各生产阶段的增值。第四，最终产品中既有有形的物品，也有无形的劳务，在现代经济中劳务占了相当大的比例，这就是曾任美联储主席的格林斯潘说 GDP "变轻了" 的原因。第五，按市场价格进行计算。如果按统计部门确定的基年价格计算就是真实 GDP，如果按当年价格计算就是名义 GDP。

GDP 反映了一国整体经济的规模和状况。真实 GDP 增长的百分比，称为增长率。真实 GDP 与充分就业时所能达到的 GDP（称为潜在 GDP 或充分就业 GDP）之间的背离反映了经济中周期性变动。名义 GDP 与真实 GDP 之比（称为 GDP 平减指数）可以衡量通货膨胀的程度。在国民收入统计体系中 GDP 这个指数最重要，其他四个指标可以从这个指标中推算出来。

国内生产净值（NDP）指一国一年新增加的产值。在最终产品中有一部分要用于补偿生产中所消耗的东西，称为 "折旧"。因此 GDP 中减去折旧就是 NDP。

国内生产净值（NDP）中减去间接税就是国民收入（NI）。间接税是税收负担不由纳税人承担的税收。例如，对汽油征收的销售税，由汽油生产商和销售商支付，他们是纳税人，但可以通过提价把税收全部或部分转嫁给汽油的消费者。这种税就是中间税。国民收入是一国居民提供各种生产要素得到的各种收入之和。从生产者的角度看就是生产成本和利润。GDP 按市场价格计算，价格等于生产成本加间接税。因此，从 NDP 中推算出国民收入时还要减去间接税。

国民收入还不是我们的个人收入（PI）。从国民收入中减去公司未分配给股东的利润（称为公司留存利润，用于投资），加上政府向居民支付的利息（国债利息）就是个人收入。

但这还不是个人可支配的收入。从个人收入中减去居民向政府缴纳的个人所得税，再加上政府向居民支付的转移支出（比如各种社会保障与社会福利支出），才是个人可支配收入（PDI）。这种收入由个人支配，可分为消费和储蓄，这才是真正的人均收入。

从 GDP、NDP、NI、PI 和 PDI 这五个指标的关系中，我们就知道人均 GDP 并不是个人可支配收入（PDI），即真正到你手中的钱。了解这些概念是进入宏观经济学的开始。

GDP 准确吗

——GDP 统计的缺陷

美国经济学家萨缪尔森讲过一个有关 GDP 的故事。玛丽在乔治家当保姆，提供家务劳动。乔治每年支付她薪金 3 万美元。GDP 中包括了记录玛丽提供劳务创造的 3 万美元。但在玛丽为乔治服务的过程中，他们碰撞出爱情的火花，相爱结婚了。玛丽现在仍提供同样的劳务，但她作为乔治的妻子，乔治不用向她支付 3 万美元薪金了。GDP 中实际的劳务并没有减少，但货币统计中减少了 3 万美元。这说明 GDP 并不能准确地衡量实际生产的产品与劳务的价值。

这只是一个爱情改变 GDP 的例子。在现实中这样的例子太多了。使 GDP 不能准确地衡量国民经济中实际生产的产品和劳务价值的主要因素有两项。一是地下经济，每个经济中都存在着地下经济，无非多少不同而已。这种地下经济包括两种。一种是非法的经济活动，在西方国家最主要的就是毒品的生产与交易以及卖淫等。GDP 的统计并没有道德含义，无论非法与合法的产品与劳务都包括在内。但从事这些非法活动的人并不会向政府申报，也不上税，当然就不会包括在 GDP 的统计中。这不就缩小了 GDP 吗？别小看这部分非法活动。据经济学家和统计学家估计，在西方发达国家，这种活动在 GDP 中占到 7%—25%。在一些发展中国家，这种非法活动更多，甚至高达 GDP 的 40%。GDP 的这么大一块不见了，GDP 的统计还准确吗？另一种是合法的地下经济，但为了偷税漏税也不上报，无法统计在 GDP 中。例如,个人之间的直接交换。例如,你请一个音乐老师给女儿教钢琴。你直接给他现金,他如果不去申报纳税,就难以计入 GDP。这样的情况在经济中相当多,不过数额并不大,几乎可以忽略不计。

另一个是不通过市场的经济活动。在任何一个国家这种活动都不少,如自己做家务、自己做饭、自己剪草坪等。在发达国家和发展中国家这类活动的重要性差别相当大。发达国家市场交易程度高,绝大多数经济活动都通过市场。以吃饭为例,发达国家的不少人常在餐厅吃饭,在家也就是买半成品或成品加工一下。发展中国家市场交易程度低,许多事都是自己做。以吃饭为例,几乎从种菜、养猪、养奶牛、加工成饭根本不通过市场。这样假设这两个国家吃的饭是同样的,但在发达国家计入 GDP 的就多,而发展中国家计入 GDP 的就少得多。

还应该特别指出的,发达国家和发展中国家差别最大的一块在住房。在发达国家,住房的建筑、装修、维修都由房地产公司或其他相关的公司提供,人民只是简单地购买住房。这一块在 GDP 中计入居民住房投资一块。由于房价高,这一块相当大。但发展中国家,尤其在农村,都是自建住房。一般采取的形式是互助,你帮我盖房,我帮你盖房,不用付什么工资,酬劳就是吃顿饭、喝点酒或抽点烟而已。通过市场的也就是一些自己无法生产的建筑材料。这样,同样的住房在 GDP 统计中的差别就大了。

对于 GDP 统计的这些缺陷与不足,有不少经济学家和统计学家提出了改进的意见,例如,如何估算地下经济部分,但往往难以操作,或还没有达成共识。所以现代 GDP 统计仍用原来一直采用的方法。由于对 GDP 统计体系的建立和完善而获得诺贝尔经济学奖的是1971 年获奖的美国经济学家西蒙·库兹涅茨和 1984 年获奖的英国经济学家理查德·斯通。经济学家预言,将来谁能在完善 GDP 统计上再做出突破性贡献,解决了 GDP 统计中遗漏的地下经济等问题,一定能再获诺贝尔奖。花落谁家,我们只能等待。

不过从实际情况看，GDP不可能也不需要计算得那么准确，不差一分一厘。现在的GDP核算尽管有许多不足，但大体上还是能反映一国的真实经济实力的。虽然世界上怕就怕认真，但在GDP统计问题上还用得上郑板桥老先生的一句名言：难得糊涂。

GDP 与福祉

——GDP 不能衡量社会福祉

GDP 或人均 GDP 高，人民生活就好，福祉就多吗？未见得。当年根据苏联官方公布的数字，苏联的 GDP 和人均 GDP 总量都不低，增长率也相当快，但人民生活水平并不高。正是这种人民福祉长期落后于西方的状况，使人民对苏联的体制产生怀疑，最终导致苏联解体。

GDP 或人均 GDP 水平为什么与人民的福祉没有直接的关系？我想这里有三个原因。

一是 GDP 的结构。GDP 是一国所有最终产品与劳务的价值。一国的 GDP 中，有些与人民的福祉是密切相关的，如各种生活用品与劳务。但有些与人民的福祉关系并不大，如武器。生产一定的武器，以保卫国家安全，这是必要的，与人民的福祉直接相关。但如果超过了这种必需的程度，大量生产武器不仅不能增加人民的福祉，而且由于把本来可用于生产生活用品的资源用于生产武器，反而减少了人民的福祉。当年苏联把大量资源用于生产武器军备，GDP 或人均 GDP 自然就高了，但不能吃不能穿的原子弹、坦克、导弹与人民福祉又有什么关系呢？GDP 是一个总量，并没有反映不同产品与劳务的结构或组成，自然无法与人民的福祉联系起来了。

二是没有反映 GDP 在国民中的分配状况。收入分配直接与人民的福祉相关。如果一个社会尽管 GDP 高，但收入分配极不平等，人民的福祉也不高。但如果 GDP 并没有增加，但收入分配较为平等，人民的福祉也会增加。当一部分财富由高收入者转入低收入者时，根据边际效用原理，富人的福祉不会减少多少，而穷人的福祉大大增加了。社会总福祉不也增加了吗？经济学所讲的选择以人民的福祉为目标，所以经济学不仅关心 GDP 的生产，还关心 GDP 的分配。然而现实中的 GDP 并没有说明分配状况，人均 GDP 仅仅是所有人的一个平均数，掩盖了不同人之间分配巨大的不平等，所以无法反映人民的福祉。

三是有些实际上影响人民福祉的重要内容并没有计入 GDP。这主要有两块内容。一是环境污染，它对人民的福祉是有负作用的。如果没有切实保护环境，GDP 增加了，污染也会增加。生活在污染的环境中，吃着含有重金属的粮食，喝着肮脏的水，呼吸着有臭味的空气，GDP 再高，人民能有幸福感吗？环境污染降低了人民的福祉，但 GDP 中并没有反映环境污染的内容，也没有减去环境污染的负值。另一个是休闲和家务劳动。休闲和家务劳动的价值当然没算在 GDP 之内，但休闲的增加都是人民福祉的重要来源。休闲了或在家里静静读一会儿书，或去音乐厅听听贝多芬、莫扎特，或者走出去看看世界的大好河山，这有多幸福。家务劳动同样带来幸福。但这些活动的货币价值有多大，如何计入 GDP 中，都是 GDP 统计中难以解决的问题。

其实许多经济学家已经注意到这个问题。1972 年耶鲁大学经济学教授威廉·诺德豪斯与另一位经济学家詹姆斯·托宾共同提出一个经济净福利（NEW）的概念，把环境污染等不利于人民福祉的因素从 GDP 中减去，再加上对人民福祉有积极作用的休闲及家务劳动。他们用自己的方法计算出，美国在 1940—1968 年，经济净福利只有 GDP 的一半，而且越往后，经济净福利与 GDP 的差距越大。经济净福利这个概念受到经济学界和社会的广泛关注，现在已进入教科书之中。但如何估算经济净福利并没有什么得到大家公认、可以实用的统计方法。有些国家也公布过自己的经济净福利指标，但并没有得到大家公认。

我们并不是说 GDP 或人均 GDP 与人民福祉无关。总体上看，GDP 或人均 GDP 高的国家，人民福祉还是大的。苏联的情况是一个特例。不过要说准确反映就不对了。对 GDP 统计的改进还有待这一代人甚至下一代、下几代人的不断探索。

GDP 国际比较的困难

——GDP 的局限

世界银行每年都发布各国 GDP 和人均 GDP 的排行榜。经济学家和政治家也常用这些指标说明各国经济实力或人民生活水平的状况，并进行比较。但这种排行和比较有多大可信度？能简单地比较各国的 GDP 吗？

应该说用这种指标比较发达国家的状况还是靠谱的，因为这些国家有相同的 GDP 统计体系，有系统的信息采集系统，有较为完善的加工处理各种信息的技术与工具。而且在各种信息全部公开，尤其现在的大数据时代，要造假也相当不易。各国之间的汇率也能真正反映各国货币的购买力。但是，要比较发达国家和发展中国家就不容易了。

首先是各国的汇率问题。现在常用的比较方法是按官方公布的汇率，把各国用自己货币表示的 GDP 换算为美元，然后比较各国的 GDP。理论上说，各国应该根据购买力平价，即任何一单位货币应该在所有国家都能买到等量的物品，来估算本国货币与外国货币的汇率。但购买力平价理论本身也有缺点，且它估算的是长期汇率。现实中估算的汇率与购买力平价并不一定完全一致。在发达国家，资本市场是开放的，货币自由兑换，官方汇率还是大体上接近购买力平价的。但在许多发展中国家，资本市场不开放，货币不能自由兑换，官方汇率就与购买力平价差别较大。在这些国家，也许黑市汇率更接近购买力平价一点，但这种黑市汇率难以在进行国际比较时使用。何况有些国家还会为了不同的目的高估或低估汇率。高估汇率是为了维护本国货币在世界上的地位，低估汇率是为了鼓励出口。这样把本国 GDP 按官方汇率换算成美元时就会高估或低估本国的实际 GDP。

其次是市场化程度问题。正如我们所说，GDP 只统计通过市场交易的产品与劳务。发达国家市场化程度高，且各国之间市场化程度的差别不大，比较起来可信度高一些。但发展中国家市场化程度低，许多产品与劳务的交易都不通过市场，无法统计在 GDP 中。这样发展中国家的 GDP 就会被低估。

最后有些发展中国家政府还会有意地造假，高估自己的 GDP，以显示政府的政绩，或者为自己在选举中争取更多的选票。美国经济学家保罗·克鲁格曼在《萧条经济学的回归》中评论东亚奇迹时指出，"这些国家很容易出现粉饰太平的现象"，"经济增长的实际评估，在很大程度上是虚构出来的，是建立在估计和推测基础上的"。而且这些国家缺乏民主，GDP 统计由国家说了算，不允许也没有民间研究机构的质疑。不过克鲁格曼仍然肯定了东亚国家经济的巨大进步。当然也要考虑到，发展中国家采集资料、加工信息进行统计时工具与技术的差距，这会高估或低估 GDP。

GDP 的估算和比较都是一项相当困难的工作，出现各种问题也在所难免。我们仍然要用这些数据，无非在使用时格外谨慎，不能不信，也不能全信。还要用其他数据与资料来更全面地了解一国的经济状况。

GDP 与康乾盛世

——GDP 不代表一切

读过一些历史学家的文章，他们颇为骄傲地说，在康乾时代，中国的 GDP 占全球三分之一，超过今天美国在世界上的地位。中国制造业在世界制造业中所占份额是英国的 8 倍，俄国的 6 倍，日本的 9 倍，比建国不久的美国不知强了多少。国际贸易中即使不是世界中心，也是东亚的中心，在世界占有支配地位。乾隆时财政收入达到 8000 万两白银。总之是"厉害了，我的康乾时代"。一些外国历史学家也根据这些资料，盛赞当时的中国如何有活力，如何繁荣。

但真的是"厉害了，我的康乾时代"吗？GDP 是一个总量概念，以此来判断一国的强弱恐怕还太片面，我们还应该看另两个与 GDP 相关的指标，GDP 增长率和人均 GDP。

根据英国学者安格斯·麦迪森所编的《世界经济千年统计》，按书中使用的 1990 年国际元，中国 1600 年 GDP 为 960 亿元，1700 年为 828 亿元，反而减少了，这也许是因为有明末农民起义和满清入关的战争。到 1820 年经历了乾隆盛世才增加到 2286 亿元。120 年间总增长率为 276%。同一时期英国从 710.77 亿元增加到 1426.93 亿元，总增长率为 200%。这一段没有人均 GDP 的资料，从 1820 年以后才有 1850 年、1870 年的数字，1871 年后才有逐年的数字。从 1820 年到 1913 年，中国才由 2286 亿元增加到 2413.44 亿元，93 年总增长率为 5.6% 左右。近百年增加了 5.6%，不能不说是一种停滞。

同一时期英国的 GDP 从 362.32 亿元增加到 2246.18 亿元，总增长率为 520%。1820 年，中国的 GDP 比英国高 60.2%，到 1913 年仅高 7.4%。

中国的人口多，GDP 高很正常。再看人均 GDP，1820 年为 600 元，1913 年为 552 元，下降 0.6%，其间除了 1850 年持平外，其他年份是一直下降的，1870 年为 530 元，1890 年为 540 元，1900 年为 545 元。同期中，英国的人均 GDP，1820 年为 1707 元，1913 年为 4921 元，总增长率为 188%。中间一直是增长的。英国 1500 年的人均 GDP 已达 714 元，高于中国 1820 年 19%。面对增长率和人均 GDP，你还认为中国在世界上有多牛吗？还认为这占世界 GDP 三分之一云云就是"厉害了，我的大清帝国"吗？仅仅比较 GDP，只会得出一个供自我安慰的结论。

中国人的实际生活水平如何呢？乾隆五十八年（1793），英国派出以马戛尔尼为首的第一个访华团。来之前，马戛尔尼看了一些传教士写的介绍中国的书，加之当时不了解中国而又盲目崇拜中国，在他的想象中中国是黄金遍地，繁荣富庶。但到中国后的一路上，看到中国人都如此消瘦，触目所及无非是贫困落后的景象。也许这次中国之行，让他看到占世界 GDP 三分之一的中国的真相吧！这与英国敢于不远万里发动入侵中国的鸦片战争不会没有关系。

中国学者洪振快先生在《中国的康乾盛世还不如英国中世纪》中指出："1500 年左右的英国，一个普通的三口之家，每天可以获得 8 便士的工资，食物的支出是 3 便士，因此只要他们愿意劳动，他们就可以过上不算特别宽裕但衣食无忧的日子。而清代雇工工值的四分之三，甚至五分之四以上用于饮食。"如果你去读明清时在华传教士所写的日记和回忆录，恐怕说中国人生活水平高的人不多，说中国人生活艰辛的不少。

黑格尔、亚当·斯密、马克思等学者都认为当时中国是落后而贫穷的。仅仅根据 GDP 占世界三分之一，不看增长率和人均 GDP，也不看中国总体的经济状况和人民生活，要推翻这个结论是不容易的。

当然，我们并不是要研究这一段历史，而是要说明，GDP 仅仅是一个表示一国实力的指标，不看增长率无法确定一国的经济是增长还是停滞，不看人均 GDP 就无法确定人民的生活水平。衡量一国的国力和人民生活水平，要根据多种指标。仅仅拿 GDP 说事儿就会一叶障目，千万不要犯唯 GDP 论的错误。

人性化的生活指标
——贴近生活的宏观经济指标

  大约是 1963 年吧，我们听了一场当时北京市委书记、市长彭真同志的报告。当时我国经济已度过了困难时期正走向复苏。彭真同志讲到经济形势时说，我不用什么数字，看到大街上人们都满面笑容，就知道我们的经济好了。他讲的其他话我早就忘了，唯有这句话一直记到现在，从人们的笑容看经济，这是一个多么好的经济指标！

  统计数字是科学的，但无论多么精准总是冷冰冰的，除了专家，老百姓对这些数字并没有什么感觉。他们更多关心的还是发生在自己身边，看得到、摸得着的事情，并据此来判断经济形势。所以"满面笑容"就是一个既形象又生动的经济指标。其实这样想的绝不仅仅是我一个人。许多人都用鲜活的、人性化的指标来衡量宏观经济。

  英国的《经济学人》杂志曾提出过观测英国经济复苏的六项"民间指标"：第一，新车销售量大大增加；第二，司机的需求大大增加；第三，出现置业潮，即房地产热；第四，赴海外度假者大大增加；第五，纯种狗和纯种猫数量同时增加；第六，女性做隆胸手术者与女性胸围尺码俱增。这些指标都反映了人民生活变化的情况。没有经济复苏、人民就业增加和收入增加，能有这些变化吗？增加的这些项目都属于奢侈品。奢侈品消费增加，正是人民手里有闲钱的标志，这些闲钱不正来自经济复苏吗？既形象又生动，多么鲜活而有趣的指标！

美联储前主席格林斯潘为了说明现代经济对服务业和高科技的依赖性，提出了一个GDP轻重的指标。他说，过去GDP靠煤、钢铁、石油等沉重的物质产品，而现在GDP中更多靠的是服务，且物质产品也由于科技进步而"变轻了"。想想过去的电脑和现在的电脑，重量的差别有多大！一个"轻"字概括出了现代经济的特点，真不愧是格林斯潘。

还有经济学家提出了垃圾指标，用垃圾量的变动来衡量经济。当经济繁荣时，人们扔的垃圾多了：过时的家具、衣服，新买的大件商品包装等。在经济衰退时，人们没什么东西可以扔，垃圾当然少了。美国经济学家约翰·凯尔曼以芝加哥的垃圾为例对这个指标进行了检验。20世纪90年代芝加哥繁荣时，每年垃圾增加2%—10%，但在1999—2000年经济衰退时，总垃圾减少了6%，而大件垃圾（旧家具、电器和大件包装箱）仅增加了1%。经济好了，什么都成垃圾；经济不好，没什么垃圾可扔。对老百姓来说，这个指标比GDP更现实，也更可信。

股市是宏观经济的晴雨表，也反映了人们对未来经济的信心。股市变动的指标当然可以看道·琼斯指数、标准普尔指数，也可以看交易量。但还有一个指数你也许没听过：女人裙子的长短。在20世纪初期，有人注意到，当股市牛气冲天时，女人的裙子短，而当股市熊气弥漫时，女人的裙子长。这种看法还被称为股市的裙摆理论。有道理吗？当时丝袜价格昂贵，是女性的时尚物品。当股市牛气冲天时，男人有钱给女人买丝袜，女人爱穿短裙子，以显示自己的新丝袜；当股市熊气弥漫时，男人没钱买丝袜了，女人就穿长裙掩盖自己已破的或补过的丝袜了。当然，现在这个指标不用了，因为丝袜太便宜，不值得显摆。

不过关于女人，现在有了口红指标。经济不好时，女人为了保住工作或寻找工作，就要多抹口红，把自己妆扮得艳丽一些，口红销量增加。经济好时不用这样化妆了，口红销量就减少。

这些指标有些是严肃的，如垃圾指标，还有具体数字呢！有些则有开玩笑的性质，如与女人相关的指标。无论是什么性质，总能透过生活中的细节反映出宏观经济的状况。这类指标比 GDP 等更贴近生活，也更具体、生动、有趣，令人印象深刻。正如彭真同志那句从人民满面笑容判断经济好转的话让我记了一辈子一样。

经济学夜话：宏观篇

痛苦指数及其他

——宏观经济指标的应用

宏观经济指标不仅可以分析宏观经济形势，制定相应的政策，也可以用于分析其他问题。这里就介绍根据通货膨胀率和失业率而形成的痛苦指数、不受欢迎指数以及稳定政策指数。

失业率是真实指标，消费物价指数是名义指标。把这两者结合在一起就称为痛苦指数或遗憾指数，即痛苦指数是失业率与用消费物价指数表示的通货膨胀率之和。比如失业率为 5%，通货膨胀率为 3%，痛苦指数就是 8%，或称为 8。这个指数是 1975 年美国福特政府时期由民主党人作为一个政治口号提出来的，以后被广泛运用。这个指数中，失业率与通货膨胀率的加权数是相同的，表示失业与通货膨胀给公众带来的痛苦是相同的。这就是说，失业率上升 1%和通货膨胀上升 1%，给人民带来的痛苦是相同的。

痛苦指数为衡量宏观经济和政策的成败提供了一个客观指标。通货膨胀率高，稳定物价不成功；失业率高，实现充分就业不成功。痛苦指数高，宏观经济状况不好，政策不成功，每个社会的失业与通货膨胀有交替的关系，失业率越高，通货膨胀率越低，反之亦然。每个社会都有不同的痛苦指数安全线，即在这个痛苦指数之下社会是可以接受的，高于这个指数就要采取政策。例如痛苦指数的安全线是 10%，现在是 12%了，这就要降低失业率或通货膨胀率，使它保持在 10%以内。

不受欢迎指数或者受欢迎指数，是用来衡量选民对一个政府不欢迎或欢迎程度的指标。选民对一个政府不欢迎或欢迎最根本的还取决于宏观经济状况。因此失业率和通货膨胀率结合所形成的指数也可以用来表示选民对政府不欢迎或欢迎的程度。

这个指数是耶鲁大学教授瑞·费尔研究宏观经济状况对选民行为的影响时提出的。他研究了 1916—1984 年总统选举结果与宏观经济状况之间的关系，得出了两个结论：第一，真实 GDP 每增加 1 个百分点，现任政府当政的政党所得选票的比例也增加 1 个百分点；第二，通货膨胀率每上升 3 个百分点，现任政府当政的政党所得选票的比例减少 1 个百分点。这表明真实 GDP 变动对选民的影响是通货膨胀变动的 3 倍，或者说选民对真实 GDP 变动的关注度是通货膨胀的 3 倍。因此原始的不受欢迎指数是 3 倍的真实 GDP 增长率减通货膨胀率。例如真实 GDP 增长率为 1%，通货膨胀率为 5%，则不受欢迎指数为 3×1%—5%=-2%，或 –2。如果真实 GDP 增长率高，通货膨胀率低，例如，真实 GDP 增长率为 2%，通货膨胀率为 5%，则这个指数为 3×2%—5%=1%，或 1。不受欢迎指数就是受欢迎指数。当一个政党主政的政策，这个指数为负数是不受欢迎指数，连选连任不可能，当这个指数为正数是受欢迎指数时，连选连任有戏。用这个指数判断，这一时期基本如此。

我们知道，失业率与真实 GDP 增长率之间存在一种稳定的关系。美国经济学家阿瑟·奥肯研究了这种关系，认为真实 GDP 每下降 1 个百分点，失业率增加 2 个百分点。这被称为奥肯定理。根据这个定理，真实 GDP 变动率与失业率变动率是反向变动的，其比率为 2∶1。根据这种关系就可以把不受欢迎指数写为通货膨胀率加 6 倍失业率。如果通货膨胀率为 2%，失业率为 3%，则不受欢迎指数就是 2%+3%×6=20%，即 20。现在不受欢迎指数通常采用这种形式。这个指数表明，要受到选民欢迎，减少失业率比降低通货膨胀率重要得多。这正是各届政府在换届时都采用扩张性政策，即以通货膨胀率换取降低失业率的政策。

稳定政策指数由美国经济学家詹姆·托宾和约翰·泰勒提出，作为制定宏观经济政策的依据。宏观经济政策的目标是实现经济稳定。这种稳定就是名义 GDP 的增长率稳定。名义 GDP 是用当年的价格指数来计算的当年 GDP，它的变动既反映了真实 GDP 的变动，又反映了物价水平的变动。所以，名义 GDP 增长率等真实 GDP 增长率加通货膨胀率。根据奥肯定理，真实 GDP 增长率与失业率减少之间是 2∶1 的关系，所以，稳定政策指数就是通货膨胀率加 2 倍的失业率。例如，真实 GDP 增长率为 2%，通货膨胀率为 5%，稳定政策指数就是 2%×2+5%=9%，即 9。托宾和泰勒认为，经济稳定是包括物价稳定与充分就业，因此就可以把某种名义 GDP，即稳定政策指数作为目标。低于这一目标用扩张性政策，高于这一目标用紧缩性政策。这个指数也被广泛运用。

这三个指标从不同方面反映了宏观经济状况，是对宏观经济指标的"活学活用"。这说明宏观经济指标失业率和通货膨胀率的重要性。

幸福指数不靠谱

——幸福无法衡量

一位英国记者和一位丹麦姑娘结婚后，来到丹麦。他发现这里天寒地冻，冬日漫长，赋税奇重，生活单调，但在世界各种幸福指数排行榜上不是第一就是第二。这种幸福指数及其排行本身靠谱吗？

什么是幸福？美国经济学家萨缪尔森曾经给过一个幸福方程式：幸福＝效用／欲望。这个公式说明，幸福与获得的效用同比例变化，而与欲望反比例变化。这就是说，当欲望不变时，效用越大，幸福越多；当效用不变时，欲望越大，幸福越少。但效用与欲望可以用具体数字衡量，并得出幸福指数进行排行吗？

效用是一种主观感觉。当你消费一定量某种物品时获得的满足程度就是效用。这种效用完全是个人的感受，并没有客观衡量标准，也无法度量。尽管消费者行为理论中有用基数表示的基数效用论和用序数表示的序数效用论，但那都是分析问题的方法，是假设的，实际上无法衡量。消费同样量的一种物品，每个人对满足的感觉（即效用）都不同，也无法进行比较。

欲望也是一种主观感觉。尽管美国心理学家马斯洛把欲望分为五个层次，但那只是说明欲望的轻重缓急的程度，并不是衡量指标。每个人的欲望都不同，每个人在不同时期的欲望也不同。富人与穷人对吃的欲望不同，同一个人饿时与饱时对食品的欲望也不同。个人欲望的大小无法衡量，更无法比较。

决定幸福的两个因素都是主观的，无法客观地衡量并用数字表示，所以也计算不出幸福的数值，又如何能比较，如何能排行？其实萨缪尔森的这个公式也并不是告诉我们如何计算幸福的值，而是告诉我们影响幸福的因素及其相互关系。这一点的确是对的。那个英国记者在丹麦生活一个时期之后发现，丹麦人没有什么更多的欲望，满足于现在的生活状态，包括高税收，容易满足，所以幸福感就高。同样，尼泊尔尽管经济落后，但它的人民信仰佛教，清心寡欲，对贫乏的物质生活也不在意，一心向佛，就感到自己幸福了。而许多国家的人尽管物质生活水平高，但总有更大的野心，欲望无限，得到的效用再大，也谈不上幸福。这就是美国经济最发达，但幸福指数并没有排在前列的重要原因。

各种幸福指数也用了一些可以衡量的硬指标，如人均收入、预期寿命、受教育程度、社会平等程度、犯罪率、人均居住面积、人均平均拥有的汽车、离婚率等。但这些幸福指标科学吗？

首先，影响人幸福的因素是多种多样的，有些可衡量，有些不可衡量，如与家人的关系，与邻里、朋友、同事的关系等，这些是无法衡量的。离婚率并不能反映与家人的关系，因为家人不仅是夫妇，还有父母、孩子、亲属等。离婚率低，大家痛苦地互相忍受着还不如离婚幸福。一个收入高、寿命长、文化程度高的人与家人不和，没有朋友，能说是幸福吗？

其次这些可衡量的指标也不表示幸福。一个人长寿且有生活保证，身体健康是幸福的，但一个人贫穷交加又疾病缠身，长寿还不如马上死去。再以人均收入来说，收入高并不等于幸福，这一点已得到共识。收入给人带来的幸福是有限的，而且收入越高，收入与幸福越没有关系。那些富人的烦恼想必大家都知道。

最后，幸福指数并不是统计机构根据实际数字算出来的，而是通过调查来推定的。但调查靠谱吗？一个有诸多不幸的人突然有一笔横财，这时你去调查，他告诉你幸福得很。但一个平时幸福的人，亲人故去时你去调查，他能告诉你幸福吗？这类民意调查耗时耗力，又有多少让人信服？

　　我总认为，幸福指数根本不靠谱，完全是一种自我安慰的游戏。把时间与精力放在这上面，每年公布排行榜，有什么意义呢？我们还是多往自己感觉幸福的方向努力，使自我感觉良好，何必让别人去调查、衡量、比较呢？

如何衡量物价水平

——物价指数的编制

我们在新闻节目上经常听到，今年消费物价指数又涨了几个百分点，或降了几个百分点。这个表示物价水平的指数是如何计算出来的？

统计机构在计算物价指数时一般分为四个步骤。第一，确定计算物价指数时包括哪些商品和劳务，以及它们在这些商品与劳务中所占的比重，即加权数。第二，确定这些商品式劳务在不同年份的价格。第三，计算所包括商品或劳务的总支出的变动。在计算时各个年份商品或劳务的种类或各自的加权数。第四，确定基年，基年的物价指数为100，然后计算其他年份的物价指数。如果以逐年对比，比如新闻中常说的"比去年上升了多少"，就是以前一年的基年为标准。

我们可以用一个例子来说明物价指数的计算。假如我们只消费面包和矿泉水，其中面包4个，矿泉水2瓶，表示面包的重要性是矿泉水的2倍，即面包的加权数为0.67，矿泉的加权数为0.33。在2020年，面包的价格为1元，矿泉水的价格为2元，在2021年，面包的价格为2元，矿泉水的价格为3元。在2020年，这两种商品的支出为：1元×4+2元×2=8元，在2021年，这两种商品的支出为：2元×4+3元×2=14元。

2020年为基年，物价指数为100，那么，2021年的物价指数为

14 元 /8 元 =175。如果用一个公式来说明物价指数的计算就是：

$$物价指数 = \frac{当年所选商品与劳务的支出}{基年所选商品与劳务的支出} \times 100$$

这所选商品与劳务在统计中也称为"一篮子商品与劳务"。

如果要计算物价上升率，或称通货膨胀率，公式就是：

$$2021 年的通货膨胀率 = \frac{2021 年的物价指数 － 2020 年的物价指数}{2020 年的物价指数} \times 100$$

在上例中，2021 年的物价指数为 175，2020 年的物价指数为 100，所以，从 2020 年到 2021 年物价上升率，即通货膨胀率为：（175 － 100）×100%=75%。如果物价指数下降了，我们就称为通货紧缩。

物价指数分为三种。第一种为消费物价指数（CPI），这种指数包括的商品与劳务都为人民生活中所用的消费品，根据在生活中的重要程度确定加权数。这种物价指数用商品与劳务的零售价格又称零售物价指数来表示。新闻中所指的通货膨胀率即指消费物价指数，因为它与人民生活关系最大。

第二种为批发物价指数（PPI）或称生产物价指数。这种指数包括的商品与劳务都是企业所购买的，为原料、设备或半成品，如钢铁、煤炭或机床等。它主要反映生产资料价格的变动，能反映出经济中生产的情况。如批发物价指数上升，说明生产增加快，反之则是生产衰退。由于批发物价指数上升，则消费品也会上升，所以这个指数间接与人民生活相关。

第三种为 GDP 平减指数，包括经济中一切商品与劳务。理论上说，最能代表经济物价水平变动的还是这个指数，但由于 GDP 中许多商品与劳务，比如战斗机、导弹或坦克，与人民生活关联不大，所以反而不被看重。这种物价指数的计算方法是：

$$\text{GDP 平减指数} = \frac{\text{按当年价格计算的 GDP} - \text{按基年价格计算的 GDP}}{\text{按基年价格计算的 GDP}} \times 100\%$$

按当年价格计算的 GDP 就是名义 GDP，按基年价格计算的 GDP 就是真实 GDP，所以这个公式也可写为：

$$\text{GDP 平减指数} = \frac{\text{某年名义 GDP} - \text{真实 GDP}}{\text{真实 GDP}} \times 100\%$$

这三个指数因为具体包括的商品与劳务不同，所以数值不同，但它们的趋势是一致的。如果发生通货膨胀都会上升，如果发生通货紧缩都会下降，无非上升或下降的幅度不同。我们常用的是消费物价指数。

消费物价指数不是生活费用指数

——消费物价指数的不足

消费物价指数与人民生活密切相关，但它还不完全等于更确切地反映人们消费的商品与劳务物价变动的生活费用指数。

消费物价指数根据城镇中等收入家庭所消费的一篮子商品与劳务的零售价格来计算。但这一篮子商品与劳务所包括的东西和各自在总支出中占的比例，即加权数，一旦确定之后在一定时期内不变。这就引起消费物价指数与生活费用指数不一致。其原因主要有三个。

首先消费者存在替代倾向。物价每年都在变动，但各种物价变动的比例并不是相同的。有的商品与劳务变动大，有的变动小。消费者会用价格上升少的商品与劳务来代替价格上升多的商品与劳务。这就是替代倾向。计算消费物价指数所选商品和劳务是不变的，加权数也不变，这样就无法反映生活费用的变动情况。例如，消费者消费苹果和橘子，但如果橘子价格上升的幅度大，而苹果价格没有上升，消费者就要用苹果代替橘子。在计算消费物价指数时，苹果与橘子的加权数没变，消费物价指数上升了，但消费者的生活费用指数并没有变。在现实生活中，这种替代是相当频繁的，所以消费物价指数就不完全等于生活费用指数。

其次，消费物价指数无法反映新商品的引进对生活费用指数的影响。新商品的引进使消费者有了更多更好的选择，提高了生活质量。但新商品并不在原来所选的商品与劳务之中，消费物价指数反映不出这种变化。例如以前所选的商品与劳务中没有电脑游戏软件，但现在许多人以此为乐。消费物价指数就无法反映这些游戏软件进入生活及它的价格变动对生活费用指数的影响。现代社会新商品层出不穷，消费物价指数所包括的商品与劳务及加权数不可能每年都调整，要在一定时间之后才调整。这样在未调整的这段时间内，消费物价指数就不能准确地反映生活费用指数。

最后，也是最重要的，消费物价指数无法反映商品与劳务质量的变动。例如汽车价格上升了10%，但这是因为汽车马力更大、行驶更安全、操作更简单或者坐着更舒服。消费物价指数反映不出汽车质量的改进，只反映出价格上升的情况。这种价格上升使消费者生活质量更高，消费物价指数反映不出来，生活费用指数也反映不出来。只要是只讲价格，质量就无法反映，因为价格与质量并不是同方向变动的。在今天，往往是商品质量提高而价格下降，大家从电脑质量和价格的变动就可以看出这一点。电脑质量大大提高而价格大幅度下降是技术进步的结果。这一点消费物价指数和生活费用指数都无法反映。

这种消费物价指数与生活费用指数的不一致对政府的政策还是有一定影响的。许多国家的政府为了消除通货膨胀对居民生活的影响采用了指数化政策，即根据消费者物价指数调整一些固定收入，如社会保障、养老金等。如果消费物价上升并相应调整了社会保障标准，这就实际上提高了这些人的收入，政府支出增加了。

那么，消费物价指数和生活费用指数的差别有多大呢？20世纪90年代美国经济学家的几项研究表明，消费物价指数高于生活费用指数1%左右。统计机构采取了一些技术性变动以纠正消费物价指数的这些失误。许多经济学家相信，现在消费物价指数与生活费用指数的差距大概是原来的一半。

经济学家喜欢用统计数字说明问题，但在现实中，统计方法和所收集到的资料不一定完整，数字是很难完全准确的。我们应该记住一点，包括消费物价指数在内的统计数字还是能大体上反映出经济的总体情况的。所以，我们现在通货膨胀是用消费物价指数作为指标。知道不准确的原因对改进统计工作十分重要，但不可能一下子完善起来，有些也许是永远无法完善准确的。这样看统计数字，这些数字才有意义。

为什么人们的感觉与消费物价指数不同

——通货膨胀敏感度

每当政府公布消费物价指数时，人们对通货膨胀的感觉往往与消费物价指数不一样，而且更多时候是感觉这个数字低估了通货膨胀。

这有一些统计上的技术原因。一个是各种商品和劳务的加权数是根据整个社会的状况决定的。例如，文娱支出总体上并不大，假设加权数仅占2%。但你爱去卡拉OK，或从事健身等活动，这笔支出在你的支出中比例就大，即加权数大，所以当文娱活动价格上升幅度大时，对消费物价指数影响并不大，但对你的影响大，你就会感到自己的支出要大，从而认为消费物价指数低了。不同的人每种支出的加权数和统计机构根据整体状况确定的加权数不同。有这种感觉并不奇怪。

还有对各种商品与劳务价格的选取。一般国家统计物价指数是由调查员收集市场上所选商品与劳务的一般价格。但在现在同一种商品的价格在不同市场上并不一样。你在超市买的菜可能就会贵一点，你在农贸市场买的菜就会便宜一点。统计机构当然不会用高档超市的菜价，但也不会用农贸市场的价格，你总在高档超市买菜，当然会高于菜的一般价格水平。此外，你消费的商品与劳务和统计机构所选的不一样，价格也会有相当差别。比如，统计机构用的教育支出，应该是公立学校的学费和其他必要支出，但你的孩子上私立贵族学校，学费当然高，这种价格并不是统计机构用的教育支出的标准。如果你的孩子又上钢琴班，又上绘画班，还上英语班，这些支出都不在教育支出之内，你有消费物价指数高于你支出的感觉就正常了。

还应该指出，这种感觉还与你的收入密切相关。如果你的收入高，不会太在意物价上升多少，这就是你的物价指数感觉不敏感。但低收入家庭，几乎每月都是"月光族"，对于物价指数的感觉就十分敏感，公布的数字是消费物价指数上升2%，你就觉得自己的支出涨得多，绝不止2%。

这种对物价指数的感觉还有"传染性"。这就是说，你周围的朋友、邻居都在叫嚷物价上升太快了，你即使没有这种感觉，也会受影响觉得消费物价指数高于政府公布的。

各国人民还有一个特点，就是不相信本国政府公布的各种统计数字，包括消费物价指数。人们的心理是，总认为政府会夸大成绩，如GDP或人均收入，而缩小问题，以便得到支持能连选连任。无论政府是否这么做，公众都会想当然地这样认为。这是一种普遍存在的不相信政府的心态。这也是公众的"理性无知"，即使说不出统计数字假在哪里，也拿不出什么理由，但就这样认为。

有的政府也许会做一点儿假，但并不会太大。一般政府还是公布真实数字。由于以上原因，你也许会感到政府公布的消费物价指数低了。但不要太相信自己这种感觉。感觉毕竟不是事实。学者们在研究经济状况时还要以政府公布的数字为标准，我们要不断改进统计技术，使结果更接近真实情况，但也要引导群众消除各种误解。

胡佛和奥巴马谁的工资高

——指数化

1931 年，胡佛作为美国总统工资为 7.5 万美元。2015 年，奥巴马作为美国总统工资为 40 万美元。他们谁的真实工资更高呢？

从货币工资来看，奥巴马的工资是胡佛工资的 5.3 倍多一点。但谁都知道，衡量工资时我们不能用货币工资，而要用代表购买力的真实工资。这就要根据物价指数把货币工资折算成真实工资。根据美国的官方统计数字，1931 年的物价指数为 15.2，2015 年为 237。物价总水平上升了约 15.6 倍（即 237/15.2）。根据这个物价指数，我们来看看胡佛当年 7.5 万美元的工资相当于现在多少。这就是用 7.5 万美元 × （237/15.2）=1169408 美元，即胡佛 1931 年 7.5 万美元的货币工资在 2015 年相当于约 117 万美元。奥巴马在 2015 年的工资仅为 40 万美元。看来美国总统的工资在八十四年中下降到三分之一。好在美国当总统并不是为了赚钱，而是为了实现自己的政治抱负。也好在美国总统都是富人，钱对他们的边际效用几乎是零。否则就不是竞争总统，而是要强迫某人当这赚钱少干活累的总统了。

把这个物价指数用在其他地方同样让你大吃一惊。自从有电影以来，最卖座的是哪一部电影呢？根据名义票房收入，现在的电影《星球大战：原力觉醒》以 9.23 亿美元名列榜首，其后《阿凡达》为 7.61 亿美元，《泰坦尼克号》为 6.56 亿美元。根据用物价指数调整的真实票房收入，排名第一的是《乱世佳人》17.58亿美元，其后是《星球大战：新希望》15.5亿美元和《音乐之声》12.39亿美元。《星球大战：原力觉醒》仅排第11位。《乱世佳人》在1939年上演，当时票价仅0.25美元。如果根据名义票房排行，《乱世佳人》进不了前100位。当然还要考虑到，20世纪30年代时还没有电视，人们娱乐的主要方式是看电影。当年每周大约有9000万人去电影院，几乎是人口的一半。如今每周只有2500万人去电影院，不到人口的十分之一。如今电影的上座率不及30年代也很正常。

正因为不同时期货币数字与真实数字并不相同，所以我们要区分一定量货币的名义值与真实值。这就是说当比较不同时点的货币时，要用物价指数来校正，以消除通货膨胀的影响。这种根据法律合同或合同自动地按物价水平的变动对货币数量进行的校正称为通货膨胀的指数化。例如，企业和工会之间的许多长期合同中有货币工资根据消费物价指数（CPI）部分或全部指数化的条款，以使消费物价指数上升时，自动地增加货币工资，以保持真实工资不变。这种条款也被称为生活费用津贴。再如，社会保障补助每年也会根据物价指数上升的情况进行调整，以使老年人的收入得到保障。税率是根据名义收入确定的，所以联邦所得税的税收也按物价指数进行指数化。这种指数化在美国已得到广泛运用。

根据物价指数，对经济变量的调整中最重要的是名义利率与真实利率。用美元数量衡量的利率称为名义利率，根据通货膨胀率调整的利率称为真实利率。所以真实利率等于名义利率减通货膨胀率。由于利率在宏观经济中有十分重要的作用，尤其对投资、股票价格和金融市场的活动至关重要。因此，区分名义利率与真实利率，影响各个宏观变量的正是真实利率。名义利率根据通货膨胀率所进行的调整称为费雪效应，因为第一个研究名义利率与真实利率差别的经济学家是美国经济学家欧文·费雪。但费雪效应在长期中是正确的，在短期中并不成立，因为通货膨胀是不可预期的。确切地说，费雪效应表明名义利率根据预期的通货膨胀率调整。长期中预期的通货膨胀率随实际的通货膨胀率变动，但短期内不一定如此。

　　只看到名义货币量的变动而没有看到货币购买力的变动称为"货币幻觉"。这种幻觉短期内在民众中广泛存在，因此指数化可以保障公众的利益。

有多少人失业

——失业与失业率

首先要明白，不是没有工作的都算失业。联合国国际劳工局给失业者下的定义是：在一定年龄范围内，有工作能力、愿意工作、正在寻找工作但仍没有工作的人。从这个定义看：不在工作年龄范围之内，如老年人没工作也不是失业；无工作能力，如残疾人或在校学生在工作年龄之内没工作也不是失业；在工作年龄范围内又有能力，但不愿工作者，如自愿在家相夫教子的妇女，没工作也不是失业。所以没工作与失业是不同的。

各国根据自己的国情对这一定义进行了具体化，使其好操作。如美国把工作年龄范围定为 16—65 岁。属于失业的人口包括：第一次进入劳动力市场或再次进入劳动力市场，连续四周未找到工作者，进入劳动力市场的标准是在就业部门登记；企业临时辞退，但并未解聘，随时等待召回，但一周未领到工资者；被企业解聘或自动离职者。这些标准的重要性，不仅在失业统计上，而且体现在日常生活中，只有符合三个条件之一方可领取失业救济。

在根据失业的定义计算失业率时，还要对人口进行分类。在全部总人口中属于工作年龄人口，它与总人口之比称为人口 – 工作年龄比。比如某国有 2 亿人，工作年龄人口有 1.6 亿人，这个国家的人口 – 工作年龄比则为 0.8。近年来，由于人口老龄化，一些国家的这一比例正在下降。在工作年龄的人口中，有一些人不具有工作能力或不愿工作，如无劳动能力的残疾人、全日制学校的学生、军队人员或自愿在家者。工作年龄人口中减去这些不在劳动力队伍中的人即为劳动力。劳动力与工作年龄人口之比称为劳动力参工率。如在上例中，工作年龄人口为1.6亿，其中作为劳动力的有1.2亿，劳动力参工率则为75%。劳动力分为就业人口与失业人口，失业人口与劳动力之比则是失业率。如上例中劳动力为1.2亿人，如果失业人口为1200万人，失业率就是10%。

各国失业率统计的方法也不一样。美国是通过对50万户家庭的抽样调查来确定全国的失业率的。

说起来，统计失业率并不难，事实上，各国的失业率统计都相当不准确，比GDP或消费物价指数还难统计准确。这里主要有三点难处。第一，有工作能力和愿望的人中，有一些人由于技术等原因找工作屡找屡败，已经放弃了找工作的努力。这些人被称为丧失信心者。但实际上，他们仍有能力和愿望而没有工作，也应该是失业者。这种情况的存在会缩小实际失业人数，使人低估了失业率。第二，部分时间工作者（打零工者）仍希望找到全职工作，但实际上并没把这些人算作失业者，也使人低估了失业率。第三，统计入失业者的人中有些实际上从事地下经济中的工作，如毒贩或其他人等。这就夸大了失业人口，提高了失业率。

正确估算失业率对了解一国宏观经济状况、制定政策十分重要。各国都有不同的估算方法，如美国确定了从U1到U7的7个失业率统计标准。U1为长期失业者，指失业15周以上的人；U2为所有失去工作者的失业率，而不管他们为什么失去工作；U3为成人失业率，指25周岁以上失去工作的人的失业率；U4为全职工作失业率，指没有全职工作但正寻找的人的失业率；U5为正常的失业率，指符合国家失业定义的失业者的失业率；U6指包括半数部分工作者的失业率，即失业人数包括二分之一从事部分时间工作的人；U7指包括丧失信心工人的失业率。在这七种失业中，U1最低，U7最高，U5为一般所说的失业率。U1与U7的差距有时在10%左右。

各国还统计不同劳动者群体的失业率。这就是根据失业者年龄、性别、种族和文化等区分的不同群体的失业率。这有助于反映社会的公平程度，例如妇女和有色人种失业率高于其他人，则说明社会上存在性别歧视和种族歧视。同时也有利于制定各种减少失业的政策。例如文化低的人失业率更高，这就要通过培训提高这些人的文化技术水平，增加就业机会。

　　我们还会注意到一个词——自然失业率，这就是说一个经济中由于一些无法克服的原因而存在的失业是正常的。自然失业率就是经济中实现了充分就业时的失业率。所以自然失业率的存在与充分就业并不矛盾，自然失业率也称为充分就业时的失业率。如果经济中实际失业率高于自然失业率，那么这两者之差称为周期性失业率。这种失业由经济总需求的周期性变动所引起，正是要消灭的失业。

　　一个失业率如此多样化，这完全是为分析失业原因和制定就业政策而设计的，各有各的含义与用途。

物价水平与总需求

——总需求曲线

在短期宏观经济分析中，总需求是一个十分重要的概念。媒体上经常有刺激总需求，促进经济增长的报道。

总需求是经济中对商品与劳务需求的总和，包括消费、投资、政府购买和净出口（出口减进口）之和。经济学家研究总需求时首先研究它与物价水平的关系，并把它们之间的关系用总需求曲线来说明。这条曲线是表示一种物价时家庭、企业、政府和外国客户想要购买的商品与劳务数量的曲线。这条曲线向右下方倾斜，表示总需求与物价水平反方向变动，即物价上升总需求减少，物价下降总需求增加。

为什么这两者之间是这种关系？

我们先来看家庭的消费需求。我们的各种收入和财产都是用数字表示的，这些数字只是收入和财产的名义价值，并不代表货币购买力，即真实价值。同样的名义价值，当物价下降时，它代表的货币购买力，即真实价值提高了。这时我们收入增加了，就会增加消费。但如果价格上升了，它代表的货币购买力，即真实价值就减少了，消费也会减少。决定消费的是收入和财产，但不是收入和财产的名义价值，而是它的真实价值。所以同样名义价值的收入和财产，当物价下降时，真实价值增加，消费也会增加；反之，物价上升时，真实价值减少，消费也会减少。物价变动对真实收入和财产的影响称为真实财产效应，因为由英国经济学家庇古提出，也称为庇古效应。

再来看投资。企业投资取决于利率水平，如果利润率是固定的，利率水平越高，这两者差距越小，企业越不愿意投资；反之，利率水平越低，两者差距越大，企业越愿意投资。利率取决于货币供给，即真实货币量。名义货币量固定，物价越高，真实货币量越少；反之，物价越低，真实货币量越多。如果货币需求不变，真实货币量少，利率就会上升；反之，真实货币量多，利率就会下降。这样，物价引起的真实货币量变动，就会影响利率，影响投资。这就是名义货币量不变时，物价上升，真实货币量减少，利率上升，投资减少；反之，物价下降，真实货币量增加，利率下降，投资增加。物价对利率的这种影响称为利率效应。这种效应由凯恩斯提出，也称为凯恩斯效应。

在开放经济中，物价变动引起的利率变动不仅影响投资，还会通过汇率影响进出口，从而影响净出口。这就是说，当一国利率上升到高于世界利率水平时，国外资本就会流入。外资的流入就是在一国投资，这些外资就要兑换为该国货币。在外汇市场上，对本国货币的需求增加，从而汇率上升。汇率上升使该国商品在世界市场上相对价格上升，从而竞争力削弱，出口减少，本国货币购买力增强，进口增加，这就减少了净出口。这就是汇率效应。这种效应由英国经济学弗莱明和美国经济学家蒙代尔提出，所以也称为弗莱明－蒙代尔效应。

在总需求的组成中，消费是稳定的，净出口占的比例并不大，一般国家在1%—2%，政府购买由政府决定。投资的比例尽管远不如消费，但波动大。引起总需求变化的关键是投资。引起投资波动的是利率，所以在影响总需求的三种效应中，经济学家最重视的是利率效应，即凯恩斯效应。

当然，我们要记得，分析总需求与物价水平的关系时没有考虑其他因素，这是简化问题的需求。但实际上影响总需求的因素还很多，比如人们由于名义收入增加和某种消费时尚流行引起的消费增加；新投资机会更多，引起的投资增加；政府政策的变动或者贸易伙伴因经济增长引起的出口增加；等等。这些因素在同时起作用，有时比物价水平的变动还重要。

学习经济学时要记住，经济分析抓住了核心问题进行理论总结，但比现实经济简单得多。理论是灰色的，生命之树常青。

物价水平与总供给

——总供给曲线

20 世纪 70 年代之前，根据凯恩斯主义理论，经济学家关注的是总需求。但 70 年代石油价格暴涨引起的供给推动型通货膨胀，以及由此产生的高失业、高通胀并存的滞涨，引起经济学家对总供给的关注。这就是说，在短期中决定宏观经济状态的不仅有总需求，还有总供给，两者同样重要。

总供给是经济中所创造的产品和劳务的总和。分析总供给时重要的是区分长期与短期总供给。总供给曲线也是指总供给与物价水平的关系，但在长期与短期中，物价水平与总供给的关系是完全不同的。

在长期中，一个经济的总供给是由其制度、资源和技术状况决定的，称为潜在 GDP。制度、资源和技术与物价水平都没有直接关系。因此，总供给在长期中与物价水平无关。在总供给用横轴代表，物价水平用纵轴代表的图形中，长期总供给曲线是一条垂线，表示长期总供给与物价水平无关，总供给的位置由制度、资源和技术决定。当制度为既定时，随着资源增加或技术进步，长期总供给增加，总供给曲线平行向右移动，当资源减少或技术退步时，长期总供给减少，总供给曲线平行向左移动。

与物价水平相关的是短期总供给。短期总供给曲线向右上方倾斜，表示短期总供给与物价水平同方向变动，即物价上升，总供给增加；物价下降，总供给减少。特别要注意的是，短期总供给不能随物价水平上升而一直增加，它的增加有一个限度。这是因为在短期中技术是既定的，资源是有限的。短期总供给增加到潜在 GDP 时就到顶了，即使物价再上升，短期总供给也不会增加了。

短期总供给为什么与物价水平同方向变动？经济学中有三种解释：黏性工资论、枯性价格论与错觉理论。

黏性工资理论就是名义工资的变动慢于劳动供求关系的变动。关于这一点，我们在后面《工资决定与宏观经济》一文中做了介绍，这里不重复了。当物价上升时，名义工资不变，相当于真实工资减少，从而实际利润增加，企业增加生产，总供给增加。反之，亦反之。

黏性价格理论就是物价水平的变动慢于物品供求关系的变动。关于这一点，我们在后面《价格决定与宏观经济》一文中做了介绍，这里也不重复了。当整个经济物价水平上升时，一些企业没有调整自己的价格，从而这些企业产品的相对价格下降，产品销售量增加，刺激了企业增加生产，从而总供给增加。反之，亦反之。

错觉理论认为，物价水平的变动会暂时误导企业对自己出售产品市场的变动产生错觉。这就是说，当物价水平上升高于企业预期时，他们只注意自己产品价格的上升，而没有关注整个物价水平情况，误认为自己产品的相对价格上升了，从而增加生产，增加了总供给。

这三种理论都对总供给与物价水平同方向变动提出了解释。这就是说，当物价水平背离了人们预期的水平时，总供给就背离其自然率（即潜在 GDP）。物价水平高于预期水平，总供给增加；物价水平低于预期水平时，总供给减少。

短期总供给还受其他因素的影响，如长期总供给的变动、生产成本的变动等。甚至非经济因素，如战争、国内政治冲突、瘟疫流行等都会影响总供给。这些就不展开分析了。

现在经济学家还注意到总供给的结构问题，这也被称为"供给侧"。如果总供给的产品结构与需求不一致，也会引起各种问题。所以，关注总供给不仅要关注供给的总量，还要关注总供给的产品结构。

经济学家对总供给不断深化的分析，有助于从总供给的角度实现经济稳定的各项改革，这就是我们常说的供给侧改革的含义。

未来的钱现在值多少

——现值与贴现

　　假设你是一个工厂的老板，准备投资 100 万元新上一条生产线。这条生产线的使用寿命为六年，每年带来的收益为 20 万元。也许你认为这笔投资合适，因为六年间总收益为 120 万元，投资成本为 100 万元，收益减成本有 20 万元的利润。但且慢得出这个结论，你要考虑的问题是：六年后的 120 万元与现在的 120 万元相等吗？为了回答这个问题，我们要引入两个在投资决策中至关重要的概念：现值与贴现。

　　现值是一笔未来货币现在的价值。贴现是根据利率（或通货膨胀率）来计算未来货币的现值。贴现率就是贴现时根据的利率（或通货膨胀率）。例如，明年可得到的货币收入为 110 万元，如果年利率或通货膨胀率，即贴现率为 10%，这笔明年 110 万元的收入在今年的现值就是：

　　110 万元 ÷（1+10%）=100 万元

　　这就是说，考虑到贴现率为 10% 时，明年这笔 110 万元的现值为 100 万元。这是因为把今年的 100 万存入银行，明年就会变为 110 万元。同样，如果把通货膨胀率作为贴现率，假设通货膨胀率为 10%，则明年的 110 万元的购买力只是 100 万元。在实际中我们把真实利率（名义利率加通货膨胀率）作为贴现率。

　　投资是为了得到收益。投资是否有利，不是看未来的收益有多少，而是看未来货币收益的现值有多少。在我们所举的例子中，把未来六年货币收益相加起来与投资成本比较是错误的。正确的做法应该是根据贴现率来对未来各年的货币收益进行贴现，计算出未来货币收益的现值，然后相加再与现在的投资成本相比。

我们仍假设贴现率（r）为10%，投资成本为100万元，当年支出，现值也为100万元。该投资从第二年起有收益，设第二年n=1，依次类推，贴现的公式为：

第 n 年货币收益的现值 = 第 n 年的货币收益 / $(1+r)^n$

根据这个公式可以计算出各年货币收益的现值为：

第 2 年（n=1）：20 万 / （1+0.1）=18.18 万
第 3 年（n=2）：20 万 / $(1+0.1)^2$=16.53 万
第 4 年（n=3）：20 万 / $(1+0.1)^3$=15 万
第 5 年（n=4）：20 万 / $(1+0.1)^4$=13.66 万
第 6 年（n=5）：20 万 / $(1+0.1)^5$=12.42 万
第 7 年（n=6）：20 万 / $(1+0.1)^6$=11.29 万

如果把投资当年（没有货币收益）作为第一年，则第二年（开始有货币收益）为n+1，依次类推，公式则可改为：

第 n 年的收益 = 第 n+1 年 / $(1+0.1)^n$+1

计算的结果相同。在一般应用中更多用这个公式。

从以上计算中得出：六年的货币收益现值为：

18.18 万 +16.53 万 +15 万 +13.66 万 +12.42 万 +11.29 万 =87.08 万

可见这笔投资不仅无利可图，反而赔了 12.92 万元，还不如把这笔钱存入银行呢！

当然我们要注意的是，这笔投资之所以不合理是因为我们把贴现率定为 10%。如果贴现率低一些，这笔投资也许就是合适的。贴现率定为多少时，这笔投资合理？有兴趣的读者可以用计算贴现的公式，假设不同的贴现率来进行计算比较，这里我们就不展开了。

从这里可以看出，在确定一笔投资是否合理时，确定贴现率是关键。高估或低估贴现率都会得出错误的判断。美国经济学家诺德豪斯在《气候赌场》一书中批评英国《斯特恩报告》中要求大幅度地、迅速地减少排放二氧化碳是过激的、错误的、不现实的，其原因就在于把贴现率估计得太低，这就扩大了未来货币收益的现值。

我们举的例子中贴现率是根据名义利率加通货膨胀率的真实利率来确定的。在现实中贴现率的确定还要考虑到投资的机会成本，即投资于其他方面的收益率，即社会的投资收益率。这一点极为重要。诺德豪斯正是根据真实利率和社会投资收益率，把美国的贴现率定为 5%。当然，对不同时期、不同投资项目、不同企业，或者不同国家、不同地区，贴现率也是不同的。所以，如何确定贴现率是一个重要问题。

无论影响贴现率的因素有多少，有多复杂，真实利率总是一个重要的因素。因此，降低利率有利于刺激投资正在于降低真实利率，也会降低贴现率。

如何刺激投资

——投资函数理论

在短期中，总需求对整个经济极为重要。总需求中政府购买由政府决定，净出口所占比例甚小，最重要的还是消费和投资。消费占的比例最大，在许多国家都达 70% 以上，且消费是稳定的，它是稳定经济的重要因素。投资占的比例并不大，一般在 20% 以下，且其波动性大，它的波动引起经济的繁荣与萧条。所以，稳定经济首先要稳定投资，刺激经济重要的是刺激投资。决定投资的因素是什么呢？投资函数也就是投资和决定投资的因素之间的关系。

投资包括：企业固定投资，即企业建造厂房、购买设备的投资；居民住房投资，即居民购买住房的投资；存货投资，包括企业库存的原料、半成品和没有销售出去的产品。这三种投资中最重要的是企业固定投资。

决定投资的首先是利率。所以在初级教科书中告诉我们，投资函数就是投资与利率之间的关系。这是因为，企业投资的目的是为了利润最大化。利润等于收益减去成本。如果收益是既定的，利润就取决于利率。企业的投资款来自银行的贷款，所以利息就是重要的成本之一，即便投资是自有资本，利息就是放弃其他用处的机会成本。利率就成为决定投资的重要因素。利率与投资反方向变动：利率下降，投资增加；利率上升，投资减少。

我们还可以确定利率与投资变动率之间的数量关系。这种关系就是投资的利率弹性，即投资变动率对利率变动率的反应程度。用一个公式来表示，投资的利率弹性等于投资变动率与利率变动率之比。比如，利率下降 1%，投资增加 2%，这时投资的利率弹性就是 –2。既然知道它们之间是反方向变动的关系，习惯上也就称这时投资的利率弹性为 2。

投资还与真实 GDP 相关。真实 GDP 增加要求企业增加投资扩大生产；反之，亦反之。这两者之间的关系经济学家用加速原理来说明。

加速原理是真实 GDP 增长率与投资增长率之间的关系。例如，GDP 增长 1% 要求投资增加 2%，这时加速数就是 2。在我们的这个例子中投资的变动率大于真实 GDP 的增长率。这是一般规律。这说明加速原理反映了现代生产的特点。这就是说，现代生产是先生产资本品，然后再生产产品的过程，这被称为迂回生产。一般来说，迂回生产的过程越长，生产率越高。因此，当真实 GDP 增长时，需要大量投资，投资的增长率大于真实 GDP 的增长率。但在投资增加之后，如果真实 GDP 不变或下降，投资率也会更大地减少，这就是反向的加速。产量增加率与真实 GDP 增长率之间的关系就是加速数，加速数的大小反映了一个经济的技术水平。在现代社会中，无论是正向的还是反向的加速数都大于 1。

加速原理要求一个经济开始发展时有大量投资。这正是 20 世纪 50 年代研究经济增长的罗斯托、哈罗德、多马都把投资的增加作为经济增长起飞最主要因素的原因。

决定投资中最难控制的是预期。预期对企业的投资决策有重要的作用。如果企业家对未来的预期是乐观的，在既定的利率和加速数时，他们也会增加投资；反之，如果企业家对未来的预期是悲观的，他们就会减少投资。凯恩斯在《通论》中就把投资需求不足解释为企业家不知因何原因引起的悲观预期。

对预期的难以预测和控制就在于引起预期的因素十分复杂，无法定量分析。但不可否认，投资许多不可预见的变动正来自预期。

投资的不稳定性在某种程度上正来自不可知的预期。

　　研究投资函数是为了制定出刺激或稳定投资，以便经济增长或稳定的政策。在以后分析政府的政策时我们会看到投资函数理论的重要性，而且投资函数也可以解释经济波动的原因。了解这一点对理解宏观经济的变动十分重要。

破窗经济的启示

——乘数效应

　　一个小流氓打破了商店的一块玻璃，逃跑了。店主无奈只好花1000元买一块玻璃换上。玻璃店老板得到这1000元收入，假设他支出50%用于买衣服，衣服店的老板得到500元的收入。再假设衣服店的老板支出这笔收入的50%，即250元用于买食物，食品店的老板有了250元收入又要支出125元……如此一直下去，你会发现，最初是商店的老板支出1000元，但经过不同行业老板的收入与支出行为之后，总支出增加了2000元。

　　破窗经济就是指由破坏所引起的经济增长。这就是无论是破坏、挥霍浪费、战争或自然灾害，只要能增加支出，就可以促进经济增长。凯恩斯的刺激总需求就是这种思路。所以，他赞赏曼德维尔在《蜜蜂的寓言》中提出的蜜蜂的挥霍浪费促成了整个蜂群的繁荣昌盛。他甚至还建议把钱埋到废矿坑中，让人们去挖，也可以刺激经济。

　　当然，经济学家只是用破窗的例子说明支出对刺激经济的重要性，并不是真正鼓励流氓去砸窗户的。已故经济学家陈岱孙先生曾给我讲过，凯恩斯说的埋钱、挖钱之事是英国人的一种幽默，用一个极端的玩笑来说明支出重要性的道理，并不是让人们去这样做。破窗是一种破坏，战争和自然灾害都是一种灾难，是资源浪费，经济学家怎么会赞扬这些灾难呢？不可避免的战争和自然灾害之后的重建工作的确刺激了经济，不过不能为了刺激经济而号召流氓破窗

　　　　　　　　　　经济学夜话：宏观篇

或故意引发战争和自然灾害。

在我们讲的破窗例子中，值得注意的是商店店主最初支出了1000元，但最后整个经济的支出和收入是2000元。那1000元是怎么多出来的呢？

我们知道，国民经济各部门之间是相互关联的。一个部门的支出就是另一个部门的收入，另一部门收入增加，支出增加，又会引起下一个部门收入和支出的增加。如此循环下去，最后增加的收入和支出一定大于最初的收入和支出，或者说，最终的支出是最初支出的倍数。

这个倍数在经济学中称为乘数。乘数使最终支出一定大于最初支出。最初支出对最终支出的影响称为乘数效应。由此可见，最初支出会引起最终支出有多少就取决于乘数的大小。乘数越大，一笔最初支出引起的最终支出越大；乘数越小，一笔最初支出引起的最终支出就越小。

那么乘数如何计算呢？这就取决于各部门把增加的收入中多少用于支出。如果把这种支出理解为消费，这就是取决于边际消费倾向，所以计算乘数的公式就是乘数=1/（1−边际消费倾向）。在我们的例子中，各位店主支出的边际消费倾向是0.5，因此乘数就是1/（1−0.5），即2。所以，经济中边际消费倾向越大，乘数就越大，最终支出就越大。这就是说，最初支出对经济的影响越大。

把这个道理用在现实中，我们就可以理解消费、私人投资、出口、财政政策对总需求和经济的刺激作用。以财政政策而言，假如政府支出1000亿元用于基础设施建设，这就会带动建筑、水泥、钢铁、消费品等各部门收入与支出的增加。如果经济中乘数是3，最后总需求和GDP就会增加3000亿元。在这里，我们把这个乘数称为政府支出乘数，如果最初支出是私人投资就称为投资乘数，如果最初支出是出口则称为出口乘数。每种经济都可以估算出各种支出增加的乘数，从而可以预测一种支出增加对整个经济的影响。

但不要忘记，乘数也是一把双刃剑。各种支出的增加会引起

GDP 倍增，同样，各种支出减少也会引起 GDP 倍减。比如增加税收会使各种收入与支出减少，称为赋税乘数。进口使国内各种收入与支出减少，称为进口乘数。这两种乘数都是负数。

乘数的概念由英国经济学家卡甘提出，被凯恩斯采用，如今已是理论与政策分析中的重要工具。小流氓打破玻璃是坏事，但由此引出的这些道理却是极为重要的。

利率是牛鼻子

——利率与经济之一

　　每当美联储理事会开会时，全世界的媒体都密切关注着。理事会会做出什么决策？是保持利率不变，还是调整利率？是提高利率还是降低利率？会提高或降低多少？人们为什么关注这些问题？因为美联储理事会有关货币政策的变动会影响甚至决定利率的变动。美国是世界上最强大的国家，它的利率变动必然影响全世界利率的变动，而利率变动又与每一个人的切身利益如此紧密相关。利率有什么作用？它为什么如此重要？

　　其实回到19世纪甚至凯恩斯主义出现之前，人们并没有像今天这样看重利率。在新古典经济学居于主流地位的20世纪30年代之前，经济学被分为互不相关的两大块——经济理论和货币理论。经济理论研究实物经济这一块，说明资源和技术如何决定总供给，供给与需求如何在市场上决定价格，市场经济如何运行。货币理论研究货币供给量和货币需求量如何决定利率，货币如何决定价格。这两块经济被认为是分开而没有联系的，经济学的这两大块也互不相关。这被称为新古典经济学的"二分法"。

　　最早打破这种"二分法"，把经济与货币联结成一个整体的是瑞典经济学家威克塞尔。他在《利息与价格》一书中以利率为纽带把经济与货币联结为一个整体，打破了"二分法"。威克塞尔认为，货币对实物经济有实质性影响，而不仅仅是像货币数量论说的那样只决定物价水平。货币是交换、投资与资本交易的媒介，可以通过利率变动影响储蓄和资本积累，进而影响产量的变动。他的论述从区分自然利率和货币利率开始。自然利率指不使用货币时供求关系决定的利率，相当于物质资本的收益率。货币利率指资本市场上用货币支付的利率。自然利率不受货币影响，但货币利率要受货币影响。这两种利率一致时，货币量增加，货币利率下降，货币利率低于自然利率时两者的差距形成超额利润，这就刺激了投资与生产。这就是利率对经济的重要作用。

威克塞尔的贡献在于打破了传统的"二分法"，把经济与货币通过利率联系在一起，但瑞典是一个小国，威克塞尔的书又是用德文出版的，仅对奥地利学派有一些影响，并没有产生普遍影响。真正建立一种至今仍有影响的货币理论的还是凯恩斯。

在《通论》中，凯恩斯用心理上的消费倾向、心理上对资产未来收益的预期、心理上的流动偏好这三大心理规律来解释需求不足。这就是由于边际消费倾向递减，资本家对资产未来收益预期的递减，即资本边际效率递减以及流动偏好存在使利率不能无限下降，说明需求不足。其中关键还在于投资。资本家投资的收益取决于资本边际效率和利率。当资本边际效率不变甚至递减时，投资就取决于利率，所以增加货币量降低利率有助于刺激投资，增加产量，这就通过利率把实物经济中的投资与货币经济联系在一起，使它们成为一个整体。同时，投资在经济中是最重要的，而在资本边际效率递减不可改变的情况下，利率就成为刺激投资的关键。这时利率对整个经济就有了牛鼻子的作用。不过在政策上，凯恩斯更注意政府增加投资，以弥补私人投资的不足，因此被称为"财政主义"。他认为增加货币、降低利率的货币政策作用有限。这是由于流动性偏好的存在，利率降到一定程度就会进入"流动性陷阱"，无法再下降。不过凯恩斯对利率作用的论述使实物经济理论与货币理论融为一体。

凯恩斯论述了货币如何以利率为纽带带动整个经济，但他仅仅强调了利率对投资的作用，在现在复杂的货币经济中还是简单了一点，以后更多经济学家分析了复杂经济中利率的作用。我们在下文会介绍托宾的资产组合理论对利率的论述及意义。

不要把你的鸡蛋放在一个篮子里

——利率与经济之二

　　1981 年，美国经济学家詹姆斯·托宾获得诺贝尔经济学奖。众多记者要求他用一句话概括自己的理论，他随口说出了一句至今广为流行的话："不要把你的鸡蛋放在一个篮子里。"

　　托宾最重要的贡献是，分析了有关货币和金融资产的金融市场与有关消费、投资和生产的商品市场之间的联系，建立了金融市场与消费、投资决策以及生产、就业、物价之间关系的理论。这种理论的起点正是可以用"不要把你的鸡蛋放在一个篮子里"来概括的资产组合理论。

　　资产组合理论指人们在金融资产中所选择的各种形式资产的比例。托宾认为，金融资产可以采取货币、定期存款、债券、股票、外汇等多种形式。这些不同形式的金融资产有不同的风险与收益。理性人是风险厌恶者，因此，他们会根据各种形式金融资产的风险与收益选择各种比例形式资产的组合。一种形式金融资产风险越大，收益越大；反之，亦反之。人们要在风险最小时实现收益最大，就要按一定的比例把具有不同风险和收益的资产组合在一起。每个经济主体都要做出资产组合的决策，把这些决策加在一起就得出了整个金融市场各种形式资产的总需求和总供给。用供求关系分析就可以得出各种形式资产的均衡价格和收益率，说明货币等因素对资产价格和收益率的影响。这就为分析金融市场与物品市场的联系提供了理论基础。

在这种理论的基础上，托宾分析了货币传递机制，即货币量的变动如何通过利率来影响整个经济，这就突出了利率的作用。这种传递机制是，货币量的变动影响利率，利率影响实物资产的现期证券市场价值和现期重置资本的比率。托宾用 q 来代表这个比率，被称为"托宾 q"。这个比率又影响投资，投资影响整个经济。理解这个传递机制的关键是托宾 q，即实物资产的现期证券市场价值与现期重置资本的比率。例如，某种资产的重置成本，即购买同样资产的价格为 100 万元，为购买该资产 100 万股股票的市场价格为 1.2 元，这种资产的现期证券市场价值为 120 万元，则托宾 q 为 1.2。托宾 q 的大小随股票价格同比例变动，随重置成本反比例变动。

举个例子说，货币量增加引起利率下降，在资产组合选择中人们就要减少货币而购买其他金融资产（如股票）。这就使股票价格上升，托宾 q 的值增加，从而刺激了投资和经济繁荣。托宾强调 q 在联系金融市场和实物市场中的作用。利率之所以重要就在于它可以影响托宾 q，而不在于直接影响投资。

在凯恩斯的理论中，利率是联系货币市场与实物市场投资的纽带。在托宾的理论中，利率要影响更广泛的变量，从而利率真正成了经济中的牛鼻子。

利率对投资的影响是通过对实际资产的现期证券价值（即股票价格）来实现的，这就确立了利率和股市之间的关系，说明了货币引起的利率变动如何影响股票价格。正因为如此，媒体和公众极为关注美联储理事会的一举一动。有些记者甚至注意到，当美联储主席的皮包厚时就会调利率，当这个皮包薄时利率就不会变动。

在凯恩斯的理论中，利率并不直接影响消费。但根据托宾的理论，利率对消费支出也有重要影响。消费取决于收入和财产的市场价值。人们的一部分财富是以股票为形式的金融资产。利率下降，股票价格上升了。尽管人们的股票量未变，但其市场价值增加了，这就引起消费支出增加。同时，住房、汽车等是实物资产，购买这些资产靠银行贷款。可以把购买这些商品的支出看作重置成本，利率下降降低重置成本，从而刺激了购买。20世纪90年代，美国利率下降，股票价格上升，消费明显增加，证明了这一点。

在开放经济中，利率还要影响汇率。这一点我们在以后介绍弗莱明－蒙代尔模型的《美洲蝴蝶扇翅膀，亚洲海洋起风暴》一文中予以介绍。

现代经济学中关于利率在经济中的作用及货币政策传递机制的研究是相当丰富的，不同学派的经济学家也有不同论述。作为一本普及型的书，我们就不涉及更复杂的内容了。

曼德维尔、陆楫和乾隆皇帝

——消费的意义

曼德维尔是 17—18 世纪英国的医生、作家，陆楫是 16 世纪中国的文人学者，乾隆皇帝是 18 世纪大清王朝的皇帝。他们三个人并不在同一个国家，也没有生活在同一个年代，可以说他们之间没有任何关系。我把他们三人放在一起是因为他们都提出一种相同的思想：鼓励消费才能刺激生产。

曼德维尔写过的一本书《蜜蜂的寓言》，这本书讲了一群蜜蜂的兴衰史。有一群蜜蜂追求贪欲与享受，挥霍浪费，竭尽奢侈之能事，整个蜂群繁荣昌盛。后来，来了一只"哲学蜂"，指责它们的罪过，劝它们以节俭为美德，抑制消费。结果整个蜂群萧条衰落，最后被另一蜂群打败而逃散。曼德维尔由此得出的结论是，私人的恶德，公众的利益。这就是说，从道德观来看，个人挥霍浪费是一种恶行，但却能刺激生产使社会繁荣，对公众有利。这本书当时流传甚广，但由于宣传"浪费有功"，被指责为"精神污染"。1723 年被英国塞克斯郡大陪审团判定为"破坏公序良俗"而给予查禁。

陆楫是明末上海人，曾写过一篇文章讨论禁奢问题，该文章原无题目，因其内容被世人称为《禁奢辩》。在我国传统道德中，节俭是一代美德，历代统治者都行奢侈而倡节俭。陆楫对此不以为然，他认为："自一人言之，一人俭则一人或可免于贫；自一家言之，一家俭则一家或可免于贫。至于统论天下之势则不然。"综观天下，"大抵其地奢则其民必易为生；其地俭则其民必不易为生也"。他特别强调富人的奢侈是有利于他人的："彼以粱肉奢，则耕者、庖者分其利；彼以纨绮奢，则鬻者、织者分其利。"苏杭富庶在于"其民赖以市易为生"，而"市易者正起于奢"。所以，禁奢是不明智的。当时陆楫也认识到奢的条件是富，即"先富而后奢，先贫而后俭"。

在中国的皇帝中，乾隆皇帝是很有个性的。乾隆三十三年（1768）被任命为巡视两淮盐政的内务府包衣尤世拔，以一般皇帝的心态来推测乾隆皇帝。当时两淮盐商极为奢侈。尤世拔上任后就上了一个折子，表示要让盐商们去奢侈而尚节俭。他这是"巴结差事"，即要讨皇帝的欢心。没想到乾隆皇帝不吃这一套，尤世拔拍马屁拍到了马腿上。乾隆皇帝在奏折中"夹批"："此可不必。商人奢用，亦养无数游手好闲之人。皆令其敦俭，彼徒自封耳。此见甚鄙迂。"乾隆还告诫他"好名之事切不可为"。

无论是曼德维尔、陆楫，还是乾隆皇帝，都算不上经济学家，他们"刺激消费，促进生产，实现充分就业"的思想充其量是一种"天才的闪烁"，还没有形成一套系统的理论。不过无论在中国还是外国，传统观念还是以节俭为美德的，曼德维尔的著作被禁正在于此。在古典经济学中提倡消费刺激生产的也不多，大概就马尔萨斯是一个例外。西斯蒙第用消费不足来解释经济危机的原因，也是对消费的重视。古典经济学是关注生产的。亚当·斯密研究国民财富的增长问题，法国经济学萨伊"供给创造需求"的信条为古典经济学所信奉。到了新古典经济学，重点才从供给转向需求。在现代经济学中把需求作为决定短期经济状态的关键因素的还是凯恩斯，而且，凯恩斯说的需求不仅有消费，还有更重要的投资，在他手中完整的需求决定论才建立起来。这与曼德维尔、陆楫和乾隆皇帝的重消费思想完全不可同日而言，与马尔萨斯、西斯蒙第的消费理论也不在一个层次上。

现在我国也十分重视包括消费在内的需求对经济的促进作用。

在政策层面上也采用各种措施刺激消费。但顺便也应指出一点，我们所提倡的消费还是不同于曼德维尔的奢侈浪费。消费是好的，浪费还是应该制止的。所以，政府提出的餐桌"三光"政策，吃不了打包带回家，与刺激消费并不矛盾。把消费变为浪费，一字之差就谬之千里了。

凯恩斯的错误

——绝对收入假说

　　许多人愿意引用名人名言证明自己的观点或驳斥对方。记得中学学论说文时教科书上写着，论点的根据之一就是名人名言，"文革"时各派"文斗"都是名人言论满天飞，除了马恩列斯毛外，引用最多的就是鲁迅了。现在媒体上则是某诺贝尔奖获得者如何说，某院士如何说，而不管他们对所说的专业是否了解。

　　其实名人的话不可能全对，即使是他们的专业范围，何况有时远超出了他们研究的范围。凯恩斯算是名人吧？在经济学范围之内，他都说过错话，有的还错得相当离谱。

　　凯恩斯曾经说过："据说列宁曾宣称，摧毁资本主义制度的最好方法是破坏通货。通过持续的通货膨胀过程，政府可以秘密而不知不觉地没收其公民的大部分财富。"这段话是凯恩斯在其名著《〈凡尔赛和约〉的经济后果》一书中谈到第一次世界大战后强加给德国的赔偿条款会引起德国经济困难和加剧国际关系紧张时说的。在《劝说集》（中文版《凯恩斯文集》中译为"预言与劝说"）第二部分"通货膨胀与通货紧缩"中也出现过。

　　因为这句话是凯恩斯说的，所以作为列宁的话而被广泛引用。美国经济学家萨缪尔森和诺德豪斯在《经济学》教科书第 16 版第 30 章"保持价格稳定"中把这句话作为该章的引言。美国经济学家曼昆的《宏观经济学》第七章"货币与通货膨胀"中专设了"参考资料：凯恩斯（与列宁）论通货膨胀的成本"一节介绍这句话。可见这些经济学大师对凯恩斯所引用的列宁的话深信不疑。

英国著名苏联问题专家理查德·皮泼斯在《俄国革命：1899—1919年》中证明，这句话并非列宁所说，而是另一位布尔什维克者拉宁（La lin）所说。拉宁在俄国革命时期为经济负责人，这大概是他在从事革命工作时摧毁帝俄卢布的经验总结。

凯恩斯并没有读过列宁关于通货膨胀的文章，这句话是听来的，原文为"Lenin is said to …"看来凯恩斯说这话时底气也不足。不过因为凯恩斯是大名人，大家也就信了。

这段话的意思并不错，把拉宁说的话算在列宁头上也不算什么大错。但凯恩斯的另一个错误就严重了。

凯恩斯在《通论》中用三大心理规律来解释需求不足的原因。其中第一个规律就是边际消费倾向递减规律。

为了理解这个规律，我们先讲两个概念：平均消费倾向与边际消费倾向。平均消费倾向就是收入中用于消费的比例。比如一个人年收入为10万元，他这一年消费了6万元，平均消费倾向就是6/10，即0.6。"边际"是增加的意思，边际消费倾向就是增加的收入中增加的消费的比例。比如我今年收入增加了5万元，消费增加了3万元。所以，边际消费倾向就是3/5，即0.6。

凯恩斯认为："在一般情况下，平均说来，当人们收入增加时，他们的消费也会增加，但消费的增加不像收入增加得那样多。"这就是边际消费倾向递减。他根据的是人类本性和经验事实，包括影响消费的客观因素和主观因素，但并没有给出有力的数据证明。

凯恩斯第一次把收入与消费联系在一起，并认为收入是消费最重要的（甚至可以说唯一的）因素。这就建立了消费函数理论。消费函数就是收入与消费之间的关系。用 c 代表收入，y 代表消费。消费函数就是 $c=f(y)$。凯恩斯说的收入是绝对收入水平。所以他的消费函数理论被称为"绝对收入假设"。他得出边际消费倾向递减的规律，从而说明刺激经济实现经济繁荣主要还是靠投资。这一点对现代经济理论和政策的影响极为重要。

许多经济学家认为，凯恩斯消费函数的缺点在于以心理分析为基础，在很大程度上是一种主观推测，缺乏坚实的经验研究论证。战后许多经济学家研究了长期中消费的资料，其中美国经济学家、国民收入统计之父库茨涅兹的研究备受重视。库茨涅兹研究了1869—1933年消费的长期资料，得出的结论是平均消费倾向与边际消费倾向长期中是一致的。他得出这一数字为0.67左右。这个结论与凯恩斯的结论不同，被称为"消费函数之谜"。

经济学家努力解开这个谜。美国经济学家莫迪利安尼等人提出了生命周期假说，即消费取决于人一生的全部预期收入。美国经济学家弗里德曼提出了持久收入假说，即消费取决于持久性收入。美国经济学家杜森贝利提出了相对收入假说，即消费取决于相对收入。这些消费函数理论说明了消费的稳定性。这些理论都有计量经济模型和实际统计数据的证明，我们会在下面介绍这些理论的基本内容。

临死时存折上为零

——生命周期假说

有一年春节晚会上，赵本山和小沈阳演的一个小品中，小沈阳有一句颇引起共鸣的台词：临死时存折上为零，那有多好啊！其实大家都有这样的心愿，不过谁也知道这不可能。所以，赵本山回了一句：存折上为零了，你还没死，那该多惨啊！小沈阳的这句话是要逗大家开心，但消费函数理论中还真有一个按这个假说提出的生命周期假说。

生命周期假说又称为"消费与储蓄的生命周期假说"，是由美国经济学家 F. 莫迪利安尼、R. 布伦贝格和 A. 安东共同提出的。这个假说有许多相当不现实的假说条件，如不考虑预期寿命和工作年限的不确定性，这就是你知道自己什么时候死，要工作多少年；一年收入全用于消费，不考虑给子女留遗产；不考虑价格的变动与储蓄的利息，也就是现在的一元与未来的一元完全等值，不用贴现；收入只包括劳动收入与财产收入；等等。在这些假说条件之下，人把一生的收入全用于消费，目的是实现一生的效用最大化。为了实现这一目的，消费者要把一生的收入平均地分配到每年。每年的收入不同，但消费相同。

这样，决定个人消费的就不是现期绝对收入、相对收入或者持久性收入，而是一生的总收入。从这一点出发，这个假说就研究个人的消费与储蓄。然后由此推出整个社会的消费和储蓄。这就是说，这个假说研究个人与社会的消费与储蓄的规律。

如果不考虑未成年时期。人的一生分为工作时期和退休时期。人一生的消费取决于一生的收入。在工作时期，人不能把全部收入用于消费，要把部分收入储蓄起来，以便退休后没有收入时消费用。按这个假说，储蓄是为了未来的消费，人能在一生中均匀地进行消费正是储蓄的作用。在工作时期，收入大于消费，有储蓄；在退休时期，用以前的储蓄消费，这就是负储蓄。在工作时期，储蓄是一个增加的过程，到退休时达到最高；在退休时期，储蓄是一个减少的过程，在死亡时为零，即小沈阳希望的，临死时存折上为零。工作时期的储蓄与退休时期的负储蓄相等。生命周期假说的含义就是一生消费与储蓄的规律。如果有财产，消费和储蓄就要受财产收入的影响。这时决定消费与储蓄的就是劳动与财产的收入。

从以上的分析得出生命周期假说的含义是：第一，一生中每年的消费是不变的。第二，一生中的消费为劳动收入与财产收入，这种收入就是消费与储蓄的上限。第三，现期收入对消费的影响很少，据他们估算现期收入的边际消费倾向仅为 0.025，财产收入影响也不大，财产收入的边际消费倾向亦为 0.025。影响一生消费最主要的因素是一生的预期收入。第四，生命周期，包括预期寿命与工作时期长短会影响一生中的收入与消费。预期寿命延长，边际消费倾向会下降；工作时期延长，边际消费倾向会提高。

莫迪利安尼等人用美国的实际资料对这一假说进行验证说明，给子女留遗产、储蓄有利息等因素都会影响消费与储蓄，但消费仍主要取决于预期的一生劳动与财产收入，现期收入的变动对消费的影响小得多。以个人为例研究时，国民收入与人口都是不变的，从整个社会看，如果人口是增长的，年轻人多于老年人，则储蓄大于负储蓄，经济中有净储蓄；如果人口减少，老年人多于年轻人，则储蓄小于负储蓄，经济中有赤字，这正是西方社会现在面临的问题。

生命周期假说被认为是莫迪利安尼对经济学的重大贡献之一，也是他在 1985 年获得诺贝尔经济学奖的原因之一。这个假说的意义就在于指出了凯恩斯绝对收入假说的不足，并证明了长期消费函数的稳定性，短期中消费的波动则在于股价变动带来的财产收入变动。

这一假说还得到广泛的运用。首先，货币政策不仅可以通过利率对投资的影响起作用，还可以通过利率对股价的影响来影响消费进而影响经济。财政政策的短期减税对经济作用不大，因为短期减税只影响现期收入，不影响预期的一生收入。其次，高收入家庭中消费的比例低于低收入家庭，这是因为高收入家庭的高收入来自主要家庭成员的收入高峰期，储蓄也高，而低收入家庭则是主要家庭成员都不工作，处于收入低峰期，储蓄低。最后，消费的逐季变动由暂时因素引起，并不影响预期一生收入，对消费影响很小。

这种假说还被用于研究遗产和收入分配、人力资本投资、劳动力供给的生命周期，以及社会保障的效果等理论与政策问题。

"临死时存折上为零"的假设是不现实的，但生命周期假说正是从这种不现实的假设出发，得出了许多有意义的结论。许多批评者从假设不现实的角度批评这一假说，但莫迪利安尼认为：假设的不现实，不能改变这个假说的正确性，因为在放宽假设条件时，这个假说的结论仍然是有意义的。由假设的不现实而批评经济学理论的人都忽视了假设在一切科学中的意义。

短期减税作用有限

——持久收入假说

减税是常用的刺激经济的政策，但如果这种减税只是暂时的，作用就极为有限了。从现代美国历史看，起作用的减税都是长期的。1992 年美国经济衰退，又是大选年，当时的总统老布什为了刺激经济保证连选连任就宣布减税。可惜减税是短暂性的，没起任何作用，他还是被克林顿击败了。

要了解短期减税作用有限，就必须了解弗里德曼的持久收入假说。凯恩斯把消费与收入联系起来，建立了消费函数理论，这种理论认为决定消费的关键因素是收入。但对收入的定义则有不同的解释，这就形成了不同的消费函数理论，弗里德曼的持久收入假说就是其中之一。

弗里德曼认为，人们的消费是为了实现长期的效用最大化，追求长期中消费的稳定。因此，人们在计划自己的消费支出时，不是根据短期的实际收入，而是把消费与持久的、长期的收入联系在一起。例如，人们通常在一个月或一周中的某一天得到工资，但他绝不会在这一天把工资用完，而要平均使用这种收入。这说明，人们的消费与短期经常变动的收入之间没有稳定的函数关系。

为了说明影响消费的收入，弗里德曼把人们的收入分为持久性收入和暂时性收入。持久性收入是长期有规律的收入，一般定义为连续三年以上的固定收入。例如，工资收入或租金收入。暂时性收入指临时的、偶然的、不规律的收入。例如，偶尔得到的一笔遗产收入或中彩票的收入。持久性收入是有规律的、稳定的、可预期的，决定人们的消费。暂时性收入受许多偶然因素的影响，无法预期，这种收入只有在影响持久性收入时才会影响消费。

弗里德曼还指出，人们在每个时期的现期收入中都包括持久性收入和暂时性收入两部分。为了说明持久性收入如何影响消费，必须了解如何区分持久性收入和暂时性收入，并能计算出持久性收入。

有时人们容易区分现期收入中的持久性收入与暂时性收入。例如，工资收入是持久性收入，偶尔中一次彩票是暂时性收入。但更多情况下这种区分并不容易。例如，工资之外的分红是什么收入。要说明持久性收入与消费的关系，必须了解在无法区分持久性收入与暂时性收入时的持久性收入的估算。

弗里德曼认为，某一时期的持久性收入是在过去持久性收入的基础上形成的。现期实际收入（包括暂时性收入的变化）也会影响这种持久性收入。这样就可以根据过去的持久性收入与现期收入来估算持久性收入。简单来说，现期持久性收入等于现期和前期收入的加权平均数。举个例子，如果现期收入为 2 万元，前期收入为 1.5 万元。现期收入的加权数为 0.6，前期收入的加权数为 0.4，那么，现期持久性收入就是：2 万 ×0.6+1.5 万 ×0.4=1.8 万元。这个例子中，前期收入只包括一年，如果前期收入包括的时间越长，持久性收入就越准确。当然，在计算时，离现期越近，加权数越大，离现期越远，加权数越小。

根据持久性收入计算方法可以看出：如果现期收入等于前期收入，持久性收入不变；如果现期收入大于前期收入，持久性收入小于现期收入；如果现期收入小于前期收入，持久性收入大于现期收入。这正说明持久性收入比现期收入稳定。消费取决于持久性收入，持久性收入的变动慢于现期收入，因此，消费的变动慢于收入的变动。这是因为，当现期收入变动时，人们不能确定是持久性的还是暂时性的，不会立即做出反应。只有收入变动持续一定时期，被认为是持久性的，消费才会调整。

相对收入假说在弗里德曼的货币中占有重要地位。弗里德曼的现代货币理论分析的中心是货币需求。他认为，决定货币需求的因素很多，但最主要是持久性收入，持久性收入是稳定的，所以货币需求也是稳定的。这样决定经济的就是货币供给量。这就得出了他的著名结论：只有货币最重要。

根据持久收入假说，我们可以知道，减税是否影响消费就在于它影响持久性收入还是暂时性收入。20世纪60年代肯尼迪政府和80年代里根政府的减税，都是国会通过的法案，减税是长期的，从而影响持久性收入，影响消费，有刺激经济的作用。老布什的减税仅仅是推迟纳税日期，是暂时的，从而不影响持久性收入，也不影响消费，就没有刺激经济的作用。

持久收入假说还可以解释储蓄率的决定等问题。因此，这种理论受到重视。弗里德曼1976年获得诺贝尔经济学奖，这就是他对经济学的开拓性贡献之一。

贵族穷了还"摆谱"

——相对收入假说

在读托尔斯泰的《战争与和平》时，常感到那些落魄的贵族十分可笑。已经穷得叮当响了，还在生活上"臭摆谱"。没什么好吃的，银餐具也少不了，已经是破衣服了，还要熨出样子，连外出都要坐个像样的马车。总之，他们富时的生活习惯在穷了时仍然没有"与时俱退"。社会学家、历史学家可以有自己的解释，经济学家则用相对收入假说来解释这一点。

相对收入假说是美国经济学家杜森贝利提出的。杜森贝利认为，凯恩斯的消费函数理论，即绝对收入假说，有两个错误。一是把每个人的消费都独立于其他人的消费，否认了消费者之间的相互影响。二是否认了一个人的现在消费与以前消费之间的联系，尤其是这个人在收入最高时的消费对以后消费的影响。为了纠正这两个错误，他提出了相对收入假说。

杜森贝利和其他建立消费函数理论的经济学家一样，把消费函数理论建立在微观经济学中的效用理论之上。这就是说，消费者消费的目的是实现效用最大化。效用是一种满足的感觉，取决于个人偏好。但偏好并不是个人的事，也不是孤立的。一个人的偏好要受别人的影响，所以他的效用也会受别人效用的影响。而且，一个人的偏好不会是不变的，同样的消费在不同时期带来的效用也不同。正是从这种效用观出发，他提出了相对收入假说。

杜森贝利认为，消费者不是孤立的人，也不是不变的人。他是社会的人，他的效用不仅来自个人消费中获得的效用，也取决于与别人消费的比较，这种比较会在消费没变时，增加或减少他的效用。因此，消费者的消费就会相互影响。同时一个人在不断变化，他过去形成的消费习惯，对他以后的消费也有影响。

　　从这种关系出发，他认为个人的消费不是取决于消费者个人收入的绝对水平，而是取决于个人收入的相对水平，即个人在社会收入分配中的相对地位。例如，一个中产阶级的人的消费就要受与自己收入相对地位一样的人影响。当处于这种收入相对地位的人都买了汽车时，尽管他上下班很近，不需要汽车，他也要买一辆，因为这辆汽车象征着他中产阶级的地位与身份。决定他购车的不是个人的爱好和收入，而是他收入的相对地位。《战争与和平》中的没落贵族仍然要"摆谱"，正在于他们这个阶层的人"摆谱"是一种消费习惯。你要让自己仍然有贵族的身份，再穷，"摆谱"也是必不可少的。

　　由此又引申出一个概念：示范效应。人在社会上要维护自己的自尊。自尊通过人的社会地位表现出来。在社会中，人的社会地位取决于收入，并通过消费表现出来。高收入集团的收入和消费方式成为其他人模仿的目标。这种高收入阶层的消费方式对其他人起的榜样作用就是示范效应。

　　另一方面，一个人在长期中形成自己的相对收入地位以及由此决定的消费方式，尤其是在收入相对地位最高时形成的消费方式对一个人以后的消费也有影响。人们已形成的与自己收入相对地位一致的消费习惯也不易改变。因此，当收入减少时，人们仍要维护原有的消费习惯，并不会迅速改变消费习惯减少消费。这种消费习惯的减少慢于收入减少的现象称为制轮效应（又称棘轮效应），即只能前进不能后退。《战争与和平》中的没落贵族难以改变"摆谱"的习惯也是制轮效应在起作用。

　　从一个社会来看，各个社会阶层是稳定的，每个人的相对收入地位在短期内也不会改变，而且即使个人收入减少，由于制轮效应，也要维护自己的身份，这样消费函数就是稳定的。在长期中，人们的收入增加，示范效应会使消费增加。根据这一点，消费不足是不存在的，消费是稳定经济的重要因素。

价格决定与宏观经济
——黏性价格与错觉

　　在现实中，我们会注意到，当物价普遍上升时，有些商品却没涨价。比如根据美国的市场调查，报刊一般在两年之内不随物价上涨而涨价。这种情况我们称为黏性价格，即个别商品的价格不会随物价水平的上升而及时迅速地调价。为什么会有黏性价格存在？这种价格的存在对宏观经济有什么影响？

　　黏性价格存在的一个重要原因是改变价格要付出成本。经济学家用菜单成本来代表改变价格所付出的成本。这就是说，一个餐馆改变饭菜价格就必须重印菜单，即新菜单当然要付出成本，这就是调整价格的成本。有时企业会觉得，物价水平随时随地都会变动，频繁地变更换菜谱太不值得了，所以就在一段时间内仍用原来的菜谱，仍保持原来的价格。这样，这种餐馆饭菜价格的变动就会慢于整体物价水平的变动，形成黏性价格。现实中所看到的报刊价格不随物价水平而调整也是这种情况。

　　另外一个成本是客户的丧失，餐馆、报刊都是垄断竞争市场，虽然靠自己的特色可以垄断一部分消费者，但各个餐馆和各种报刊毕竟有相当高的替代性。这个市场上竞争程度相当高，而且餐馆吃饭和阅读报刊这些事情富有需求弹性，消费者对价格还是较为敏感的，如果别的餐馆和报刊没有提价而你提价了，你的消费者就会流失到其他餐馆，或去读其他报刊。这种调价的菜单成本再加上客户的流失，损失会大于提价增加的收入。这样，在物价水平上升之后，像餐馆和报社这样的企业都会先采取观望的态度，并不急于调整自己产品的价格。个别产品价格的调整慢于整体物价水平的调整，这就是黏性价格。

黏性价格是引起短期中总供给与物价水平同方向变动的原因。物价水平上升了，但自己企业的产品价格并没有随之调高，这就使他的餐馆来吃饭的人增加，或者买你的报刊的人增加。这时餐馆和报刊就会增加自己的产量。如果经济中有不少企业都不随物价上升而涨价，总供给就增加了，因此黏性价格引起的物价水平与总供给同方向上升。

引起物价水平与总供给的另一个原因是错觉理论。这就是说，人是非理性的。当自己产品的价格随物价水平而调高时，其实各种产品的相对价格并没有改变。但由于企业家并不是理性的。他们可能只看到自己产品的价格上升而没有看见其他企业产品价格的上升，相对价格并没有变，他看到自己产品价格上升，当然应该利润增加。这种对相对价格的错误认识使他增加自己企业的产量。如果有一些企业都产生这种错觉，物价水平就与总供给同方向变动。

新古典宏观经济学把价格调节视为及时的、迅速的，从而价格调节可以实现供求均衡的市场出清。但现实中黏性工资、黏性价格和人们的错觉都限制了价格的作用。因此，短期中仅靠市场调节是不够的，还需要政府用经济政策来调节，实现经济平稳运行。

工资决定与宏观经济
——黏性工资理论

根据新古典经济学，工资由劳动市场供求关系自发地决定，工资具有完全伸缩性，即随供求关系的变动及时变动。工资的调节使劳动市场实现充分就业的均衡，即市场是出清的。因此，经济不存在非自然失业。

但 20 世纪 30 年代严重的失业打破了这个市场经济自发实现充分就业均衡的神话。在残酷的事实面前，新古典经济学的理论受到沉重打击。凯恩斯从总需求不足的角度解释了失业的原因。他也指出了工资刚性，即工资不能及时地随劳动市场供求关系的变动而变动。但凯恩斯并没有把微观经济学中工资决定的机制与宏观经济中的失业联系在一起，用前者去说明后者。这就是凯恩斯的宏观经济理论缺乏微观经济基础。新凯恩斯主义者认识到这一点，用工资决定理论来解释失业，使宏观经济学建立在微观经济的基础之上。这种解释就是黏性工资理论。

黏性工资理论并没有否认工资由劳动市场的供求关系决定，但它的补充是，工资的变动慢于劳动市场的变动，黏性就是一种因素的变动引起的另一种因素的变动有"时滞"，即有时间的滞后。这种黏性工资理论的关键是解释为什么工资的变动会滞后于劳动市场供求关系的变动。

第一种解释是工资决定中的合约理论。这就是说，工资是由劳资双方之间的合约确定的。这种合约或者由工会代表工人与企业签订，或者是工人与企业之间一种双方承认的隐含合约。如果这种合约为三年，在合约期内，无论劳动市场的供求关系如何变动，工资也不会变动。只有在合约期结束，双方重新签订合约时，新合约才会根据劳动供求关系的变化而调整。

工人和企业都知道，劳动市场的供求关系是随时变动的，为什么还签订这种工资不变的合约呢？在信息不对称的世界上，未来的供求关系变化是无法预测的，即有不确定性，这就会产生风险。对工人来说，风险就是劳动市场供小于求时，不能要求提高工资。对企业来说，风险就是劳动市场供大于求时，不能要求降低工资。但工人和企业都是风险厌恶者，不愿意有风险。因此，工人愿意放弃劳动市场供小于求时提高工资而换取劳动市场供大于求时不降低工资，以求收入稳定。同样，企业也愿意放弃劳动市场上供大于求时降低工资，以换取劳动市场上供小于求时不提高工资，以保持成本稳定。双方都放弃了风险带来的收益以换取风险带来的损失。这符合双方风险厌恶的理性。

第二种解释是局内人－局外人理论。这个理论所说的局内人是指已在企业内工作的人，局外人是指想进入企业工作的人。局内人经过企业的培训又有工作经验，成为熟练工人，企业内是局内人培训局外人。如果企业实行双重工资制，对局内人支付高工资，向局外人支付低工资，通过引进新局外人进行培养以降低总体工资水平，局内人会感到局外人的威胁，即如果局内人仍要坚持高工资，企业就可以用局外人代替局内人。这样局内人就拒绝培养局外人，这就是中国所说的"教会徒弟，饿死师傅"。只有企业为局外人支付与局内人相同的工资，局外人不是局内人的威胁，局内人才与企业合作培训局外人。这样引入局外人，工资并不会减少，这就形成黏性工资。而且因为局外人技术不熟练却要拿与局内人同样的工资，企业也不愿意，所以局外人难以进入企业，工资就变化得慢了，有黏性了。

第三种解释是我们讲过的效率工资理论。效率工资是企业为了提高效率而支付的高于市场均衡工资的工资。实行效率工资带来的效率提高，企业利润增加大于企业所支付的高工资，一旦实行效率工资，工资就无法下降，这就形成工资的黏性。

此外，政府实行最低工资法和工会的存在也是工资存在黏性的原因。由于最低工资法的存在以及工会坚决反对工资下降，这样，即使劳动市场供求关系发生变动，供大于求，工资也无法下降。这两种制度因素中，工会的存在更重要，因为一般企业的工资高于最低工资，最低工资法不成为降低工资的因素，但工会力量的强大使企业在劳动市场供大于求时也不能降低工资。这就形成工资的黏性。这种黏性主要在于不能降低工资，而提高工资则无黏性。

新古典经济学分析的是一个理性的市场，不存在信息不对性，不存在风险，也不存在工会对劳动市场的垄断。总之没有考虑到现实中复杂的情况，因此在用于实际时一定会出问题。黏性工资理论分析的是活生生的、复杂的现实劳动市场，因此也符合实际。

失业的存在是必然的

——失业的原因

无论是哪一个时代、哪一个国家，即使这个时代、这个国家最繁荣，也会有数量不等的失业人口存在。这说明失业存在的原因有些是无法消除的。那么这些原因是什么？

经济中的一些失业称为摩擦性失业。这种失业是由于一些客观存在的、无法克服的原因引起的。在经济中，劳动力的流动是正常的，总有一些人出于各种原因在不同行业、不同地区、不同工作之间流动，以找到他们最喜欢的工作。这些人离开一个企业去寻找新的工作，并不会马上就找到，在他离开旧工作找到新工作这一段时间内处于失业状态。这就是摩擦性失业的原因。

这种失业存在的一个原因就是市场信息不对称。想找工作的人不知道哪里有适合自己的工作，想招工人的企业也不知道哪里有他们需要的工人，即使在现在这个信息发达的时代，这种情况也是难以避免的。我们可以多设职业介绍所，通过网上各路信息来减少这种失业，但无法完全消除。正因为这种失业难以消除，它的存在是正常的，所以我们也把这种失业称为自然失业。自然失业会有多少，各国可以根据不同时期的具体情况来分析。比如美国 20 世纪 60 年代把自然失业率定为 4%，以后又向上调整。但总有一个标准的自然失业率，即由于这些原因引起的失业人口在劳动力中所占的比例。如果经济中的失业率没有超过自然失业率，我们就称为充分就业。

充分就业并不是一个失业者都没有，而是失业率小于或等于自然失业率。自然失业率可以根据各国的历史、文化及现象来确定。原因是这种失业的存在不会引起社会不稳定。

如果实际失业高于自然失业，这两者之间的差距就称为周期性失业。所谓周期性失业是由于总需求不足引起的失业，因为它在经济中总是周期性存在，有时多，有时少，所以称周期性失业。

周期性失业的原因就是经济中实际的总需求小于充分就业的总需求，对劳动力的需求不足。这种失业在经济中是主要的，也是充分就业政策要消灭的失业。

还有两种失业也值得注意。一种失业是结构性失业，或称技术性失业。这种失业就在于劳动市场需求与供给的结构不平衡。比如现在市场上急需 1000 名电脑程序员，但急于找工作的是 1000 名汽车司机，汽车司机从事不了电脑程序员的工作，这些司机就处于失业状态。存在这种失业时，劳动市场上供求总体上是平衡的，但劳动力的结构不平衡。因此就出现"失业与空位"并存的现象，即市场上既有人找不到工作，又有工作需要人做。在现代社会，由于技术进步，一些工人的技能被高科技淘汰了，如未来自动驾驶汽车普及后，大量汽车司机就会被淘汰，而新的工作他们又不会。那么培养这些司机学电脑技术，不就解决了失业与空位并存吗？但这些司机或者由于文化低，或由于年纪大，学新技术已不可能。科技越发达，这种失业就越多。

另一种失业称为制度性失业，这是由于各种制度引起的失业。一种制度是工会制度。工会是保护加入工会的工人利益的，有排他性，对非会员工人不利。如果一个工会要把工资保持在一定水平上，企业慑于工会力量的强大，就无法多招工人，这就会引起失业。另一种更重要的制度就是各种社会保障与社会福利，即福利国家制度。这种制度对缩小收入差距、保护低收入者的利益是有好处的，但也培养了一批懒人，他们依靠福利津贴、失业津贴等过着悠闲的日子，即使工作有更好的收入也不去。尤其有的国家各种福利津贴相当高，靠这些收入不但生活过得去，还可以到国外旅游呢！改革福利制度，削减福利又是难上加难。

对失业原因的分析是为制定充分就业政策提供一个理论依据。自然失业可以降低，制度性失业可以修改福利政策，结构性失业可以进行劳动力培训，但这些都是说起来容易，做起来难。所以，失业是每个社会的顽疾。

经济不玩儿过山车

——经济周期

到过游乐场的人大多玩儿过过山车。一会儿猛冲上去,一会儿又狂掉下来,如此反复,十分刺激。经济有时也像过山车,一会儿迅速扩张十分繁荣,一会儿又急剧收缩严重衰退。经济学家把经济中类似过山车的这种现象称为经济周期。不过这种经济过山车可不像游乐场的过山车那么好玩。我们追求的不是经济过山车似的忽上忽下,而是稳定地增长。

经济周期是经济中繁荣与衰退的交替。繁荣与衰退是经济周期的两个主要阶段。但通常在繁荣之后还会进一步增长,形成繁荣,而在衰退之后还会进一步减少,形成萧条。如果从一次萧条开始,萧条之后会有复苏(扩张)然后达到繁荣,又出现衰退,并进入萧条。这四个阶段构成一个经济周期,主要是复苏与衰退。繁荣的最高时称为顶点,萧条的最低点称为谷底。经济繁荣达到顶点就要下降进入衰退了,衰退达到谷底又要上升开始复苏了。

这四个阶段即每一个周期会有多长时间呢?法国经济学家朱格拉最早注意到经济周期问题。他根据当时的资料认为,一个经济周期为十年左右,以后经济学家把这种周期称为中周期或朱格拉周期,马克思分析资本主义经济时也认为每个经济周期十年左右。从 19 世纪的统计资料看也大体如此。德国经济学家基钦提出了另一个周期,即为期三年左右的周期。以后经济学家把这种周期称为短周期或基钦周期。俄国经济学家康德拉季耶夫,从长期趋势研究经济周期。他认为每个周期五十年左右。以后经济学家把这种周期称为长周期,也称为康德拉季耶夫周期。顺便说一句,当时斯大林提出了资本主义总危机理论,断言资本主义很快就要死了。康德拉季耶夫说什么当时的衰退只是长周期,资本主义还会繁荣的。这样他被流放到西伯利亚,不知何时死在什么地方。

熊彼特把这三种周期的划分统一在一起。他认为,一个长周期有五个左右中周期,一个中周期有三个左右短周期,并用创新理论解释经济周期。他认为,创新是引起经济周期的关键,小创新引起短周期,中等创新引起中周期,而像电力发明这样的重大创新引起长周期。

不过"二战"之后,经济周期不再有这种规律,每个周期有多长时间不好确定,也不好预测。

经济学家早就注意到经济周期现象,并研究它产生的原因。熊彼特的创新经济周期理论就是一种。解释经济周期原因的理论称为经济周期理论。由于经济周期产生的原因极其复杂,不同经济学家根据不同的资料,从不同的角度进行了分析,得出的经济周期理论有几十种,甚至上百种之多。但至今也没有得到大家一致公认的一种理论。应该说,经济周期不是一种因素引起的,在经济周期中各种因素都在不同程度上起作用,不同时间与地点,各种因素的重要程度也不同。所以,要得出一个统一的、大家公认的经济周期理论实际上也是不可能的。

我们可以把历史上各种经济周期分为两大类。

一类认为经济周期产生的原因在经济体系内部,是由于市场机制调节的不完善引起的,称为内生经济周期理论。凯恩斯主义者通常都支持内生经济周期理论。他们的内生经济周期理论要证明市场经济的不完善性,从而得出需要国家干预,用财政政策和货币政策消除经济波动实现经济的稳定,他们经济政策的理论依据正在于此。

另一类认为经济周期产生的原因在经济体系外部,是由于经济体系外部之不可预测的随机冲击所引起的。例如，石油价格的变动、技术进步，或现在正冲击经济的新冠肺炎疫情。市场机制本身有能力消除这些冲击，经过一段波动之后再恢复稳定。他们认为，市场机制的调节是完善的，应该让市场机制充分发挥作用，不需要政府干预。有时政府干预正是引起经济危机的外部冲击。正如里根所说的，政府不是解决问题的方法，而是制造问题的源泉。2008年的全球金融危机及以后的经济衰退正来自政府想让低收入者有房的种种政策干预。

看来凯恩斯主义者支持内生经济周期理论，自由放任经济学家支持外生经济周期理论，都是为他们的基本政策主张服务的，各派的理论也都有自己的根据与资料，因此要统一经济周期理论是极为困难的，也许是永远不可能的。

大萧条与金融危机

——国家干预的是与非

1929—1933 年的大萧条波及面之广、时间之长、衰退之严重，称得上空前绝后。美国的 GDP 减少三分之一左右，倒退了二十多年，失业率高达 25%，并波及全世界，至今仍令人难忘。2008 年的全球金融危机，虽然没有大萧条那么严重，但在全球化的时代，在全球引起震荡，同样令人胆战心惊。这两次灾难告诉我们什么？

直至今日，九十多年前的大萧条仍然是经济学家研究的对象。对大萧条产生的原因主要有两种意见。一种意见以美国经济学家彼得·蒂明为代表，他认为，大萧条如此严重的原因是总支出的持续减少。引起总支出减少的原因很多，但主要是悲观情绪与不确定性加剧。20 世纪 20 年代是经济极其繁荣的时代，建筑业的空前高涨带动了整个经济（库茨涅兹十分重视建筑业对经济的重要性，他提出了为期二十五年左右的建筑业周期），但这种繁荣之中隐含了极大的不确定性。这种不确定性既来自国际经济的变动，也来自国内繁荣中泡沫的严重。没人相信繁荣会持续下去，又都想在崩溃前捞一把。股市崩溃使这种不确定变为现实。人们的情绪转向悲观，住房和耐用消费品的购买急速减少，建筑业几乎消失。这样就引发了大萧条。在他看来，是真实原因引发了大萧条，货币因素是次要的。

另一种意见以美国经济学家弗里德曼为代表，他则强调使萧条如此严重的还是货币因素。在与施瓦茨合著的《美国货币史》中，他们证明，从 1930 年到 1933 年，名义货币供给量减少了 20%，如果考虑到物价下降，货币量减少就更多了。货币供给的减少直接原因并不是美联储的行为，而是大量银行破产。繁荣时银行发放了大量贷款，一旦企业破产，贷款就会无法收回，连储户的活期存款都无法支付，引起挤兑风潮，银行破产，银行创造货币的机制不起作用，供给量减少，这又加剧企业破产与实际利率上升，成为减少总支出的根源。

对于 2008 年的全球金融危机，至今仍有许多事不明朗，也存在相当大争议。但有两点是经济学家基本认同的。一是奥巴马政府为讨好选民而实行的民粹主义，由政府组建房利美、房地美两家公司，让穷人都有房，并以房地产来拉动经济。这就埋下了以后房地产贷款无法偿还的种子。二是金融市场监管失误，各公司利用房地产繁荣设计出各种金融衍生工具在金融市场上炒作，看似繁荣，在房地产中隐含着危险的情况下，这种繁荣实际是泡沫，一旦出现购房者还不起贷款，房地产泡沫破灭，金融市场的危机也就来了。所以，主张自由放任的经济学家抓住了政府，让政府为穷人买房，刺激房地产畸形繁荣引发了这次金融危机；主张国家干预的经济学家抓住了金融市场，认为金融市场缺乏监管，任由各种金融衍生工具上市才引起金融危机：见仁见智全由其立场决定。而金融危机的发生因素复杂，谁都能找到证明自己的观点的论据。

这两件事都是历史了。现在我们客观看一下，的确既与政府无监管相关，又与政府监管失误相关。问题不在于政府管不管，而在于如何管，管什么。

30 年代的大萧条的确是与政府不管相关。30 年代之前，经济学的主流是自由放任，认为市场机制的运行是完善的，可以自发调节经济实现充分就业的均衡。大萧条正是市场自发调节的结果。当经济中出现了泡沫时，市场不会自动地消除它，只有等自行膨胀到极限时才会自发破灭，而这时灾难已不可避免了。而且泡沫引起的灾难要恢复正常，靠市场还需要相当长的时间。多亏罗斯福新政的干

　　　　　　　经济学夜话：宏观篇

预让经济走出困境，以后的"二战"又使美国经济走向顶峰。而且，美联储没有及时拯救银行破产也是一种失职，这加剧了灾难的严重程度，并延长了时间。总之，30年代的大萧条是过分迷信市场，彻底自由放任造成的。看来国家不对市场经济进行干预是不行的。这正是以后凯恩斯主义经常遭到责难，但一直占经济学主流地位，并成为政府干预经济的理论基础。但政府干预并不能代替市场机制。如果想违背市场规律，靠政府的力量实现繁荣，这又真理跨过一步成为谬误了。奥巴马政府想让穷人买房刺激经济就是谬误的。无论以后金融危机有多少原因，这一点都是无法否认的。

金融市场是一个极其复杂的市场，现在的各种金融衍生工具又极为复杂，设计之中往往隐藏了陷阱。完全放任金融市场运行就是一场灾难。金融市场缺乏监管的确是2008年全球金融危机的导火线。如何让金融市场活而不乱，是我们永远在寻探并无法达到完善的任务。不过一次次灾难让我们吸取教训，改善监管，这就是进步。2008年的全球金融危机来势凶猛，许多人当时预言又会是一个30年代的大萧条，但事实上，政府和美联储采取了许多有力的措施，很快就扭转了局面，这就是进步。

这两次事件中有许多教训值得我们研究。失败让我们进步。但首先要知道失败的原因，这正是研究经济史的意义。

货币是什么

——货币的含义与职能

　　如果把不同时代的人召集到一起讨论什么是货币，每个时代的人都有不同的回答。原始社会的人会说贝壳就是货币，唐代丝绸之路上的商人会说丝绸就是货币，宋代的人会说银子和铜钱就是货币，重商主义时代的人只认金银是货币，现代人习惯把纸币作为货币，21世纪以后的人会用电子货币，只是一些数字。其实在经济学家看来，他们的回答是一样的，货币是普遍接受的交换媒介。各个时代的人认定的货币只是货币的不同形式而已。

　　货币最基本的职能是作为方便商品交换的交换媒介或延期支付时的支付手段。只要能作为交换媒介就是货币，而无论它要采取什么形式。至今在南太平洋的雅普岛上人们仍然把石头作为货币。"二战"集中营和战后德国以及20世纪80年代的俄罗斯都曾把万宝路香烟作为货币。这种万宝路香烟和历史上的金银都是商品货币，它作为交换媒介的基础在于自身的价值。历史上金银长期作为货币在于它易分割、便携带和价值高的特点。现代社会使用的本身并无价值的纸币和未来的电子货币是法币，即法律规定它可以用作交换媒介和支付手段。

　　但确定什么是货币也不容易。人们经常问到的一个问题是，信用卡是货币吗？换一个问题，驾驶证是开车技术吗？你肯定会说，驾驶证本身并不是开车技术，是证明你有开车技术的文件。对了，信用卡本身也不是货币，只是证明你有偿还能力和信誉，可以凭此证先借钱花然后再还。用信用卡消费是借钱消费，借的钱还是要用货币还的。

货币的本质是交换媒介和支付手段，其他职能都与此相关。货币作为计价单位就是用货币来表示价格或记录债务，这是作为交换媒介和支付手段的前提条件。货币作为价值储藏手段就是把货币作为保存购买力的工具或资产的一种形式，这是作为交换媒介和支付手段的延伸。无论货币采取什么形式，它都具有这四种基本职能。

经济学家和媒体在谈到货币时都会提到一个词——"流动性"。流动性就是一种资产兑换为交换媒介的容易性。这一点对理解货币的含义十分重要。我们知道，价值储藏有多种形式，如土地、房屋、股票、债券等。这也是我们说的资产的形式，但任何一种资产形式的流动性都不如货币。因为其他资产形式并不一定能随时按原价值兑换为交换媒介。你要用房产、股票直接买东西，不可能。你必须先把它们换为货币别人才接受。货币不用兑换，本身就是交换媒介，所有人都会接受。只有流动性最强的才是货币。

当然，不同货币的流动性也并不完全相同。经济学家把直接作为交换媒介的货币称为M1，或称狭义的货币，M1包括现金（纸币与辅币）、旅行支票、活期存款或其他可以开支票的支票存款（如货币市场共同基金中的存款）。这种货币流动性最大。M2是M1再加上其他储蓄存款，如商业银行的定期存款、货币市场共同基金的余额、其他金融机构的存款等。M2称为广义货币，除M1之外的其他货币存款也可以兑换为交换媒介，不过有某些限制条件，不如M1的流动性强。流通中的货币量称为货币存量，一般银行发布的货币存量如无特别说明都是M2。

也许你会认为，货币不就是买东西的钱吗？经济学家为什么要把它搞得如是复杂，又是M1、M2的，这不是有病吗？

其实货币真如此简单，还要货币理论家做什么？货币绝不是我们日常买东西用那么简单，现代经济是货币经济，货币影响整个经济的运行，也影响每个人生活的每一方面，我们要了解现代货币经济如何运行，货币对经济有哪些影响，如何影响，就必须了解货币的流动性及 M1、M2 的区别。你对货币了解得越多，你就越了解现代经济的运行，也会更好地做出各种选择。

国民党政府倒台的原因

——通货膨胀的分类

抗日战争胜利之后，国民党政府加速腐败。那些接收大员以"抗日功臣"自居，大发横财。经济混乱，政府又要挑起内战，把屠刀挥向共产党和人民大众。财政极为紧张，进行货币改革，大发金圆券，金圆券迅速大幅度贬值。起初能买一头牛的金圆券，最后连一粒米都买不到了。货币如此贬值，人民无法生活下去，他们的灭亡也就必然了。引起货币如此贬值的当然是国民党政府的腐败与反动，但引起它灭亡的直接原因还是通货膨胀。世界史上像国民党政府这样被通货膨胀击垮的政府还不止一个。通货膨胀何以有如此巨大的杀伤力？

其实也不是所有通货膨胀都有如此杀伤力。通货膨胀的杀伤力有多大，就要看它属于哪一种类型的通货膨胀。经济学家一般根据通货膨胀严重的程度，即通货膨胀率的大小，把通货膨胀分为三个类型，它们对经济的影响完全不同。

第一种通货膨胀称为温和的通货膨胀，又称爬行的通货膨胀。指通货膨胀率在2%—3%以下，且年复一年，通货膨胀率维持在这个水平上。这种通货膨胀是正常的。一般所说的物价稳定并不是通货膨胀率为零，而是维持在温和通货膨胀的水平。这种通货膨胀不会给人民的生活带来影响，因为我们的收入也在"膨胀"，许多国家都有"指数化"政策，对工资、养老金及各种社会保障与社会福利补贴都按通货膨胀率调整。想想从改革开放之初到现在，我们的物价涨了多少？但我们的收入增加得比通货膨胀高得多。过去每月工资50元是正常的，现在工资5000元并不算高收入，工资涨了100倍，物价无论如何也没有这么多。所以，我们的生活比过去不知好了多少倍。千万别只看物价涨，没看见自己的工资涨得更多。任何一个国家，即使是物价稳定最好的国家，这种温和的通货膨胀也是存在的，每年2%—3%，积累起来就大了。但每年涨点，我们的生活一天比一天好，谁也不会注意到这种通货膨胀。许多经济学家认为，这种通货膨胀不仅无害还有利。这就是可以作为一种"润滑剂"让经济运行得更完美，经济发展得更快。

第二种通货膨胀称为加速的通货膨胀。这种通货膨胀的通胀率超过温和的通货膨胀，但仍未突破10%。不过这种通货膨胀另一个更可怕的特征在于通货膨胀正不断加速，越来越快。如果不控制，发展下去就危险了。所以政府在这时都要采取紧缩性政策，以使通货膨胀降下来，稳定下来。也有个别政府利用通货膨胀加速，企图借收入一时赶不上通胀，使企业利润增加，刺激生产，这是极为危险的，因为一旦坐上加速的滑梯，再想控制时就来不及了。

第三种通货膨胀称为超速的通货膨胀或恶性通货膨胀。这种通货膨胀极为严重，按经济学家的定义，通货膨胀率每月（而不是每年）为50%以上。到这时经济就要崩溃，政权也危险了。"一战"后德国的通货膨胀、"二战"后国民党政府统治下的通货膨胀、南斯拉夫解体前的通货膨胀、21世纪初津巴布韦的通货膨胀，都属于这种情况。津巴布韦都发行了面值10亿元的津巴布韦元，只相当于3美元。而且这种通货膨胀被称为通货膨胀税，政府以发行钞票的方式掠夺了人民的财产，过去的富人今天可能一无所有。这样的政权无论是专制还是民主，还会有人支持吗？

许多国家在不同历史时期都短暂地出现过这种通货膨胀。如经济转型过程中的苏联和东欧一些国家、"二战"后的德国。这时就必须发行新货币取代旧货币，如德国就发行新马克代替过去的帝国马克。人民要承受这种灾难，蒙受严重损失，但如挺过这一段，经济还可救。"二战"后新马克的发行控制了通货膨胀，以后经济发展，德国又活过来，活得更好了。

认识不同的通货膨胀，对我们应对通货膨胀和政府制定政策都是有意义的。

另一种通货膨胀分类

——通货膨胀的原因

我们从通货膨胀的严重程度把通货膨胀分为温和的、加速的和恶性的三种。从通货膨胀预期的角度，又把通货膨胀分为可预期的与不可预期的。这里再介绍一种通货膨胀的分类，它是根据引起通货膨胀的原因划分的。

在长期中通货膨胀的基本原因是货币数量的增加。货币数量论正是说明这一点的。传统货币数量论认为，物价水平取决于货币量、货币流通速度和交易量。货币流通速度和交易量在一定时期内是不变的，因此货币量与物价水平同比例变动。尽管由于各种复杂的因素，这两者并不一定完全同比例，但同方向是毫无疑问的。现代货币数量论要复杂一些，但就通货膨胀而言，也认为长期通货膨胀源于货币量增加。所以现代货币主义的代表人物弗里德曼的名言是："通货膨胀时时处处都是货币现象。"

不过在短期中，通货膨胀的原因就不那么简单了。综合经济学家的研究，可以根据通货膨胀的原因把它分为四类。

第一种是"需求拉上的通货膨胀"，认为通货膨胀是总需求过度增长，总需求大于总供给引起的。这就是"太多的货币追逐太少的商品"引起通货膨胀，这种通货膨胀分为三个阶段。第一阶段需求增加时，供给增加，价格并未上升。第二阶段需求继续增加，供给也增加，但价格上升了。第三阶段需求仍在增加，但供给由于资源或技术限制已无法增加。这时需求拉上的通货膨胀就发生了。

第二种是"成本推进的通货膨胀",认为通货膨胀还是源于劳动成本或原材料成本的增加。这种成本增加又可能有三个原因。第一是由于工会的存在并成为一种垄断力量,它推动了工资的上升,这被称为"工资成本推动"。第二是由于进口原材料价格上升,这被称为"进口成本推动"。美国 20 世纪 70 年代严重的通货膨胀正来自欧佩克国家石油价格的大幅度上升。这种成本的增加并无助于增加供给,因此形成高通货膨胀低增长率的"滞胀"状态。第三是企业借口工资或进口成本增加而提价,使价格上升的幅度超过工资增加或进口成本增加的幅度,从而获得利润,这被称为"利润推动"。这种情况能否存在还取决于企业对市场的垄断程度,企业产品的需求弹性以及这种产品替代品的多少。供给推动型,特别是工资成本推动型还会引起"工资 - 物价螺旋式上升",即工资成本增加引起通货膨胀,但通货膨胀又引起工人要求提高工资,从而进一步推动通货膨胀。这种螺旋式上升会一直到通货膨胀得到制止为止。

第三种是"供求混合推进的通货膨胀"。现实中通货膨胀是需求拉上的还是成本推进的,像"鸡生蛋,蛋生鸡"一样是一个讲不清的问题,无论哪一种引起的都会引起另一种。比如需求拉上产生通货膨胀,就会带动成本推动;反之,成本推动也会引起需求拉上。因此把这两种类型称为"供求混合推进"也许更恰当一些。

第四种"结构性通货膨胀"。这就是由于经济结构特征引起的通货膨胀。在经济中有些部门生产率高,工资增长快;有的部门生产率低,但也要求工资与前一种部门相同。前者的生产率与工资一致,但后者工资高于生产率,从整个经济来看,就发生了通货膨胀。这种通货膨胀与成本推动有些相似,但这种成本增加是由于整个经济的结构特点引起的。

苏东国家在转型过程中最初出现的属于需求拉上型。因为原来的计划经济下物质严重短缺,一旦放开价格,供不应求加剧,通货膨胀就发生了。但工资如果不变,又会引起社会动荡,这时只好提高工资。生产在一段时间内增加不了，这种通货膨胀就会越演越烈。这是计划经济留下的遗产，公众不得不接受这个痛苦的过程。至于公众付出了代价能否有好结果，还要看改革的成败。

经济学家提出解释通货膨胀原因的理论有几十种之多，但大体都是这四种类型的细分或延伸。

通货膨胀并非人人都受害

——通货膨胀的影响

通货膨胀总会存在，它对整个经济，对所有人有什么影响呢？在通货膨胀中如何保护自己，是每个人都关心的问题。

通货膨胀指的是物价普遍而持续的上升。首先请注意"普遍"，这就是说不是有一种或几种商品价格上升了就是通货膨胀，而是所有商品价格的上升，这种上升用物价指数来衡量。所以通货膨胀不是几种商品价格上涨，比如房价上涨或猪肉涨价，而是物价指数上升。其次请注意"持续"。这就是指不是一时的上升而是持续一段时间，比如三个月以上。蔬菜季节性价格变动，淡季时价格上升，就不能算是通货膨胀。这种个别商品价格的变动或季节性变动都不是通货膨胀。人们习以为常，对经济也没什么影响。而且我们说明了，温和通货膨胀是正常的，恶性通货膨胀是毁灭性的，也是不常见的。我们考虑通货膨胀的影响时不考虑这两种情况。

我们考虑的是加速通货膨胀对经济和每个人的影响。在分析时我们又把这种通货膨胀分为两种情况：可预期的与不可预期的。这两种情况的影响是不同的。

在可预期的通货膨胀，即人们可以预期到这种通货膨胀的发生与程度的情况下，这种通货膨胀的影响有四点。第一，当人们为了使用方便保留现金时就要放弃把钱存入银行的利息。这是持有现金的机会成本。在通货膨胀发生时，名义利率上升，持有现金的机会成本增加了。人们就会减少现金持有量。现金少了就要常去银行，这会增加皮鞋的磨损和浪费其他资源（如时间），因此这种成本被经济学家风趣地称为"皮鞋成本"。第二，企业改变价格需要付出更改价格的成本。正如饭店根据新价格修改菜单要付出印刷新菜单的成本一样，因此被称为"菜单成本"，这是企业承担的成本。第三，各企业价格变动不同，引起相对价格变动。在替代品之间，这种变动有利于价格上升少的企业而不利于价格上升多的企业。第四，当名义收入随通货膨胀率而调整时，税收起征点和税率仍保持不变，且起征点和税率都根据名义收入而定，这样税收就增加了。这种税收增加被称为"通货膨胀税"，是政府对人民的变相加税，或说得难听点是掠夺。

"皮鞋成本"和"菜单成本"是一种资源的浪费，把本来能用于生产的资源用于对付通货膨胀。相对价格变动会引起资源配置失误，通货膨胀率扭曲了激励，降低了效率。价格扭曲也不利于价格正常调节经济的作用。不过这些影响并不重要。在电子化时代银行业务和修改菜单都可以在网上进行，这两种成本都不存在了。其他影响也并不大。所以可预期的通货膨胀对经济和人民影响并不大。

重要的是不可预期通货膨胀。这就除了上述可预期通货膨胀的影响之外还增加了在人们之间财产的再分配。首先是在债权人和债务人之间。当实际通货膨胀高于预期时，债权人受损失而债务人受益。因为借贷合同是根据预期的通货膨胀率确定的名义利率，如果实际通货膨胀率高于预期的通货膨胀率，名义利率不变，真实利率就减少了。这会影响债权人放贷的意愿，减少贷款，甚至停贷，从而影响投资，对经济不利。其次是工人与企业之间的分配。工资合约是根据预期的通货膨胀率签订的，如果实际通货膨胀率高于预期的通货膨胀率，真实工资就会下降，真实工资的下降就是企业利润增加。这就会刺激企业增加生产。曾有经济学家根据这一点提出了"通货膨胀有利论"，主张用适当的通货膨胀刺激经济，但这种影响仅是短期的。用通货膨胀刺激经济是饮鸩止渴，最后将自食其果。

再次是政府与公众之间，通货膨胀税收会增加，有利于政府而不利于公众，也的确有个别国家用这种办法解决财政困难，但这种政府难免垮台。

正因为加速的通货膨胀不利于经济和政治稳定，所以现在几乎所有经济学家都主张物价稳定，这也成为政策的一个重要目标。

面对无可奈何的通货膨胀我们该怎么办呢？"天要下雨，娘要嫁人，物价要上涨"，这都是我们个人难以抵制的，但要会应对。应对的办法就是资产多元化，不要像山西老财主那样把所有资产都以货币形式保存下来，看见钱才喜笑颜开。资产多元化就是经济学家说的，不要把鸡蛋放在一个篮子里。特别是把钱用于投资，当然可以投资于股市、债券，也可以直接投资于某企业。但最安全的方法还是房地产。房地产的特点是土地有限，而需求不断增加，因此长期中房地产价格是上升的，且快于任何一种通货膨胀。德国"一战"和"二战"后都发生了恶性通货膨胀，据调查在这两次恶性通货膨胀中没受损失甚至还因祸得福的是房地产所有者。此外，如果允许也可以把货币兑换为币值稳定的货币。在国外许多人认为瑞士法郎是币值最稳定的货币。也正因为如此，许多人把钱换为瑞士法郎，存入瑞士银行。当然也还有一种方法，这就是把自己的财产投入改善自己人力资本，不断学习新技术，让自己有更大的能力。这样，你的赚钱能力强了，还怕什么通货膨胀。你看那些成功人士，哪个为通货膨胀愁眉苦脸？而这种成功需要大量的、不断的人力资本投资。知识就是赚钱的力量，是抵制任何通货膨胀最有力的武器。

通货膨胀不可怕，可怕的是不了解通货膨胀，无法应对通货膨胀。

《奥兹国历险记》的影射意义

——通货紧缩的危害性

　　许多人都看过美国好莱坞电影《奥兹国历险记》(旧译《绿野仙踪》)。这是一部以美国作家弗兰克·鲍姆的一本儿童读物为依据改编的电影。讲述一个叫桃丽丝的堪萨斯小姑娘在迷路之后如何与其他朋友小狗托托、稻草人、胆小的狮子等战胜女巫回到家乡的故事。其实这个故事还不是一般的儿童读物,而是影射当时争论激烈的银币自由铸造问题。影射文学到处都有,不是中国特色。

　　今天人们都是谈通货膨胀而色变。但在金属货币流通的 19 世纪,更多的情况是谈通货紧缩而色变。19 世纪的美国有七十年左右处于通货紧缩时期。根据货币数量论,流通中的货币量决定了物价水平和货币的购买力。在纸币流通的今天,货币发行不受贵金属量的限制,一旦货币发行过多就会发生通货膨胀。但在货币受贵金属量限制的时代,一旦货币量不能满足流通的需要,就会发生通货紧缩。我们把通货膨胀定义为物价水平普遍而持续的上升,同样,可以把通货紧缩定义为物价水平普遍而持续的下降。

　　通货紧缩的危害并不亚于通货膨胀。它也有财富分配的效应,不过与通货膨胀正好相反,给经济带来的危害也许更大。对工人和企业来说,这种效应是有利于工人而不利于企业的。当企业与工人签订工资合约时,规定的是名义工资,即货币工资。当通货紧缩时,物价下降,名义工资不变而真实工资增加,这就引起在企业的分配中，工人收入增加而企业利润减少。对债务人和债权人来说，签订借贷合约时，规定的是名义利率，当通货紧缩物价下降时，通货膨胀率变为负的，名义利率不变而真实利率上升，从而不利于债务人而有利于债权人。对公众与政府来说，税收起征点和税率根据名义工资确定，政府征收税款的名义量不变，而真实量下降了，等于通货紧缩的负税，人民纳税减少而政府收入减少。

这对工人、经济有什么影响呢？表面看来工人的真实收入增加了，但这只是暂时的。企业利润减少，而且企业作为债务人真实利率的负担增加，不仅是减少生产，往往甚至会破产，这样工人会失业，这有什么好处呢？而且整个经济陷入萧条状态。政府税收减少，也无力帮助工人和企业，更无力振兴经济。这不是比通货膨胀危害更大吗？

如果通货紧缩持续下去，整个社会缺钱，消费支出和投资支出以及政府支出都减少。货币升值引起的汇率上升也会减少出口，增加进口。总需求减少，经济会进入长期萧条。债权人那一点好处也没了。因为当债务人还不起债时，债权人理论上的那点儿好处也变不成实际利益。所以通货紧缩毁坏的是整个社会，是社会所有阶层的人，而通货膨胀的影响恐怕还不至于如此。

回到《奥兹国历险记》，从 1880 年到 1896 年，美国的物价水平下降了 23%，这就引起农民作为债务人负担沉重，经济停滞，这时通货紧缩的发生是由于作为货币的黄金供给短缺。在当时实行金本位的情况下，这个问题无解。于是当时的人民党主张采用金银复本位制，并呼吁让人民自由铸造银币，以摆脱通货紧缩。坚持金本位与主张金银复本位的争论在 19 世纪末达到白热化，在 1896 年的总统选举中这是一个中心话题。在这次竞争中主张金银复本位制、银币自由铸造的是民主党人布莱恩，坚持金本位制反对银币自由铸造的是共和党人麦金莱。不久在阿拉斯加发现了金矿，加拿大和南非的黄金产量增加，通货紧缩消失，这一争论结束，共和党人麦金莱当选总统。

《奥兹国历险记》的作者弗兰克·鲍姆是支持银币自由铸造的。在书中桃丽丝靠一双银拖鞋回到了家乡。可惜电影改编者不懂这本书的影射含义，把桃丽丝的银拖鞋改成了红宝石拖鞋。一鞋之改，意义就不同了。

沃尔克反通货膨胀的功与过

——菲利普斯曲线

20 世纪 70 年代是美国经济不堪回首的年代。严重的通货膨胀和失业（成为滞胀）困扰着美国。1979 年夏季，通货膨胀率高达14%，失业率高达 6%，经济增长率不到 1.05%。正是在这种严峻的形势下，保罗·沃尔克就任美联储主席。

沃尔克上任后把自己的中心任务定为反通货膨胀，并为此采取了紧缩性货币政策。1979 年 9 月，沃尔克把贴现率提高了 0.5%，见效不大。11 月份又把贴现率从 11% 提高到 12%。在此后的 5 个月中，货币供给量一直在减少，但通货膨胀率仍在 10% 左右，并在 1980年 2 月达到 14.9%，商业银行的优惠贷款利率却高达 15.25%。这引起经济衰退，失业率高达 10%，是自 30 年代大萧条之后的最高水平。沃尔克的政策引起各界的反对。卡特总统要求他配合大选的需要，采取扩张性货币政策，他置之不理。国会听证会上质问声不断，他充耳不闻。这直接导致任命他的卡特政府下台。但沃尔克坚持物价稳定是经济好转的必要条件，顶住各方压力继续实施这种政策。1983 年和 1984 年通货膨胀率终于降至 4% 以下，美国经济进入 20世纪 80 年代的复苏与繁荣。直至现在对沃尔克还是见仁见智。拥护他的人把他作为反通货膨胀的英雄和 80 年代繁荣的缔造者之一，反对他的人则认为他是 30 年代之后美国最严重衰退的罪魁祸首。

本文不准备讨论沃尔克的功过。我们想问的是，治理通货膨胀一定要以高失业率为代价吗？回答这个问题我们必须引入一个概念——菲利普斯曲线。

1958 年，在英国工作的新西兰经济学家菲利普斯研究了英国 1861—1957 年失业和货币工资变动率之间的关系，发现这两者之间存在一种非线性的负相关关系。货币工资率变动与通货膨胀率是同步的，这表明通货膨胀与失业之间的关系是负相关的。这就是说，通货膨胀与失业之间存在一种交替关系：当通货膨胀率高时，失业率就降低；当通货膨胀率低时，失业率就高。这就像儿童玩儿的跷跷板一样，一边上去了，另一边就下来。这条说明通货膨胀和失业之间交替关系的曲线就被称为菲利普斯曲线。

1960 年，美国经济学家萨缪尔森和索洛用美国的数据证明了这种关系的存在。他们的推理是：低失业与高总需求相关，总需求高会引起名义工资增加与物价上升的压力，从而引发通货膨胀。他们还用这一关系指导美国经济政策的制定：在失业严重时运用扩张性政策，以提高通货膨胀率为代价降低失业率；在通货膨胀严重时运用紧缩性政策，以提高失业率为代价换取降低通货膨胀率。具体目标是使失业率和通货膨胀率保持在社会临界点之内，即社会能接受的范围内。

70 年代美国出现滞胀，高通货膨胀与高失业并存，这种关系被打破了。于是对这条曲线提出了不同的新解释。货币主义者弗里德曼提出了附加预期的菲利普斯曲线，即考虑到预期的菲利普斯曲线。弗里德曼的预期是适应性预期，即人们可以根据过去预期的失误来修改未来的预期，使其正确。当政府突然采取扩张性政策，发生了不可预期的通货膨胀时，工人的名义工资来不及调整，真实工资下降，从而利润增加，企业增加生产，工人就业增加，失业下降。但长期中，当工人调整自己的预期，要求提高名义工资时，真实工资回到通货膨胀前的水平，利润也回到原来的水平，生产没有增加，失业也没有减少，但通货膨胀却上升了。这样一次次用扩张性政策，失业率保持在自然失业率水平，通货膨胀却上升了。这就是说，短期中政府可以利用工人的预期未及调整来以通货膨胀换取失业。通货膨胀与失业的交替关系存在。但长期中，工人的预期不会失误，这种关系就不存在了。政策一次次干预经济的结果是给经济带来灾难。因此他反对政府干预经济，即使在短期中存在这种关系也不能利用。

以卢卡斯为代表的理性预期学派用理性预期来解释菲利普斯曲线。他们认为，人们可以得到相关的信息做出正确的预期，并采取相应的对策。当工人预期到政府会采取扩张性政策时，就会提前要求提高名义工资，这样政府的政策就无用了。所以，由于理性预期的存在，无论在短期还是长期中都不存在菲利普斯曲线所表示的通货膨胀与失业之间的交替关系。政府即使在短期中也不能调节经济，他们彻底反对政府干预。

现在大多数经济学家还是接受新凯恩斯主义者的观点：在短期中存在菲利普斯曲线所表示的关系，但在长期中并不存在。这一点得到经济数据的支持，沃尔克反通货膨胀的经验也证明了这一点。

经济学家把通货膨胀率降低 1%，所减少的 GDP 的百分比称为牺牲率，即为降低通货膨胀 GDP（和就业）所付出的代价。对牺牲率的大小，经济学家看法不同，但都承认牺牲率的存在。看来沃尔克为稳定物价而付出失业率增加的代价也是值得的。

许多人认为沃尔克反通货膨胀的代价并没有以前预期的那么大，因为他坚决反通货膨胀的决定改变了人们的预期。当人们预期到通货膨胀会很快得到制止时，会使政策更有效。沃尔克至今不为当年的决策后悔。

金融市场如何开放

——金融抑制论

20世纪60年代，发展中国家的经济普遍陷入停滞。许多经济学家在寻找这些国家经济停滞的原因，并为走出这一困境出谋划策。1973年，美国斯坦福大学经济学教授麦金农出版了《经济发展中的货币与资本》，提出了著名的"金融抑制论"。他认为金融市场在经济发展中起着关键作用，但发展中国家普遍存在的情况是，金融市场不完全、不开放，既给国内个人和企业筹资带来困难，也阻碍了对世界市场的开放。金融约束压制了经济发展，因此称为"金融抑制"。他的同事爱德华·肖出版了《经济发展中的金融深化》，也提出了类似的观点。在当时，金融抑制和金融深化的理论成为热门话题。

麦金农认为，发展中国家的金融抑制表现在以下几方面。第一，发展中国家的经济结构是"割裂"的，即大量的经济主体、家庭、企业和政府机构相互隔绝。他们所面临的生产要素及产品的价格不同，所处的技术条件不一样，所得到的资本回报率不相等，没有一种市场机制来使之趋于一致。这就是市场不完全。第二，发展中国家市场不完全的另一个表现是大量的小企业和家庭被排斥在有组织的金融市场之外。如果他们要投资以改革技术，提高实际资产的质和量，只能靠自身的内部积累。而且由于技术变量和投资不是可以细分而渐进的，而是间断地成批出现的，所以企业家们必须先有一个时期的内部积累，才能跳跃式地进行投资。第三，上述内部积累可以采取实物形式，但这样做代价高、损耗大，不如持有货币，尤其是包括存款在内的广义货币。一定时期的货币积累是投资的先决条件，即货币对于积累有"导管"的功能。第四，积累如果要以货币形式进行，则要保证货币不贬值并有收益，这种收益包括使用货币的便利及报酬，收益率应该等于名义利率与预期通货膨胀率之差。收益率越高，人们越愿意拥有货币，储蓄和投资越多。在发展中国家货币和实际资产是互补的。如果货币收益大于实际资产，人们又会放弃实际资产而拥有货币，这就减少了投资，货币与实际资产成为替代关系。第五，发展中国家落后的原因就是货币收益率太低，甚至成了负数。这可能是由于通货膨胀，更可能是利率被人为压制，这就是金融抑制。第六，发展中国家不能过分依靠外援，而要通过金融自由化获得资本。金融自由化必须与自由贸易、税制合理等政策融合。

由这种金融抑制得出的金融深化就是金融自由化。国内的政策就是放开对银行业的管制、让市场机制决定利率、允许私人银行成立与发展、减少金融管制等；对外开放就是放开汇率、实行浮动汇率、允许资本自由流动、参与国际资本市场等。

有许多发展中国家曾根据金融深化的理论进行金融改革，但效果不明显。有的国家由于金融市场放开太快，甚至出现了金融危机，如墨西哥等国。

应该说，麦金农和爱德华·肖的确看到了发展中国家金融市场的问题。发展中国家金融市场受政府限制太多，的确阻碍了经济发展，进行金融自由化的改革也是必要的。但发展中国家开放到什么程度、如何开放的确是一个大问题。可以促进经济的金融也可以破坏经济。金融开放应与国内经济发展和法制建设一致，金融可以促进经济，但如果超前了，反而会破坏经济。而且这种开放不能一步到位，要实行渐进式，成熟一步开放一步。开放超前，汇率完全浮动引起本国货币大幅度贬值，国外资本大量进入引起投机性经济过热，受打击的还是本国经济。由泰国开始的东南亚金融危机就与外国资本的大量进入相关。

与其他改革一样，金融改革、金融深化一定要根据本国国情，根据本国经济的发展水平，而且在开放之后，必须有监管。即使对发达国家，金融监管也不可缺。美国2008年金融危机的原因之一正是金融监管不到位。

许多人批评麦金农和爱德华·肖，认为他们对发展国家的情况并不十分熟悉，所得出的结论和建议，理论上是正确的，但实际上难以实施，而且他们企图把西方的模式搬到发展中国家。这些批评都是有道理的。不过也应该承认，他们的确看到了发展中国家金融影响经济发展的问题，而且金融深化的方向也不错，问题是在如何实施上，他们太激进了。

预期不是占卜

——预期的形成与作用

公元前 6 世纪，古希腊哲学家泰勒斯精通天象。他在冬天时就预期了来年的橄榄丰收，以低价租下了丘斯和米利都的所有橄榄榨油器。到橄榄收获时，他高价租出这些榨油器，赚了一大笔钱。他预期凭借的是天象知识，但恐怕还有点儿天才与运气吧。可见预期对一个人的成功何其重要。

在每个经济中，每个人都像泰勒斯一样在预期，当然绝大多数人不会像泰勒斯一样成功。但无论对错，他们的预期及由此做出的决策，总体上对经济都有重大的影响。因此经济学家关心预期是如何形成的，对经济有什么影响。

许多经济活动是今天耕耘，未来收获，未来充满了不确定性和风险。未来的情况如何变动影响今天人们从事不同经济活动的信心和决策。不同的人会以不同的方式做出对未来的不同预期，这就难以确定一般预期形成的方式及其对经济的影响。总之，预期困扰着经济学家。

宏观经济学奠基人凯恩斯注意到预期及其对经济的影响。他认为预期是无理性的，受一种"动物本能"的支配，但没有什么规律性。预期与人们对未来经济的信心密切相关。企业家乐观的心理引起乐观的预期，投资增加，经济繁荣；但悲观的心理引起悲观的预期，投资减少，经济衰退。他把经济危机的发生归咎于悲观的预期所引起的资本边际生产率突然崩溃。凯恩斯把预期归结为一种心理上无法解释的动物本能，这就无法再深入探讨预期形成的规律。但他对预期的重视使以后经济学家关注预期问题。

以后的经济学家们研究预期形成的方式，并把预期结合进宏观经济计量模型中。在早期，经济学家们采用了三种预期方法——完全预期、静态预期和适应性预期。

完全预期假设人们对未来有完全的了解。使用这种预期方法的经济学家并没有解释它是如何形成的，往往是将它作为一种假设使用。一些经济学家在分析非常长期的趋势时运用了这种预期。当然这种长期趋势只是一些大概的猜测，比科幻小说好不了多少。这种预期没有什么意义，但在它的启示下出现了以后的理性预期。

静态预期又称外推式预期。这种预期方式是假设未来将和现在一样，用现在的情况来推导出对未来的预期。如在预期未来的增长时就假定现在的资源和技术状况与未来完全一样，从而根据现在的增长率推导出未来某一年的 GDP。这种预期适用于静态时的短期预期。

这两种预期对经济分析并没什么重要意义。真正有意义的是弗里德曼和费尔普斯提出的适应性预期。这种预期方式认为，人们不是简单地根据现在预期未来，而是会根据过去预期的失误来调整对未来的预期。人们在不断的调整中使预期接近正确，这种预期也是短期的。例如，人们预期明年通货膨胀率为 5%，但明年的实际通货膨胀率为 10%，而且根据各种现象判断，这种通货膨胀率还会持续下去。这样他们就把再下一年的通货膨胀预期调整为 10%。

弗里德曼和费尔普斯用这种预期解释了菲利普斯曲线。短期中，人们的预期会有失误，当预期的通货膨胀率低于实际的通货膨胀率时，真实工资下降，企业生产增加，就业增加，从而存在菲利普斯曲线所表示的交替关系。但在长期中人们会修改自己的预期，要求提高工资，这种失业与通货膨胀的交替关系就不存在了。

这种预期方式还解释了中央银行抑制通货膨胀的决心对人们预期和政策效应的重要性。20 世纪 70 年代末通货膨胀严重时，沃尔克出任美联储主席，从行动和言论上显示出不惜一切代价抑制通货膨胀的决心。他的言行使人们调低了对未来通货膨胀的预期，从而最终控制了通货膨胀。这说明，当美联储表示出决心时，人们调低通货膨胀预期，使短期菲利普斯曲线向下移动，从而以较高的失业率为代价换来了通货膨胀下降。从这种意义上说，政府所表现出的决心、行动，甚至舆论的导向都会影响消费者对未来预期的调整。正确的导向有利于向良好方向预期的调整。

人们都预期下雨，天不一定下雨，但人人都预期某家银行会破产，都去挤兑，这家银行肯定破产，预期就如此重要。因此，经济学家不断研究预期。最新又最重要的是理性预期。因为这种预期理论极为重要，我们将在下一篇文章中介绍。

卢卡斯的尴尬

——理性预期

当一个人的理论被自己的行为否定时，那会是十分尴尬的。美国理性预期大师卢卡斯在 1995 年获得诺贝尔经济学奖时就遇到了这样尴尬的事。

理性预期就是人们可以做出合乎理性的预期，从而是正确的预期。然而提出理性预期理论，并为此而获诺奖的卢卡斯在现实中却做出了不理性且错误的预期。

卢卡斯 1982 年与原来的妻子丽塔·科恩分居。1989 年正式办理离婚手续时，科恩提出，如果卢卡斯在 1995 年 10 月 31 日前获得诺奖，她有权分享一半奖金。如果在此后获奖她将不再分享。卢卡斯预期，凭自己的成就应该能获奖，但诺贝尔奖的颁发更关注同样有成就的老者，自己不会这么快获奖，同意了这个条件。不幸的是，他在 1995 年 10 月 11 日获奖，不得不把奖金 100 万美元的一半分给科恩。媒体炒作此事，让卢卡斯丢钱又丢人。

媒体的炒作无非是为了吸引读者的眼球。其实这件事本身并不能否认理性预期理论的意义。因为卢卡斯早已指出，理性预期是指整个社会人们的预期，并不是每个个人的预期。

理性预期这个词是美国经济学家莫思在 20 世纪 60 年代分析股市时提出来的。卢卡斯形成一套完整的理论体系，并引入宏观经济学。

理性预期是根据所有能获得的信息所做出的预期。莫思给理性预期下的定义是：由于预期是对未来事件有根据的预期，所以它们与有关经济理论的预期在本质上是一样的。这就是说，在正常情况下，人们在进行经济决策时依据所得到的信息能对相关变量的未来变动做出正确估算，即主观概率分布的预期值与客观概率分布的预期值是一致的。

　　理性预期强调了这样三点。第一，理性预期根据所有能获得的相关信息做出。信息是预期的基础，而且获得充分信息需要付出代价，所以，人们会努力地获取并有效利用各种相关信息。这些信息包括相关数据，也包括有关经济运行与政策制定的规律。根据这些信息做出的预期就是理性的。第二，平均而言，理性预期是正确的。这就是说，个别人的预期会有失误，但根据大数定理，个别人的预期失误会相互抵消。例如，有人预期的通货膨胀率会偏高，有人会偏低，但从整个社会长期来看，预期是正确的，不会发生系统的失误。第三，理性预期对经济行为有重大影响。既然预期是理性的、正确的，人们的经济行为就不犯系统的错误。这样，市场机制就可以完善地调节经济，政府不必用政策干预。

　　卢卡斯不仅全面解释了理性预期的含义，而且把它引入宏观经济分析，这就产生了宏观经济学中被称为"理性预期革命"的变化。这种变化主要有三点。第一，科学地解释了预期的形成，使预期在宏观经济分析中起到至关重要的作用。以前对预期的各种解释都缺乏科学性，使预期在宏观经济分析中没有起到重要作用。理性预期以信息为基础解释预期的形成，这就使预期成为一个可用于分析的概念。第二，使宏观经济学有了一个微观经济学的基础。在此之前，凯恩斯主义也好，新古典综合也好，都缺乏微观基础。理性预期学派意识到这一点，把对个人行为的解释作为宏观经济分析的基础，这是宏观经济学的重大进步。现在所有的经济学家都承认这一点。就连坚持凯恩斯主义国家干预基本思想的新凯恩斯主义经济学派也力图从个人行为来解释宏观经济，如黏性工资与黏性价格理论的提出，把宏观经济学建立在微观经济学之上。第三，打破了宏观经济学中凯恩斯主义一统江湖的主流地位。理性预期学派的前提是个人理性预期和由此导致的市场出清，即在个人不犯系统性错误的基础上市场机制可以自发地调节经济实现充分就业的均衡。对市场机制在理性预期基础之上的重新肯定就使国家干预的神话遇到巨大的挑战。现在在宏观经济学中，新古典宏观经济学已经可以和新凯恩斯主义经济学分庭抗礼。这是 20 世纪 80 年代之后宏观经济学的巨大进步。

理性预期学派的宏观经济学，即新古典宏观经济学，包括的范围甚广，包括总需求－总供给分析、货币理论、失业与通货膨胀理论、经济周期与经济增长理论，以及政策分析。这个体系的中心是不变性命题。不变性命题是说，在理性预期时，产量总处于潜在 GDP 水平，失业率总处于自然失业率水平，即使在短期中也不会背离。无论在长期还是短期中，产量与失业率在其自然率时是不变的。政策无法改变。不变性命题有三点含义。第一，引起产量和失业率背离其自然率的预期失误也许不可避免，但只是短暂而偶然的。长期背离意味着预期的系统失误，这与理性预期是矛盾的。第二，任何稳定经济的政策都必然失败。因为经济主体会根据理性预期做出抵消政策效应的反应。这就是我们常说的"上有政策，下有对策"。第三，只有政府的信息比公众多，政策才能有效，但这是不可能的，政府应该帮助公众获得信息，更有助于理性预期的形成。

现实中政府的政策有时可以起作用就在于政府采取了随机的扩张性政策，欺骗了公众。但政府可以在一时骗公众或骗部分公众，但不能长期骗所有人，所以这些随机政策在一时起了作用，但长期中还会破坏经济，成为经济不稳定的外在冲击。

由不变性命题看出，理性预期的中心是反对政府干预经济，让市场机制充分发挥作用。政府为维护经济稳定应该做的是把自己的政策规律告诉公众，取信于民，帮助他们做出理性预期。这才是稳定经济的正道。

理性预期理论当然受到许多指责，比如公众能否获得做出理性预期的所有相关信息，公众是否有理性地预期的能力，市场机制是否完善，等等。在现实中新凯恩斯主义经济学仍然是政府制定政策的基础。不过理性预期理论被越来越多的人接受，这才有卢卡斯获得诺贝尔奖。当然，他对自己获奖预期的失误并无损于他的理论的意义。媒体的炒作不足为据，热闹一下而已。

从哈罗德－多马模型到罗默模型

——经济增长理论的发展

经济学自诞生起就关注经济增长问题，亚当·斯密的《国富论》核心内容就是这一问题。以后古典经济学家都关注这一问题。进入新古典经济学后把中心转到资源配置，不过增长也是主题。然而经济增长理论在战后才有重大发展。

战后对增长的关注首先把注意力放在资本投入增加上。美国经济学家罗斯托在《经济增长的阶段》中就把投资率在 10% 以上作为经济起飞的条件。20 世纪 50 年代初，英国经济学家哈罗德和美国经济学家多马建立了第一个经济增长模型，即哈罗德－多马模型。这个模型探讨经济稳定增长的途径。这个模型涉及三个变量：经济增长率、储蓄率（投资率）和资本－产量比率（这个变量反映技术进步，如果假设技术不变，这个比率就是固定的）。这三个变量的关系是，经济增长率等于储蓄率除以资本－产量比率。资本－产量比率不变，所以经济增长就取决于储蓄率。这一模型还分析了三种增长率之间的关系。实际增长率是现实中实现的增长率，由实际储蓄率和实际资本－产量比率决定。有保证的增长率是能保证投资等于实际储蓄的增长率，也是一种合意的增长率，它是合意的储蓄率与合意的资本－产量比率之比。自然增长率是人口增长和技术进步所能实现的增长率，是适宜的储蓄率与预期的资本－产量比率之比。经济长期稳定增长的条件是实际增长率，有保证的增长率与自然增长率相等。如果实际增长率与有保证的增长率不等就引起短期波动，如果有保证的增长率与自然增长率不等就会引起长期波动。要是这三种增长率保持一致相当不容易，所以该模型承认，稳定增长的途径实际上是一条"刃锋"，像刀刃一样狭窄，现实中难以实现。

美国经济学家索洛提出的新古典增长模型正是为了解决这个"刃锋"问题的。这个模型认为，经济增长取决于资本、劳动、资本与劳动在生产中的组合比例（用各自在增长中的贡献来代表），以及技术进步。在这个模型中，技术进步仅仅是一个外生变量，表现为增长率中资本与劳动做贡献之外的"余量"。如，增长率3%，资本所做贡献率为1.2%，劳动所做的贡献率为0.8%，剩下的1%就是技术进步的贡献。这个模型引入了劳动，就可以通过市场调节资本与劳动的比例来实现稳定增长。这就是说，当储蓄率高资本多时，资本价格低，可以用资本多劳动少的资本密集型方式实现经济增长。当储蓄率低资本少时，资本价格高，可以用资本少劳动多的劳动密集型方式实现经济增长。这样，无论储蓄率如何变动，都可以通过资本－劳动比率的调整来实现稳定增长，这就解决了"刃锋"问题。因为解决方法是市场调节，所以这一模型被称为新古典模型。索洛由于这种贡献而获得1987年诺贝尔经济学奖。

以上两个模型实际上都没有重视技术进步在增长中的重要作用。因此，美国经济学家肯德里克对经济增长中的所有要素进行了全要素生产率分析。这种分析证明了，在1889—1957年，美国的经济增长一半来自资本和劳动的投入，另一半来自技术进步。另一位美国经济学家丹尼森把影响经济增长的因素分为七类，分析了各国增长的差异。他得出，1950—1962年西欧来自投入的增长为40%，来自技术进步引起的生产率提高的增长为60%。从这些分析中人们认识到技术进步的重要性。如今技术进步在增长中的作用已占80%以上。

但技术进步在增长中如何起作用呢？经济学家认为来自机器设备的进步，以及人的文化与技能的提高。但如何通过设备改进和人技能的提高起作用，与投资又有什么关系？80年代，美国经济学家罗默把这些因素综合在一起建立了一个内生经济增长的模型，分析了科技投资与人力资本投资对技术进步从而对经济增长的影响，明确了科技是第一生产力的思想。这成为许多国家制定经济增长政策的基础。罗默在大家预期多年之后，终于在 2018 年获得诺贝尔经济学奖。

经济增长理论已经走过七十多年，各种理论都有其意义。哈罗德 – 多马模型看重资本并不错，在增长初期没有资本无法起步。新古典模型对资本、劳动并重，并提出市场决策资本密集型还是劳动密集型发展，对发展中国家亦有意义。从肯德里克到罗默对技术进步的分析，使增长理论完善。今天这种理论还没有重大突破。各个模型有不同的时代背景，我们不能要求哈罗德 – 多马模型和新古典模型如何重视技术，那时技术进步的作用还不像 60 年代之后那么重要。如今罗默的内生增长模型正是现实的反映。这是我们看待不同增长模型的态度。

从日本的威士忌谈起

——科技创新的关键

我喜欢喝威士忌，当然只喝苏格兰威士忌。有一次朋友送我一瓶日本威士忌，喝过感觉甚至比我常喝的二十一年以上苏格兰百龄坛、蓝方还好。查了网上才知道，日本的威士忌是向苏格兰学的，但现在质量一点不比苏格兰差，有些高档日本威士忌即使在日本市场上也常断货。这是为什么？

日本并没有多少创新，仅有的据说就是干电池、味精、卡拉OK以及方便面。而方便面还是日籍华人安藤百福（原名吴百福）根据起源于河南、流传到福建的伊府面发明的。日本在世界上影响大的重要创新几乎没有，但他们生产的高档机床在世界上领先。汽车不是他们发明的，但日本汽车在全世界处处可见，彩电不是日本发明的，但日本彩电堪称一流。许多产品都非日本发明，但产品质量日本最好。这说明比发明产品的创新更重要的是生产的创新。

科技创新是经济增长的源泉，这一点已得到公认。但什么是科技创新，如何让这些创新成为经济增长的动力，应该由谁作为科技创新的主体，就不是一个简单的问题。

科技创新的基础在于科学的进步，这主要是数学、物理、化学、生物等基础科学。科学革命是工业革命的先导。现在这些基础科学的特点是投资巨大，但投资者难以有实在的收益，还是造福于整个社会。所以，基础科学的发展要依靠国家的投资。国家投资办大学，办研究机构，目的正是发展基础科学，培养基础科学的人才。一些较大的公司，如美国电话电报公司办的贝尔研究所，以及各种基金会也会对基础科学的发展做出贡献。但从全球来看，基础科学的发展主要还靠政府投资。

一些重大的科技突破需要极大的投资、众多的人力，又有巨大风险，如阿波罗登月计划、嫦娥登月计划等，也只有国家才能承担。国家在这些重大突破中的作用，我在《嫦娥号登月的意义》和《官窑出精品》两文中做了介绍。

但还有许多创新属于应用技术创新。应用技术创新就是把已有的发明创新转化为可以实用的产品，推广到市场上。这种创新尽管投资也大，但有专利保护，一旦推广到市场上是有利可图的，而且往往会有巨大的利润。当然国家可以从事或帮助这些创新，尤其是极为重要的创新。美国波音公司生产的波音飞机就得到美国政府的扶植。"二战"时政府资助它研发战斗机、轰炸机，战后开发这些飞机的技术就用到了波音民航飞机上。同样欧洲的空客飞机也有德、法两国政府的巨大投资与参与。不过更多的创新转变为产品还是由企业完成的。

但在市场经济中，政府不能包办一切。企业从事创新的一个好处是，因为创新是极多的，什么创新变为产品会有利可图还要由企业来选择。企业承担为这种创新可能出现的风险，失败了会破产，因此选择极为认真，要进行详细的市场调查，做出决策，并力求使自己的产品能受到市场欢迎。政府做的选择有可能出错，因为失败的风险并不由决策者承担，而且做出选择的官员一般的市场认知程度不如在市场上生存竞争的企业。回顾世界科技史，一些现在影响我们生活的产品创新都是由企业完成的。

企业把创新变为产品也不是一件容易的事情。产品的创新有了，但在产品的生产中还有许多具体细节的创新。汽车是一种产品创新，但生产汽车中还有许多细节需要创新，哪个环节没做好，都可能使整个产品的生产失败。

在这个生产过程中有两点最重要。一是产品的质量。同样的产品，不同企业生产的质量不同，这就决定了成败。我国的汽车工业发展了几十年，至今没有能在国内市场占主导地位并大量出口国外的自主品牌汽车，恐怕原因就在于质量问题。威士忌不是什么高科技产品，但日本的威士忌能畅销世界还在于质量。二是产品的品牌。品牌本身就是价值。同样的产品，即使质量相同，名牌就比一般品牌值钱得多。有了好产品还要做出好名牌。"酒好也怕巷子深"就是这个意思。我国许多日用品的质量一点儿也不差，但在国际市场上价格上不去，关键还在于品牌。

要生产出高质量的名牌产品就要靠企业。所以，一个效率高、资本雄厚的大企业是一个国家制造业成功的基础。国家为企业的发展创造一个良好的环境就是对企业创新最大的支持。

从国家层面上看，制造业的成功还取决于两个条件：基础工业，尤其是材料工业，以及技术人才。我有一个学生是国内最大轴承厂的领导。他告诉我，我们的轴承总产量占到世界的80%以上，但利润只占20%。这就在于我们生产不出高档轴承，其原因除了设备之外，就是缺乏好钢材。我国的2025年制造业规划把材料工业放在重要地位是极有远见的。就人才而言，制造业的发展需要的并不是大学生、硕士、博士，而是技术工人。德国制造业相当先进，靠的就是技术工人。他们的工人中有75%的高级技工，有这样的技术工人，产品能不好吗？而且这些技术工人在收入上属于中产阶级，在社会也有受人尊敬的地位。德国重视技术工人培养，这就是德国制造业发达的基础。

科技创新是一句正确的话，但只有在这些方面扎扎实实做到了，才有利于一国的经济成功。我们的GDP总量超过了日本，但从威士忌来看，还有许多方面要向日本学习。

官窑出精品
——政府在科技创新中的作用

到博物馆，我喜欢看瓷器，那些精美瓷器的色彩、造型，让人迷恋不已。这些精美的瓷器大多出于官窑。

在中国传统社会中，官窑是由皇家拨款、皇家监工、专门为皇家生产瓷器的窑口。它们不像民窑一样，有意无意地根据成本–收益原则来经营。它们的经营有三个特点：一是按皇家下达的要求进行生产，产品只上交皇家，不进入市场；二是没有成本–收益计算，只问成果，不管成本，一切成本由皇家承担；三是可以用皇家的权力在全国调集所需要的人力物力。我把这三条称为官窑机制。这种机制的存在与作用就是官窑能出精品的原因。

传统社会中皇帝"朕即国家"，所以皇家向官窑下达的任务也就像今天我们所说的政府工程。这不是经济任务而是政治任务，完不成不是企业破产的问题，而是企业主杀头的问题。这才有了《祭红》中由于达不到皇家要求，老窑工的女儿投身窑中之类的传说。说官窑出精品就是政府工程出精品。世界史上留下来的精品，无论古埃及的金字塔还是古罗马的斗兽场，无论中国的秦兵马俑还是印度的泰姬陵，都是这种机制的产物。

这种机制的核心就是政府用行政权力集中力量做大事。政府办的大事可以不计成本，动用一切资源。民窑绝对没有这种能力，即使他们不怕赔钱，要调动全国的资源也是不可能的。因此，只有官窑才能出精品，只有政府项目才能达到目的，仅仅依靠市场是办不成的。

在奴隶社会和封建社会中，这种官窑机制都起着关键作用。当然在那些非市场经济社会中，错的是要实现的目标。皇家让官窑不计成本地造他们想要的瓷器，无非是为了享受，造金字塔是为了死后上天堂。这些项目都与人民的生活没有半点儿关系，而且把资源用于这些项目就不得不加税或削减其他更重要的民生项目，给人民带来苦难。我们今天看这些精品是大饱眼福了，但我们的祖先，见不到官窑的精品，却付出了代价。

现代市场经济之中，我们仍然需要官窑机制。市场不是万能的，有些事关国计民生的大事还离不了国家集中力量做大事。比如，美国的阿波罗登月计划、星球大战计划，我们的三峡工程、南水北调工程、嫦娥登月计划等用的都是官窑机制。

但现代市场经济中的官窑机制有许多与传统官窑机制不同之处。首先是目的。传统的官窑机制是为了皇帝一家的生前死后享受，还有一点儿炫耀国威的举动，如明代的郑和下西洋。这些都与人民关系不大，甚至以损害人民利益为代价。今天的官窑机制是为了整个社会的。有两种情况离不开官窑机制：一种是有利于社会的大型工程，如三峡工程、南水北调工程；二是至关重要的高科技突破，如阿波罗登月计划、嫦娥登月计划。这两项需要官窑机制的原因在于，所需的投资特别巨大，需要的资源也极为广泛，非政府力量无法筹措。而且，这些工程的风险也极大，一旦失败是任何企业或个人没法承担的，只有政府可以承受；但这两种项目一旦成功，对社会影响巨大，其收益可以造福大量民众。当你用着三峡水电站的电、喝着南水北调的水时，你就享受到了这些工程带来的收益。这种收益也无法用货币来计算。

市场经济的官窑机制与传统社会官窑机制相比，还有两点不同。一是决策不由皇帝一人说了算，而由民主决策，我们的三峡工程就是由全国人大多次讨论，投票通过的。这就避免了政府工程的方向性错误。二是政府工程可以多花钱，但并不是不考虑成本。在计划时要考虑这些工程的成本－收益；在实施中也尽量节省资源，杜绝浪费。

官窑机制的核心精神是政府集中力量办大事，这一点任何社会都需要。

经济学夜话：宏观篇

嫦娥号登月的意义

——国家如何实现科技突破

"嫦娥五号"登上月球，在月球背面拍照、钻取土壤样本并顺利返回。这不仅是我国空间技术的重大突破，而且对我们科技发展和经济建设都有重要的意义。

看到嫦娥号登月，我想到一个问题：国家在促进科技突破方面应该做什么？

科技是经济进步的第一推动力，这一点现在已经毋庸置疑。小平同志早在1978年就明确提出科技是第一生产力。那么，应该由谁来推动这种突破呢？从引发工业革命的科学革命直至"二战"前，实现科学突破的仍然是个人和企业。科学家出于个人好奇或对知识的追求，推动了科学突破。企业家出于盈利的目的，把许多科学发现运用于生产，使科学变为技术，创造出了无数产品。当然，政府也没闲着，为了战争的目的也主持或推动了技术突破。如美国制造大飞机的技术来自政府的战争需要，是投入巨资不断研制新型飞机的结果。

但"二战"之后科技的迅猛发展已经达到了个人和企业无能为力的地步。现代科技突破需要投入大量人力财力，需要大规模的集体协作研究，也存在巨大风险，这一切都不是个人或是企业可以承受的。但这些重大突破对经济增长有非凡的意义，例如阿波罗登月计划哪个人可以完成？哪个企业可以实现？所以，只有靠政府来推动。但它的成功，不仅是把人第一次送上月球，实现了人类的一大步，而且对合成材料、远距离无线通信、电脑技术等都做出了重大突破，这些突破至今还影响着我们的生活。

国家能在哪些方面为科技突破做出贡献呢？

首先是教育和基础科学研究。这些是科技突破的基础，且需要大量投入，但投资者本人难以得到足以弥补成本的收益，只有自己无法收回的外部收益。特别是一些基础科学，甚至在可以预见的未来，也不知道有什么收益，比如数学、天体物理学等。但这些科学对未来的影响也许高不可测，当年的相对论谁知道它的用途，但没有它，能有今天的核武器和核能在国民经济和人民生活中的广泛运用吗？在美国这样的发达国家，尽管有私人基金会的支持，但主力绝对是政府。许多国家就完全靠政府。

其次是对经济发展有很大影响的重要突破。如嫦娥号登月这样的工程，也绝非个人和企业可以完成的，必须由政府投资并进行组织工作。在这种突破中，政府的作用是唯一的、不可替代的。每个国家都对此有大量的投资，可以说战后一些重大的突破都来源于此。

最后关于应用技术，到底应该是政府主导，还是企业主导是有争议的。许多经济学家认为，应用技术的突破应该由企业主导。因为应用技术有巨大收益，企业投资并承担风险，都是应该的。而且，在现代社会，如果一项技术有巨大利润前途，筹资也并不难。更重要的是，企业由于利润目的，会更好地选择方向，他们对某项技术的前景及市场有更清晰的认识，选择会更正确。政府所做的就是用专利法保护他们的收益，而不要组织此类活动。日本政府曾投入巨资组织企业实现芯片的研究和生产，以图在电子工业方面超过美国，虽然一时成功了，但终究落后于美国；而美国的原先并没有政府参与，完全是企业所为。尤其是政府决策的官员并不一定懂这些技术，对市场缺乏了解，很容易选错投资的方向，浪费巨资而一无所获。

但我总认为，这种思想在理论上是正确的，但不一定适用于每个国家。像美国这样有许多实力雄厚的大公司，企业又极为成熟的国家并不多。许多国家在实用技术上仍离不了国家。德国与法国联合研制的空客飞机，就技术而言，也算不上重大突破了，但研制的成功不也全靠了政府和欧盟的支持吗？现代的许多应用型技术也需要有许多并不重大但至关重要的突破，这些突破有时也难以由企业承担，国家助推一下是必要的。

大家对政府的担心是怕不了解技术、不了解市场又盲目自信的官员选错方向，或政府的扶植引起企业的盲目投资。这个问题上只有改变决策方式，不由官员个人决策，而由科学家、企业家等专业人员组成的委员会决策。当然即使这种决策方式也难以避免错误。但没有政府参与又实现不了重大的技术突破，与可能的失误相比，成果还是重要的。

我国的企业尽管有不少进入世界500强者，但总体实力还不强，经验还不够，自主创新的能力有限。所以，政府参与应用技术的突破也是相当重要的。在企业成熟的过程中，政府可以一步步退出，但现在还不行。嫦娥登月计划就说明政府的作用，在研制嫦娥号中实现的技术突破将对我国经济有重大促进。

世界末日模型不是危言耸听

——增长极限论

1968年，意大利菲亚特公司的董事长帕塞伊邀请世界三十多名科学家、经济学家、实业家等各方知名人士云集罗马，讨论人类的未来，这就是著名的罗马俱乐部。罗马俱乐部委托美国麻省理工学院教授麦多斯把讨论的成果整理成书，这就是1972年出版的《增长的极限》。

《增长的极限》中指出，决定人类未来的五个主要因素是人口增长、粮食供给、资本投资、资源消耗和环境污染。这五种因素增长的特点是指数增长，即按一定的百分比递增。衡量指数增长最好的标准是倍增时间，即增加一倍所需要的时间，简便的算法是以70除以年增长率。这称为"七十规律"。例如，每年增长2%，倍增时间就是35年，这种增长开始并不明显，但以后会突然加速。

麦多斯编制了一个模型，并代入这五种因素的实际数字计算。就人口而言，1970年世界人口36亿，年增长率为2.1%，倍增时间为33年，2003年人口将达72亿，2036年即为144亿。工业增长的情况是，1963—1968年，增长率为7%，这样10年加倍，资源的消耗将会加倍。这种情况能否持续下去就取决于粮食供给、非再生资源和环境污染，但资源是有限的。

计算机模型综合分析的结果是，1970年后人口和工业持续增长，但资源的减少成为制约因素，工业增长不得不放慢，由于自然时滞，人口和污染还会增长。由于粮食和医药短缺，死亡率上升。人类社会将在2100年前崩溃。解决的方法是1975年停止人口增长，1980年停止工业增长，工业的单位物质消耗降为1970年的四分之一。经济由物质产品转向劳务。污染降到1970年的四分之一，加大对农业的投资，延长工业资本设备使用寿命。这个模型预期了世界的末日，因此被称为"世界末日模型"。同时他的预言与18世纪的马尔萨斯相似，又被称为"带计算机的马尔萨斯"。

当年这个模型就引起了激烈的争论。今天看来，他的许多结论都不对，例如，他预言人类在2100年前崩溃，但如今看不出这一点。

这个模型对各种因素关系的描述对不对暂且不论，它用的许多数据本身就值得考虑。例如，如果从1970年起自然资源的发现与回收率为2%，控制污染的能力每年增长2%，粮食生产每年增长2%，计算的结果是人类永远不会崩溃。但如果把这个模型的起点由1970年提前到1850年，计算的结果是1970年就崩溃了。

还有一些因素未考虑到，如在经济发达之后，人口增长不仅放慢，甚至还会出现负数。现在发达国家正是这种状况，许多国家在发展起来后也会这样。资源的消耗等人类可以通过市场机制与技术进步来解决。人类在发展历史上遇到许多问题，有些还严重得多，如从远古到现在仍然多次给人类带来灾难的各种瘟疫。但人类有能力解决这些问题，杞人忧天并非现实。

但我们更加应该注意的是这个模型中提出的问题，这个模型的人口、资源、环境与增长之间相互制约的关系的确是存在的。无论模型对它们之间关系的分析是不是完全准确，这些因素之间的关系的确存在，并影响人类未来。正确处理这些关系是保持世界稳定、平衡，并能使人民更幸福。我们不能仅仅追求增长，追求GDP，要在这些相互关系之中选择最优增长路径。

更为重要的是这个模型对污染的重视。时至今日增长带来的污染越来越严重了，不仅有环境污染，还有全球变暖，而且这些问题正在随着增长日益加剧。当年，我们对这些问题关注不多，尤其绝大多数人还没想到全球变暖。末日模型的确有当头一棒的作用，让我们在欢快的增长中感到忧虑。

人们把讲坏消息的称为乌鸦嘴，不过我总认为即使不对的乌鸦嘴也比歌功颂德的喜鹊有用得多。还是中国一句老话：忠言逆耳利于行。

美洲蝴蝶扇翅膀，亚洲海洋起风暴
——弗莱明 – 蒙代尔模型

美洲的一只蝴蝶扇动翅膀，亚洲的海洋上会起风暴，这就是蝴蝶效应。它是指自然界的万事万物都是有直接或间接的联系，一个变动会引起其他的变动，所谓"牵一发而动全身"。在全球化的今天，世界经济也是这样，一国政策变动而影响全球其他国家。把这个事情讲清楚的是世界银行的经济学家弗莱明和美国经济学家蒙代尔。他们分析经济中蝴蝶效应的理论被称为弗莱明 – 蒙代尔模型。

这个模型分析的是完全开放的经济，不仅实现了自由贸易，而且资本市场全开放，汇率自由浮动，各国货币都国际化可以自由兑换，且资本可以自由地在各国间流动。在这样的全球经济中，一国利率的变动无法不影响世界利率水平。

在这个开放经济中，每个国家都有两个货币市场。一个是可贷资本市场。这个市场上可贷资本的供求决定利率，利率调节可贷资本市场的平衡。当一国可贷资本市场利率低于世界市场利率时，资本就会流出；当一国可贷资本市场利率高于世界市场时，资本就会流入。另一个是外汇市场。这个市场上外国货币的供求决定汇率，汇率调节外汇市场的平衡。当一国外汇市场汇率低于世界汇率时，外国货币就会流出；当一国外汇市场汇率高于世界汇率时，外国货币就会流入。这两个市场之间的联系是利率。

当一国采用了扩张性货币政策时，货币供给量增加。当可贷资本市场货币需求不变时，就会引起可贷资本市场利率下降。在原来国内利率与世界一致时，这种利率下降就使国内利率低于世界利率，从而货币流出。流出的货币进入外汇市场，外汇市场上本国货币增加，汇率下降，即本国货币贬值或"疲软"，汇率下降有利于出口，从而增加本国的出口，有利于刺激本国经济。这种利率对汇率的影响被称为弗莱明－蒙代尔效应。这样，一国货币政策的变动就影响到了世界经济。这就是经济中的"蝴蝶效应"。

这个模型还研究了在这种开放经济中，当一国采用不同的汇率制度时，货币政策与财政政策对经济的不同影响。它的结论是：在固定汇率下，财政政策对经济的影响远大于货币政策；在浮动汇率下，货币政策对经济的影响，远大于财政政策。

这里所说的固定汇率并不是政府用行政力量确定汇率，而是有管理的浮动，即中央银行通过调节外汇市场上本国货币的供给来稳定汇率。为了稳定汇率，当外汇市场上对本国货币需求增加时，必须增加本国货币的供给；当对本国货币的需求减少时，必须减少本国货币的供给。根据弗莱明－蒙代尔模型，当一国用扩张性货币政策，用增加货币供给降低利率来刺激经济时，汇率也会下降。这时为了维持汇率稳定，中央银行又必须在外汇市场上回购本国货币，以减少货币供给。这又引起可贷资本市场利率上升，货币政策起不到什么作用。财政政策有挤出效应，即财政支出增加使 GDP 增加，同时也增加了货币需求，引起利率上升挤出投资。但在弗莱明－蒙代尔模型中，利率上升引起中央银行为稳定汇率而增加货币供给，从而使利率下降，财政政策的挤出效应消失，能有效刺激经济。

在浮动汇率情况下，汇率完全由外汇市场决定，中央银行不加干预。当采用财政政策时，利率上升产生挤出效应。尽管利率上升也会引起汇率上升，但中央银行并不干预，这样利率降不下来，财政政策的挤出效应就会使财政政策的作用大大削弱。但当采用货币政策时，货币供给增加利率下降，有效地刺激了经济。同时利率下降引起汇率下降，中央银行也不加以干预，利率下降又引起汇率下降，从而再次刺激经济。因此货币政策对经济的刺激作用大于财政政策。

尽管弗莱明 – 蒙代尔模型有严格的假设条件，但它真实地反映了开放经济条件下，货币量、利率和汇率之间的联系，说明货币在开放经济中重要的作用。这一模型给出的政策结论，蒙代尔和弗莱明也已用加拿大等国的经验加以证明。克林顿政府就用紧缩性财政政策与扩张性货币政策，既实现了90年代美国经济繁荣，又减少了财政赤字。这一模型成为开放经济下宏观经济学家的中心，可惜弗莱明已去世，蒙代尔一人由于这一模型而获得诺贝尔经济学奖。

随着全球经济一体化的加快，弗莱明 – 蒙代尔模型与许多国家的现实越来越接近，一国政策的"蝴蝶效应"也会更加明显。

一国国际经济交往的总账簿

——国际收支平衡表

　　每年初新闻节目中一定要告诉公众，我国的外汇储备有多少。这些年我国的外汇储备一直在增加，说明我们改革开放的成功。这个数是如何算出来的？这就要了解国际收支平衡表。

　　国际收支是一国在一定时期内（通常是一年内）对外国的全部经济交往所引起的收支总额。这是一国与其他各国之间经济交往的记录，国际收支反映在国际收支平衡表中，因此国际收支平衡表就是一国国际经济交往的总账簿。

　　在阅读这个表时，我们应该了解编制国际收支平衡表的三项基本原则。第一，只有国内外经济主体的国际交往才计入国际收支平衡表中。经济主体包括居民、企业和政府。区分国内与国外的概念十分重要。例如，一家企业在国内的部分是国内，在国外的子公司被作为国外。国内部分的进出口与对外投资在国际收支平衡表中，国外部分只有与国内经济交往的部分才计入国际收支平衡表中，它在国外与国外经济主体的经济交往不计入国际收支平衡表中，尽管它是国内的企业。第二，要区分借方与贷方这两类不同的交易。借方是国内主体付给国外主体的往来项目，是一国资产减少或负债增加；贷方是国外主体付给国内主体的往来项目，是一国资产增加或负债减少。在国际收支平衡表上，最后借方与贷方是平衡的，但这并不意味着双方的经济往来支付总是相等的。借方的总款大于贷方，则是国际收支赤字，就是欠国外的债务；贷方的总额大于借方，则是国际收支盈余，就是从国外赚了钱。前一种情况称为国际收支逆差，后一种情况称为国际收支顺差。我国每年的外汇储备都增加，这说明我们在国际经济交往中是盈利的，处于顺差。第三，国际收支平衡表采用复式簿记，即我们在会计中常用的复式记账法。

国际收支平衡主要包括四大项。第一是经常项目。第二是资本和金融项目，通常简称为资本项目。第三是储备资产，就是一国国际经济交往最后的结果，即盈余或赤字。如果有盈余，储备资产就是正的；如果有赤字，资产就是负的，或称为债务。我们说的外汇储备就是储备资产中的一项。第四，净误差与遗漏。在复计的国际收支平衡表中有误差与遗漏是正常的，通过这一项的调整可以使最后借方与贷方平衡。

对我们来说，应该了解前两项，即经常项目与资本项。我们对这两项的主要内容做一些介绍。

经常项目中主要是物品与劳务的交易，也就是我们通常说的进口出口贸易。要注意的是，讲进出口大家会想到各种物品，我们从国外进口的物品与我们向国外出口的物品。其实在国际贸易中，劳务的交易也是十分重要的，例如，现在许多人常出国旅游，这就是属于劳务出口，外国人来中国旅游就是劳务进口。随着全球经济的一体化程度越来越高，劳务在对外贸易中已占到重要的比例，而且越来越高。劳务中占据的项目也极为广泛，我不详细列举了，大家可以找一份国际收支平衡表看一看。经常项目中还有两项不大的项目：一是一国在另一国工作的员工报酬以及投资的收益；二是政府和其他部门的经常联系，如大使馆在国外工作生活需要的支出。

资本项目主要是直接投资和证券投资。直接投资是在国外办企业，如曹德旺在美国办的玻璃厂就属于直接投资，外国公司在中国投资建厂也属于直接投资。证券投资是在国外金融市场股票、债券等的投资。例如一个经济主体购买外国公司的股票或债券，中国购买的美国国债也属于证券投资。此外还有其他投资，如贸易信贷等。

我们还要注意，国际收支是一个整体，一个国家可能进出口有顺差，但资本项目也可能有逆差。而且随着全球一体化加快，国际投资发展迅速。美国对外贸易有逆差，但资本项目施工有顺差。国际收支的最后结果要看这两种顺差与逆差的大小。所以，不能仅从贸易顺差或逆差来判断一国的国际收支状况。

国际收支平衡表是相当复杂的，包括的项目也极多，看起来有点烦人。但在国际化的今天，通过国际收支平衡表了解一国的开放程度及经济状况是十分重要的。所以，我们向大家介绍这些国际收支平衡表的最基本知识，起码让大家明白它的主要项目和大体思路。如有兴趣，可以找一本国际经济学的书读读。

让商品跨过国境

——自由贸易理论

在原始人时代，火山爆发所形成的黑曜石是制造石器的好原料，但并非处处都有。于是太平洋上各岛的波利尼西亚人就从事这种贸易。盐是人必需的，但并非处处有盐，春秋时期甚至更早，晋国人就把盐卖到其他地方。欧洲早期的地中海贸易交易的正是香料、丝绸等自己没有的东西。在现代社会出现之前，各国之间的贸易实际上就是互通有无。这种基于人们需求的交易似乎也并不需要什么自由贸易理论。

资本主义早期的重商主义没有看到这种互通有无的国际贸易的好处，固执地认为只有真金白银才是财产，国际贸易成了获得财富的手段，就只出不进了。资本主义的发展以与各国相互自由贸易为特点。亚当·斯密成为第一个主张自由贸易的经济学家。他在《国富论》中说："如果某个外国供应我们某种商品，比我们自己生产这种商品便宜，那就不如把我们自己的劳动用于我们有某种优势的部分，而用我们自己的劳动的一部分产品向这个国家购买这种商品。"这就是说，如果一个国家在生产某种商品上有绝对优势，就应该出口这种商品，进口其他商品。这是历史上第一个自由贸易理论——绝对优势论。

如果一个国家在生产每种商品上都有绝对优势，那么各国之间要不要交易呢？李嘉图提出了比较优势理论。比如英国生产葡萄酒需要 120 单位劳动，生产毛呢需要 100 单位劳动。葡萄牙生产葡萄酒需要 80 单位劳动，生产毛呢需要 90 单位劳动。葡萄牙生产这两种产品都有绝对优势。但就英国而言，生产毛呢有比较优势，葡萄牙生产葡萄酒有比较优势。这样，英国买葡萄牙的葡萄酒可比国内生产节省 40 单位劳动，英国买葡萄牙的毛呢也比国内生产节省 10 单位劳动。双方交易还是互利的。这就是说先进国家无论生产什么都有绝对优势，落后国家生产什么都处于绝对劣势。但各国有自己的相对优势，因此交易仍旧就是互利的。这种理论主导了资本主义发展时期的国际贸易。

之后也有许多对比较优势理论的发展与解释，但做出突破的是瑞典经济学家俄林的要素禀赋理论，也称为赫克歇尔－俄林定理。这种理论认为，各国拥有的要素不同，这可能是由资源造成的，也可能是历史传统造成的。这就是各国要素禀赋不同。这是国际贸易的基础，各国生产自己有丰富要素的产品，然后各国进行贸易就实现了双赢。比如，一个国家资本丰富，就可以生产并出口资本密集型产品；一个国家劳动力丰富，就可以生产并出口劳动密集型产品，然后进行交易。俄林由于这种贡献而获 1977 年诺贝尔经济学奖。

但这一理论有严格的假设条件，包括：每个国家的商品、要素市场都是完全竞争的；要素在国内自由流动但不能在国际自由流动；两国生产要素完全同质；每个国家要素供给固定且处于充分就业状态；贸易不存任何障碍和运输成本；每个国家拥有的要素数量可衡量；两国生产同样商品的技术相同；商品可根据要素密集程度分类；规模收益不变。

20 世纪 50 年代初，美国经济学家列昂惕夫用投入－产出法来检验赫克歇尔－俄林定理。按这个定理，美国应该出口资本密集型产品，进口劳动密集型产品，但事实上美国出口的是劳动密集型产品。这种理论与实践的不一致被称为"列昂惕夫之谜"。对这个谜，经济学家也做出了不同的、互相补充的解释。这些解释丰富与发展了赫克歇尔－俄林定理，成为自由贸易的理论基础。

"二战"以后国际贸易进一步发展，尤其是 80 年代后一种新趋势是同一产品的零部件在不同国家生产然后在一国组装，又有许多相同的产品，如汽车、家电等在各国之间交易。这又如何解释呢？美国经济学家克鲁格曼提出了新国际贸易理论来解释国际贸易中的这些新现象，他用需求的细分与规模经济来解释这种新现象。这就是说，随着经济的发展，人们的需求越来越细分。如对汽车，再不仅是交通工具了，还要能体现自己身份、个人爱好、个性特点等需求。如果由一个国家生产各种型号特点不同的汽车，由于需求有限，实现不了规模经济。因此，由各国生产不同的汽车就实现了规模经济，然后进行交易，例如意大利专门生产高档跑车等。零部件生产分在各国也有助于规模经济的实现，这就实现了在全球范围内的资源最优配置。克鲁格曼由于这一贡献而获得诺贝尔经济学奖。

　　自由贸易理论随着国际贸易的发展变化而发展。在如今的高科技时代，国际贸易更为发达，也许应该有什么关于高科技与国际贸易的新理论了吧？

不让商品跨过国境

——保护贸易理论

美国不让自己的某些产品出口我国，也限制不少我们的产品进入美国，理由是保护国家安全。保护国家安全就是一种保护贸易理论，但这种理由充分吗？经济学家认为，这种理由本身无可厚非，但什么产品进出口会威胁到一国安全则很难确定。举个例子，有人会认为皮带威胁国家安全吗？如果要限制外国的皮带进入也可以这样说。战争中一国士兵趴在地上埋伏，冲锋号吹起时士兵站起来准备冲锋，但从某国进口的皮带质量不好，士兵站起来时，皮带断了，进攻失败。皮带岂不就影响国家安全了吗？照这样推理，岂不什么都影响国家安全不能进口了？现实中一国不想让什么产品进口就可以界定它为影响国家安全的。所以影响国家安全可以说完全是一种借口，是不正当理由。当然像先进的武器装备可以划入影响国家安全的范畴，但以此为借口不想让皮带进口，这样的限定就完全荒唐了。

当年英国工业化完成后，英国为了自己的产品出口提出了自由贸易。但当时德国经济还落后，正处于工业化开始的阶段，所以，德国历史学派经济学家坚决反对自由贸易，主张保护贸易。因为一旦英国廉价产品大量流入德国，德国的工业化就难以实现了。保护国内市场，保护国内尚不成熟的部门发展就是保护贸易中的"保护幼稚产业论"。在某个特定的历史时期，在某些国家，采用这种保护贸易也许是应该的。但如果保护的行业太多，保护的时间过长，国内的工业化也难以实现。一个行业老处于保护之下，缺乏强有力的竞争，始终处于技术和效率低下状态，能发展起来吗？战后有两种发展战略。一种是出口替代，即大进大出，放开国际贸易。韩国等国家和地区正是这样发展起来的。另一种是进口替代，主要进口有助于经济发展的机器、原材料，一旦国内工业成熟，就坚持自力更生。拉美国家沿着这一条战略却失败了。德国靠保护幼稚产业发展起来了，但这并不适用于所有时代的所有国家。各国还要根据自己的具体情况选择发展战略。在当代全球一体化和高科技时代，开放才是主旋律。我国经济正是在21世纪初加入世贸组织之后才有了高达10%以上的增长率，有了今天的繁荣。

保护贸易理论还有另外两种。一是"不公平竞争论"。这种理论认为，只有各国企业都有相似的竞争能力，且按同样的规则行事，自由贸易才会是双赢的。但现实中各国经济发展并不平衡，企业的竞争能力相差甚大，且各国企业服从不同的法律和规则，许多国家还有不同的出口贴补政策，企业在国际市场上的竞争就是不公正的。在这样的情况下，实行限制国际贸易，保护自己的企业就是正当的。各国企业的竞争能力的确不同，但如不放在国际市场上通过竞争能强起来吗？各国的规则的确不同，这要通过国际协议来消除，但不能成为长期保护的借口。

另一种是"作为讨价还价筹码的保护论"，即实行保护贸易可以作为与别国谈判时的筹码，以便换取对方的让步。这种让步不仅在贸易上，也包括外交与政治上。这是把保护贸易作为谈判筹码，如同美国动辄制裁别国一样。

这些都是保护贸易冠冕堂皇的借口，更根本的还在于国际贸易长期与短期影响的不同。从长期来说，国际贸易使世界资源在全球实现最优配置，对任何一国都是有利的；但在短期中不同。在实现长期有利的过程中，一个国家会由于某些产品进口，某些行业或某些企业被摧垮，经济衰退失业加剧，影响一国社会稳定。毕竟按长期的利益重新配置资源，调整产业结构和企业转型都需要相当长的时间。短期内一些国家承受不了这种转型的代价。尤其是决策的政治家，他的任期都是短期的，即使深知长期的好处，也不会让自己当政时被推翻，而让后任享有好处。人是短视的，政治家尤其如此。路易十四的"我死后哪怕洪水滔天"适用于任何一个政治家，对他们来说甚至不是"我死后"而是我"下台后"。

另一个原因则是各国在政治上、外交上的矛盾。尽管在我们看来，经济利益是主要的，但在政治家看来有时政治的、外交的考虑更为重要。为了制裁自己的政治对立国，宁可牺牲自己的经济利益而达到政治目的。国际贸易绝不仅仅是贸易的事，没有一个国家仅从经济的角度考虑国际贸易问题，有时政治、外交比经济更重要。

自由贸易理论已经有二百多年的历史，也相当充分、相当成熟了。人们口头上没人不承认，但在现实中总是"知易行难"。这就是世界的复杂性，所以各国都在不同时期对不同国家实行保护贸易，世界贸易中纠纷、冲突不断发生，就不难理解了。保护贸易理论就是臭豆腐，闻起来、说起来臭，实际上还相当香呢！

没完没了的关税战

——关税概况

国际贸易中最常见的是关税战。你加征我的进口税，我报复你也加征。有时打起关税战来简直忘了国家利益与人民福祉，明知双输也要打，"出一口恶气"。

当世界上还存在独立的民族国家，且都有自己的国家利益时，设立关税就是正常的，有关税就会出争端，赌气打关税战也是正常的。即使地球成了一个统一体，也会与外星人打关税战。写科幻小说的还没有经济学家，所以科幻小说也没写各星球打关税战的热闹。

关税是一国海关对进出口商品过境时征收的一种税。请注意，这里说的"境"是一国海关征收关税的区域，是执行统一海关法令的领土。一般情况下，关境和国境是一致的。但有时关境可能小于国境。没有实现国内自由贸易的国家，各地都征收自己的关税，国境就小于关境。这种情况历史上常有，如今已没有了。另一种情况是实行关税同盟或几个国家组成的自由贸易区，关境就大于国家，比如今天的欧盟。

关税可分为进口关税、出口关税、过境税和歧视关税四种类型。

进口关税最常见是一国海关对外国商品进口时征收的税。这种关税最重要，是国家财政收入中重要的一部分。它的目的是保护国内市场，保护本国企业，维持本国经济的稳定与增长。尤其在经济正在起飞时，对保护国内企业发展有重要作用，有时是由于两国关系恶化而征收的惩罚性进口关税。所以关税不仅与经济相关，也与政治相关。国家制定或调整进口关税率时会考虑各种因素。比如为了本国经济发展会对本国缺乏的资源或设备征收极低的进口关税，甚至免征关税。

出口关税是对本国出口产品征收的关税。一般常见的有两种情况。一是为了保护国内稀缺资源，如我国对稀土金属矿产品就征收出口关税。二是为了防止国内高科技产品，尤其是涉及国防的军用设备出口就征收出口税，美国对一些国家就实行这种出口税，甚至禁止出口，这种情况被称为"禁运"。

过境关税是对通过一国关境运往第三国的商品征收关税。在过去交通不发达，一国货物要通过另一国中转时，这种税相当重要。比如历史上英国就对通过英国港口运往第三国的货物征收过境关税。现在有些国家对通过本国陆路海关的货物也征收过境关税，不过现在这种关税几乎可以忽略不计。

歧视关税是针对不同国家同一种商品征收不同的关税。这里的"歧视"就是差别的意思，与歧视价格的"歧视"一样。这往往是出于政治目的或惩罚一个不友好国家。

关税，尤其是各国之间失去理智的关税战，本质上是损害各国利益的。20世纪30年代大危机时，各国为了使本国尽快走出萧条，都提高关税，关税甚至高达40%以上，其结果反而是加剧了各国萧条的程度，延长了萧条的时间。因此各国都希望能降低关税，但如果只是自己降，别国不降，自己只会吃大亏。所以，这就需要各国共同协商达成一些降低关税的国际协定。在一些政治、社会、经济相似的国家达成这样的协议比较容易，如现在的欧盟。如果各国差异大，达成协议执行也不顺利。如美国、加拿大、墨西哥达成的北美自由贸易区，成果就比欧盟差得多。美国一直对墨西哥用各种方法限制自由贸易。如克林顿政府时就借口墨西哥西红柿携带毒品而实行禁止，其实只是为了保护本国佛罗里达州的西红柿生产不受价低优质墨西哥西红柿的竞争，以在大选中争取佛罗里达州的选票。

在国际上，各国在 1947 年签署了《关税与贸易总协定》，对降低各国关税，调节各国贸易争端起了一定作用。以后在此基础上又成立了世界贸易组织，对促进各国自由贸易也起了不少作用。但各国的贸易争端，关税战是永远不会终止的，只是时而平缓时而激烈而已。不过全世界总体上还是向全球一体化、自由贸易前进的。

国际贸易中的"厚黑学"

——非关税的保护主义

    20 世纪 80 年代初,法国外贸部部长宣布,所有进口录像机都必须在普瓦提埃港办理报关手续,普瓦提埃是法国一个很小的港口,法国政府此举的目的是什么呢?

    当时大量质优价廉的日本录像机进入法国,法国生产的录像机无论是质量还是价格都无法与日本录像机竞争。法国政府想保护国内的录像机企业,但由于关税总协定的制约,法国无法用高关税来限制日本录像机进口,只好用了这种非关税的保护方法。

    普瓦提埃是个小港,吞吐能力有限,指定在这里报关就意味着装运日本录像机的船只在海上长时间等待。这无疑大大增加了日本录像机的运输成本,为日本录像机进口人为制造了麻烦。不用再征高关税,日本自己就减少了对法国的录像机出口。类似的手法其他国家也采用过,如英国人早就采用过限制进口报关地点的方法,意大利只给海关配置少量工作人员拖延办理报关的时间,等等。

    各国在理论上都承认自由贸易有利于双方,也在努力推动全球的自由贸易。战后各国经济的迅速发展也正得益于自由贸易。但自由贸易给一国带来的长期影响和短期影响、整体影响与局部影响是不同的。从长期全局来看,各国发展自己有比较优势的行业,缩小那些不具有比较优势的行业,在整个世界范围内实现分工和专业化,实现更大的规模经济,大进大出,可以增加各国的福祉。但这个好处的实现有一个相当漫长的过程。在短期中，没有比较优势的行业转向有比较优势的行业并不容易。在产业结构调整过程中，会出现经济衰退，失业加剧。这部分的企业和工人都会受到严重损失。代表它们的组织和它们在议会的代言人会给政府施加压力，政府出于政治考虑，也会做一些让步，采取保护主义贸易政策。

保护主义贸易政策有关税壁垒和非关税壁垒两大类。关税壁垒即提高关税，简单而有效，且能增加财政收入，但由于受到各种国际贸易组织和条约的限制，加之有各国外交关系与政治上的考虑，实施的难度较大。关税是公开的保护贸易，对一国来说是"明箭易防"，也可以采用报复性关税。因此，各国更常用的是灵活的非关税壁垒。

非关税壁垒是用关税以外的手段来保护国内市场，包括技术标准、自愿出口限额、进口配额、进口许可证等。世界贸易组织对许多非关税壁垒也进行了限制，受非关税壁垒之害的国家也可以向世界贸易组织起诉或报复。但与关税相比，用起来还是方便。

在非关税壁垒的设计上各国都层出不穷，显示出为保护国内利益的厚黑程度以及设计出阴谋诡计的"才华"。例如法国让日本录像机到一个小港口报关。据世贸组织的不完全统计，各国采用的非关税壁垒方法有2000多种。有些是匪夷所思，如有的国家给海关配工作态度极差、脾气暴躁的服务人员，服务态度之差让你不想再有下一次。这各种手法就像"玻璃小鞋"一样，让受害者有苦说不出，而实施者的理由又冠冕堂皇。指定报关港口是一个国家的主权，你有什么理由反对？

非关税壁垒的另一个好处是可以针对不同国家采用不同方法，实现外交政治上的其他目的。如自愿出口限额和进口配额都是限制进口的，但对受限制国效果不同。自愿出口限制是出口国自己限制出口，有自己选择的余地，而且往往会得到其他优惠。进口配额是硬性规定，出口国不得不接受。美国限制日本汽车进口就采用自愿出口限额，这是考虑到维持美日之间的友好关系。但在限制古巴砂糖进口时就用进口配额。

非关税壁垒有点类似政治中的"厚黑学"。说来不好听,用起来有用。当然一国对别国黑厚,别国也不会一味忠厚老实。由此引起的贸易战终究会伤害双方,两败俱伤。

汇率是什么

——汇率的基本知识

汇率是一种货币与另一种货币的比率，也就是用一种货币表示的另一种货币的价格。它与一般商品价格有相同之处，即由市场上的供求关系决定。但又与一般商品价格有不同之处，它的市场与商品市场不同，在汇率的决定中政府的作用也不同。

先说市场。在开放经济中，汇率是在外汇市场上决定的。外汇市场与超市、商店之类的商品市场不同，它并没有一个明确的地理位置。它是由在主要贸易国家大城市里的大商业银行、在各个国家的同业银行，以及与其他金融市场的联系等组成的国际网络。这些银行为客户或自己的利益进行外汇交易，所有的业务都按已经形成的一定商业程序进行，而买者与卖者之间的联系现在主要通过网络。由于所有的大银行都参加每天所有的国际货币交易，所以也可以说实际上存在着一个巨大的国际外汇市场，就好像各个国家货币进行交易的国际超级市场。这个市场上竞争的程度相当高，信息也十分畅通。这样，任何一个私人进出口商和金融交易都一般不可能对外汇市场的价格产生影响，可以说是一个完全竞争市场。

一国的汇率对一国经济有相当大的影响，又是影响各国进出口、国际收支的中心。所以政府不可能像商品市场那样放任不管。汇率制度有两种。一种是固定汇率，即一国固定本国货币与外国货币的汇率。过去计划经济各国实行的都是这种汇率制度。这种制度下的汇率与国际外汇市场关系不大，由政府根据国内外经济的需要确定或调整。这种汇率制度的前提是，资本不能自由出入、本国货币没有国际化、公众不能自由兑换外汇、个人和企业换外汇要经过有关部门批准。实行这种汇率制度的国家一般称为"汇率管制国"。现在用这种汇率制度的国家已经微乎其微了。

另一种是浮动汇率制。这种汇率制度又分为两种。一种是自由浮动制，即政府对汇率的波动完全不管，任由外汇市场的供求决定，现在实行这种汇率制度的国家也极少。现在各国实行的是另一种，即有管理的浮动，汇率基本由外汇市场供求关系决定，在一定的浮动范围内政府不干预，但超出这一范围的浮动政府要管控。不过管控的方法并不是政府强行规定浮动的范围，而是由各国中央银行用调节外汇供求的方法来调节。如果一国货币升值，即按所能购买到的外国货币衡量的一国货币的价值上升，说白了就是一国货币更值钱了，一种货币升值，也称为这种货币"坚挺"。比如过去100元人民币可以买10美元，现在100元人民币可以买15美元，就是人民币升值了。这表明，对一国货币的需求增加了，中央银行就可以抛出人民币收购美元，使人民币汇率下降到规定的人民币对美元的浮动范围内。相反，如果一国货币贬值了，即按所能购买到的外国货币衡量的一国货币的价值下降，说白了就是一国货币更不值钱了。一种货币贬值就称为"疲软"，比如过去100元人民币可以买15美元，现在只能买10美元，就是人民币贬值了。这表明对一国的需求减少了，中央银行就又可以收回人民币卖出美元，使人民币上升到规定的人民币对美元的浮动范围内。这种通过调节货币供求影响汇率的方式是市场化的方式。

汇率又可分为名义汇率与真实汇率。名义汇率是一个人可以用一国货币交换的另一国货币的比率。真实汇率是一个人可以用一国的商品与劳务交换另一国商品与劳务的比率。我们可以用以下公式从名义汇率计算出真实汇率：

真实汇率＝名义汇率 × 国内价格 / 国外价格。

这里的国内价格与国际价格可以用消费物价指数。所以上式也可以写为：

真实汇率 = 名义汇率 × 国内消费物价指数 / 国外消费物价指数。

我们关心的当然是真实汇率。

了解了这些汇率的基本知识就可以进入汇率决定了。这些知识对我们日常生活也很重要。你要出国旅游，送孩子到国外留学总会关注汇率的。

购买力平价理论

——汇率的决定

在现实生活中，我们关心的还是真实汇率，即换成的美元也好，欧元也好，在美国或欧盟能买到多少东西。所以，我们就关心真实汇率的决定。

有许多汇率决定理论和根据理论编制的模型。每一种理论和模型都强调了某一种因素，适用于不同的地方。但只有一种汇率决定理论，即购买力平价理论，是所有汇率理论的基础。这种理论认为，汇率应该由各国货币购买力决定，因此任何一个国家的货币都应该能在所有国家买到等量的商品与劳务。这是一种长期汇率决定理论。

这种理论的根据是一价定律，或称单一价格规律。一价定律认为：开放经济中，在任何一个国家或地方，每种商品或劳务都应该按同样的价格出售；否则就会出现跨地区的套利投机活动，最后使每种商品与劳务的价格相等。同样如果各国存在汇率差，也会出现套利活动，使各国汇率相同。卡塞尔提出这个理论是在一百多年前，现在网络发达，这种套利活动更容易，而且几乎无成本。

这个理论告诉我们，两国货币之间的名义汇率必然反映这两国的物价水平。这就是我们在上篇文章中讲的名义汇率与真实汇率之间的关系。这就是说，当物价水平变动时，名义汇率也随之变动，所以，真实汇率要根据两国的物价水平进行调整。

从长期来看，这种理论是正确的。但这种理论依据了许多并不现实的假设，这就使它有局限性。一个原因是，这个理论的前提之一是所有商品与劳务在全世界都可以自由地、无代价地流动。但某些劳务的流动是有局限性的。例如，理发、餐饮、娱乐等许多劳务的流动就有局限性。你不可能因为巴黎理发好，每次理发都去巴黎，也不可能因为泰国餐饮好，每次吃饭都飞到曼谷。这些劳务也无法进行套利活动。你可以把巴黎的理发师、泰国的厨师请来，但毕竟有限。还有一些商品体积大、重量高、运输费用高，即使套利机会存在，也不值得。

另一个原因是消费者有自己的偏好，这使一种具有不同特征的商品也难以流动。例如，德国消费者就喜欢德国产的宝马 X6 型汽车，即使美国通用公司的凯迪拉克汽车与它性能一样，但由于德国消费者的特殊偏好，即使它们的相对价格发生了变动，也无法互相替代。这就不能进行套利活动，形不成单一价格。

卡塞尔提出这种理论假设的是政府不对汇率进行干预，汇率完全由外汇市场的供求关系决定。但今天现实是各国都从本国的经济状况和需要出发，用市场方式，即在外汇市场上抛出或收买本国货币来调节汇率。在有些国家，在某些时期，这种调控力度还相当大。

所以按购买力平价理论决定的汇率与实际情况并不一致。英国《经济学人》杂志研究了各国巨无霸汉堡包的价格与各国汇率的差别，证明了这一点。

外汇交易有不同的方法，主要是即期交易和远期交易，就是现在的交易与未来 30 天、60 天、90 天、180 天或最多一年的交易。交易时间长短由双方决定。现期交易的汇率与远期交易的汇率是不同的。现期交易的汇率更多取决于各国经济状况、物价水平与政府干预等多种现实因素，而影响远期汇率的更多是预期，即对一国未来经济、物价与政府外汇政策等的预测。预测未来是困难的，尤其有许多不确定的因素出现，例如从 2019 年年底开始到现在的新冠肺炎疫情谁也没预测到。因此，现实中汇率的决定极为复杂，这才有不同的理论与模型。

不过对我们老百姓来说，关心汇率无非是出去旅游或送孩子留学，也就不用了解那些极为复杂的理论、模型或实际操作了。

汇率让你喝免费啤酒
——汇率的影响

先讲一个有关汇率与经济的故事。

在美墨边境的一个小镇上。游客托尼在小镇的墨西哥一边用 0.1 比索买了一杯啤酒，找回 0.9 比索。他到了美国一边，发现美元和比索的汇率为 1∶0.9。他把手中的 0.9 比索换了 1 美元。回到墨西哥一边发现比索和美元的汇率是 1∶0.9。他用 0.1 美元买啤酒喝，然后剩下 0.9 美元。他把 0.9 美元换了 1 比索，又用 0.1 比索买啤酒喝。他这样在小镇的两边喝来喝去，手中总有 1 美元或 1 比索。他在免费喝两国的啤酒。

托尼能在两国免费喝啤酒就在于两国的汇率是不同的。在美国，美元与比索的汇率是 1∶0.9，但在墨西哥，比索和美元的汇率是 1∶0.9。在墨西哥，美元与比索的汇率是 1∶0.9，但在美国，比索与美元的汇率为 1∶0.9。托尼正是靠这两国汇率的差异，进行套利活动，喝到了免费啤酒。但世界上没有免费的啤酒，谁付了钱呢？如果美国的汇率正确，墨西哥低估了比索的价值，喝酒的钱是由墨西哥支付的。如果墨西哥的汇率正确，美国低估了美元的价值，喝酒的钱是美国支付的。如果两国的汇率都不正确，则由双方付酒钱。当然如果双方汇率都正确，托尼就喝不到免费啤酒了。

当汇率定得不正确时，就会有人从事套利活动，即把一种货币在汇率高的地方换成另一种货币，再把另一种货币拿到汇率低的地方换为原来的货币。套汇是市场上套利活动的一种。套利就是在价格低的地方买，在价格高的地方卖，获取差额。在国家严格控制外汇，并实行固定汇率，且汇率与货币的实际购买力不一致时，必定有套汇行为出现。旧中国孔祥熙家族的扬子公司正是通过套汇窃取国家财产。改革开放前的"倒爷"正从事这一活动，2020年我去古巴，一出酒店就有熟悉的"倒爷"追着问你"有美元吗"，都属于这一类。美墨边界上的托尼喝点免费啤酒算不了什么，但要汇率不正确，在贸易中损失就大了。

汇率对经济的影响当然不止这一点。在开放经济中，国际商品和资本的流动把各国经济紧紧联系在一起。汇率变动对一国宏观经济运行有重要影响。一国的汇率贬值可以降低该国出口商品在国际市场上的相对价格，从而增强竞争力，增加出口，增加总需求，刺激经济。正因为如此，一些国家就通过汇率贬值来刺激经济。20世纪50年代初，中国台湾地区经济起飞时，当局接受了经济学家蒋硕杰和刘大中的建议，放开汇率，台币汇率大幅度贬值，这使台湾产品可以大量出口，经济实现了起飞。这个经验也被许多发展中国家借鉴。

国际贸易中的收入与支出被称为国际收支中的经常项目。汇率变动引起进出口变动，从而也影响一国国际收支状况。所以，汇率贬值出口增加、进口减少，会增加贸易盈余，或减少贸易赤字，改善一国国际收支状况。但特别要注意，汇率贬值时国际收支的改善并不是立竿见影的，得有一个过程。汇率贬值后，往往先是使其国际收支情况恶化，因为贬值使本国货币不值钱会引起本国资本与流入的外国资本共同流出，会恶化国际收支项中的资本项目。过一个时期后，出口增加，进口减少，国际收支中经常项目改善，本国经济好转，才能吸引资本内流，改善国际收支状况。经济学家把这种汇率贬值对国际收入状况的影响称为"J效应"，指汇率贬值先引起国际收支状况恶化（向下），然后改善（向上）的影响。这种改善的时期有多长在各国是不同的，这取决于许多更复杂的因素。

在国际贸易中汇率贬值并不能长期使用，国际贸易中产品的竞争力从根本上还取决于质量、样式、技术含量、品牌等多种因素，绝非靠便宜就可以占领市场，正如在国内市场也不能全靠价格取胜一样，而且汇率贬值对一国形象也不利。所以有些国家为了提高本国货币的信誉，塑造本国经济繁荣形象，也会有意地使汇率升值。这就是贬值升值，各有所爱。

宏观调控不是什么都可以装的筐

——微观宏观政策的区别

20 世纪 90 年代我在美国进修，与经济系一位研究中国经济的教授是朋友，他的夫人是中国人，他对中国的态度很友好。有一次我到他办公室，他让我看一份《人民日报》（海外版），头版下面有一条新闻报道，标题是"国家加强宏观调控，限制进口大片价格"。他问我，这是宏观调控吗？我无以作答，想起了国内常听的一句话："宏观调控是个筐，什么都往里面装。"我把国人这句话告诉他，他也笑了。

把政府所做的一切调控都称为"宏观调控"，老百姓不明白也就算了，新闻记者不知道，最多也就是让人家看个笑话。尤其是在《人民日报》（海外版）上，那是每个研究中国问题的人都要看的，但也就是笑话由国内版升级为国际版，还是无关大局的。但如果官员仍按这个认识制定政策，那问题就大了。

经济学大体上分为微观经济学和宏观经济学。这两者尽管联系密切，而且微观经济学还是宏观经济学的基础，但就目前而言，这两者在研究对象、方法和理论上还是有重大不同的，起码现在还没有统一起来。由不同的经济学出发就有不同的政策：微观经济政策与宏观经济政策。这两者更无法统一称为"宏观调控"。

首先，这两种政策所依据的理论不同。微观经济学认为，由于信息不对称、人的非理性、市场竞争的不完全性，以及经济活动中存在市场本身无法解决的外部性，所以市场机制的调节是不完美的，存在市场失灵。微观经济政策正是要解决市场失灵问题。如价格政策，用支持价格扶植农业这样重要的行业；或者限制价格这样的政策，抑制生活必需品涨价过快，以免影响人民生活。再如，用反垄断政策以保持市场竞争能起到应有的作用，用收入再分配政策降低市场引起的收入差距过大，等等。

宏观经济政策则是根据宏观经济中的总需求和总供给理论，调整总需求与总供给，以消除失业、通货膨胀、经济周期，并保持经济的稳定和增长。宏观经济政策就是财政政策与货币政策。

这两种政策依据的理论和要达到的目的是完全不同的，不可混淆。

其次，这两种政策对经济的影响完全不同。微观经济政策只影响一部分人，或一些地区、一些行业。如支持价格只影响有这种政策的行业如农业，而不影响其他行业。房地产价格限制也只影响房地产行业，与其他行业无关。收入再分配政策中的累进所得税和遗产税只影响高收入人群。诸如此类。

但宏观经济政策就不同了，它要影响整个经济，影响每一个人。刺激经济的财政政策或货币政策会影响整个经济繁荣，使每个人收入增加，失业减少。任何行业和任何人，任何地方都或多或少受宏观经济政策影响，宏观经济状况与每一个人相关，大家都会或多或少受影响。

最后制定政策的主体不同。在美国，微观经济政策主要由地方政府与议会决定，中央政府不过多过问。这样的好处就是全国各地的情况差别相当大。比如房地产价格，有的地方升值过大，并有投机因素，政府可以管控一下，但有些地方房价正常，就不必管控。全由中央政府说了算，会形成"一刀切"的简单做法，对有些地方的经济发展不利。当然有些微观经济政策是全国性的，如支持农业的政策，累进所得税或遗产税的税率等都是全国性的，也由中央政府和议会决策。但许多地方政府在微观经济政策的制定上还有自己相当大的自主权的，如设置最低工资是中央政府决定的，但最低工资的标准是多少，就由地方政府根据本地经济状况和劳动市场供求状况的历史因素等来决定。宏观经济政策则由中央政府决策，如美国财政政策由政府和议会决定，货币政策由美联储决定。这是因为统一的国家必须有统一的财政货币政策。

把微观经济政策和宏观经济政策装在一个筐里，也许良好的愿望会对某些地方经济造成伤害。毛主席向来反对"一刀切"，主张在调查研究的基础上采用因地制宜的政策。虽然这不是对微观与宏观经济说的，但其原则是适用的。地方服从中央是正确的，否则各自为政，怎么能实现全国一盘棋？但在不违背中央总体精神的前提下，各地在某些微观经济政策方面也应有一定自主权。这样才能更好地促进本地经济发展，为全国经济繁荣做出贡献。

限制进口电影大片价格完全是微观经济政策，不能装进宏观的筐里去。何况电影票价限制它做什么？它也不是生活必需品，看不起进口大片照样活得很好，有钱人想看，多收他一点儿钱，也可以支持电影事业的发展，真不知道做出这个决策的领导是如何想的。

增加政府支出还是减税

——财政政策

媒体上可以经常看到，围绕增加政府支出还是减税，美国国会议员争论得不可开交，互不相让。其实无论增加政府支出还是减税都是扩张性财政政策，都可以刺激经济。但不同的政策手段对不同阶层、不同利益集团的影响是不同的，对经济的影响也不尽相同。不同的人对不同的财政政策工具从不同的立场、观点出发，有不同的认识，有争论也是正常的。要了解这种争论背后的原因，还要对财政政策的基本内容有所了解。

20世纪30年代之前，财政政策仅仅是为政府的开支筹集资金，奉行的基本原则是财政收支平衡。凯恩斯主义出现之后，财政政策更重要的作用是调节经济。在衰退时刺激经济，在过热时抑制经济。这时财政政策就不以收支平衡为原则，而是以实现经济稳定为原则。

在作为调节经济的工具时，财政政策的支出与税收的含义也发生了变化。财政政策的支出包括政府支出、政府投资和政府的社会保障与福利支出（转移支付）。财政政策的税收最主要是个人所得税和公司所得税。政府增加各项支出和减税，可以刺激总需求。增加政府支出增加了总需求。增加政府投资不仅本身就是投资，而是这种投资还有投资乘数，可以带动私人投资。增加社会保障和社会福利支出，增加了公众收入和消费，也增加了总需求。减少个人所得税既可以增加个人消费又可以刺激私人投资，减少公司的所得税则

　　　　　　经济学夜话：宏观篇

刺激了公司投资。因此，增加政府支出和减税为扩张性财政政策，在经济衰退时采用；相反，减少政府支出与增加税收就减少了总需求，被称为紧缩性财政政策，在经济过热时采用。

本来财政政策本身就可以自发调节经济的作用，比如经济衰退时，整个 GDP 减少，政府社会保障和福利支出自动增加，而且个人与公司的收入减少，个人所得税和公司所得税减少，实际上都可以自发地起到抑制总需求减少的作用。这种作用称为自动稳定器，或者称为财政政策的自动稳定机制。不过凯恩斯主义经济学家都认为，这种自动稳定机制的作用太小了，起不到有效阻止经济衰退的作用。因此，需要人为地加大增加政府支出和减税的力度。这就要采用扩张性财政政策。经济过热时财政政策也有同样的自动稳定机制，不过也无法有效地抑制过热的经济，这就要采用紧缩性财政政策。

财政政策对不同的人影响是不同的。例如，同样的增加支出，增加什么支出，进行什么投资，对不同行业的影响就不同。增加国防支出就有利于军工部门，增加科技投资就有利于高科技部门，增加社会保障和福利支出就有利于低收入者。由于个人所得税是累进的，减税则更有利于富人。这就是民主党更主张增加政府支出，共和党更主张减税的主要原因。

本来财政政策的原则是"逆经济风向行事"，即衰退时扩张，过热时紧缩。但历届政府都希望自己在任时经济增长繁荣，而且扩张性财政政策实施时更容易得到公众与政治家支持，阻力甚小，所以实际上都是以扩张性财政政策为主旋律的。

以扩张性财政政策为基调，政府支出增加，税收减少，这就不可避免地出现财政赤字。凯恩斯为此还创造了不怕赤字，甚至赤字有利的"公债哲学"。在现实中就是美国的财政赤字十分巨大，且在不断增加。不知道这种状况还能持续多久。

与货币政策相比，财政政策的特点是决策时间长却见效快。决策时间长与财政政策的决策机制相关。财政政策由总统代表政府提出，然后交由国会讨论，国会如果没通过则交回总统再修改，国会通过但总统有不同看法，仍要退回国会重新讨论。只有国会通过，总统也同意并签字，才可以付诸实施。这个决策过程，尤其是国会讨论、通过，国会与总统在细节上的分歧引起的反复，往往需要相当长时间，几个月甚至更长时间都有可能。有时甚至影响到政府的正常运行。美国出现这种情况已不是一次两次了。这种决策机制可以减少财政政策的失误，但要付出拖延的代价。不过财政政策一旦国会通过，总统签署，实施起来就快了，且能起到立竿见影的作用。

按凯恩斯本人的观点，更加偏重财政政策，因此凯恩斯主义也被称为"财政主义"。不过20世纪60年代之后，逐渐实现了财政政策与货币政策并重。在当今全球一体化的格局下，美国等国更常用货币政策。不过从世界各国来看，财政政策还是十分重要的。

餐桌上的曲线
——拉弗曲线与减税

1974 年 12 月初的一天，经济学家温宁斯基、拉弗和当时福特总统的助手切尼在华盛顿一家饭店吃饭。席间，拉弗向切尼滔滔不绝地讲述自己的减税理论。可惜切尼经济学基础不好，听了半天仍不知所云。于是拉弗顺手拿起餐桌上的一张纸画了一条曲线。以后这条曲线就是鼎鼎大名的拉弗曲线。由于它诞生于餐桌上，也被称为餐桌上的曲线。

拉弗曲线是用来说明税率与税收之间关系的。如果用横轴表示税率，纵轴表示税收，拉弗曲线就是先上升而后下降的倒 "U" 形曲线。这条曲线说明，当税率开始上升时，税收会增加；当税率达到一定点时，税收达到最大；如果税率的增加超过这一点，随着税率增加，税收反而减少了。因为在税率太高时，人们不愿意工作与投资，作为税基的国民收入减少，即使税率再高也收不到什么税。

拉弗还用这条曲线说明了，同一种税收可以用两种不同的税率达到。低税率时，人们工作投资积极高，国民收入多，经济繁荣了，税收并不少；高税率时，人们工作投资不积极，国民收入少，尽管得到同样的税收，经济却衰落了。因此，在两种税率可以达到相同的税收时，低税率比高税率好。

拉弗曲线是 80 年代红极一时的供给学派的核心理论，这一理论成为里根政府经济政策的理论依据。

供给学派是作为凯恩斯主义的反对者出现的。凯恩斯主义认为，短期中总需求决定 GDP，因此，政策就是用财政政策和货币政策刺激总需求。供给学派认为，无论短期还是长期中都是总供给，即生产能力决定 GDP。因此，政策就是通过减税刺激总供给。振兴美国经济之路不是刺激总需求，而是刺激总供给。

总供给，即生产能力取决于人们劳动和投资的积极性，最有效的刺激方法就是减税。供给学派强调，当时美国的税率已进入拉弗曲线下降的那一部分，即进入了使税收最大的最高税率之后的税率禁区。这时减税可以刺激生产，增加 GDP，又可以增加税收，实现一箭双雕。

在减税后，政府减少干预，让市场机制自发地调节，经济就会振兴。拉弗在餐桌上画出这条曲线就是为了说服切尼支持他的减税主张。

由于供给学派的努力和媒体宣传，减税思想影响了一些政治家。1977 年参议员肯普和罗斯提出了减税法案，在卡特政府时没有通过。但这次主张成为里根竞选总统的纲领。里根上台后就提出了以减税为中心的经济复兴计划。1981 年 7 月，美国参众两院通过历史上幅度最大、范围最广、影响最深刻的减税法案。个人所得税在 1984 年 7 月 1 日前降低税率 23%，并对个人所得税税率实行指数化，即按通货膨胀率调整税率。企业主通过加速折旧而减税。这就是折旧可计入成本，从而减少了税收。平均而言，公司所得税也减少了 23%。与此同时，政府还减少支出，并减少了对企业的干预。这被称为经济政策自由化。

里根政府以供给学派减税理论为基础的经济政策的确促成了美国 80 年代的经济繁荣，但也使财政赤字迅速增加。里根上台时曾指责他的前任使美国财政赤字惊人——把每张 1000 美元的债券摞在一起高达 67 英里，但里根任满时，这一纪录已达 100 英里。

90 年代之后，供给学派销声匿迹，几乎在经济学史上没留下什么痕迹。权威的《新帕尔格雷夫经济学大辞典》由于它没什么理论创见，也没形成一个完整的理论体系，而未收入"供给学派"这个词条。老布什把供给学派称为邪教的"伏都教经济学"，曼昆认为供给学派减税又增收的说法是骗人的"新潮节食减肥计划"。另一位经济学家克鲁格曼则称供给学派为"江湖骗子"，减税并没有什么刺激投资的作用，只不过增加了政府财政赤字而已。

从抽象的角度看，税率和税收之间存在拉弗曲线所表示的关系。在个别国家或个别历史时期，存在由于税率过高而引起国民收入和税收减少的现象。但正常情况下，拉弗曲线所表示的关系并不存在。也许减税可以刺激生产，但不会增加税收，也很少有什么国家进入拉弗曲线的税率禁区。经济学家指出，就美国的情况而言，也不存在进入税率禁区的情况。80年代的减税也不是刺激了总供给，而是刺激了总需求。当减税没有起它承诺的作用，反而引起历史上最大的财政赤字时，供给学派消亡的命运也就决定了。

当然在历史上一些时期，有的国家由于高税率也不利于经济发展，这就是古人所说的"苛政猛于虎"。确定一个适当的税率也十分重要，但这点道理，不用"拉弗曲线"谁也知道。

凯恩斯主义的兴衰

——美国经济的实践与后果

凯恩斯当年写的《通论》主要是针对英国的。但真正运用凯恩斯主义政策的还是美国。

在 20 世纪 30 年代上台的罗斯福尽管不知道什么凯恩斯主义，对凯恩斯那一套理念与政策不懂也不感兴趣，以至于他们唯一一次会面也"话不投机半句多"。但他实施的"新政"，用政府干预走出萧条，正是凯恩斯主义在美国第一次全面的实践。

战后由于老一代经济学家汉森转向凯恩斯主义，他与他的弟子萨缪尔森等大力宣传凯恩斯主义，凯恩斯主义在经济学中占据了主流地位。政府也自觉地把凯恩斯主义作为政策的指导。1946 年国会通过的《就业法案》宣称："促进充分就业和生产……是联邦政府一贯的政策和责任。"这标志着凯恩斯主义被自觉地作为政府经济政策的指导思想。但在 50 年代，艾森豪威尔时期，凯恩斯主义政策还限于补偿性财政政策。不过这种政策还是避免了许多经济学家预言的"战后经济衰退"，保持了经济的稳定，其增长率保持在 2.5% 左右。

凯恩斯主义真正的全盛时期是 60 年代。1961 年春，肯尼迪上台，正面临 1960—1961 年衰退。他以"振兴美国经济"的竞选口号上台。上台后聘请美国凯恩斯主义经济学家托宾和海勒出任总统经济顾问委员会主任和委员。他们提出一个真正体现凯恩斯主义的经济振兴计划。

这种政策的目标是实现充分就业，其中心是，当某一年的真实GDP小于该年潜在的GDP，即充分就业的GDP时，即使经济并未发生衰退，也要采用扩张性政策刺激总需求，使真实GDP达到潜在GDP。他们根据以前的资料把4%的失业率作为充分就业。这时能达到的真实GDP就是潜在GDP。由于1955年的失业率为4%，所以把这一年的真实GDP作为潜在GDP的基准。然后根据每年劳动力增加和生产率的提高，把1961年以后每年潜在GDP的增长率确定为3.5%，以此来计算以后每年的潜在GDP。如果没有达到这一目标就要采取扩张性政策刺激经济。潜在的GDP是一个生产能力问题，而要实现它则是一个总需求问题。刺激总需求的方法就是扩张性财政政策和货币政策。这就是托宾所说的，"磨尖我们的财政与货币工具"。不过凯恩斯主义被称为"财政主义"，是以财政政策为主的，货币政策只是起到配合、辅助的作用。要让这种财政政策充分起作用就必须是赤字财政政策。

扩张性财政政策包括增加政府支出与减税。增加财政支出包括政府的各种投资。减税则是减少个人所得税和公司所得税，以刺激私人消费和投资。这一时期，个人所得税税率从20%—91%下降到14%—65%；公司所得税税率从52%下降到47%。此外还实行投资赋税优惠，即公司用于投资的利润免税，以及加速折旧，即折旧可以计入成本从而免税。政府的支出也包括"向贫穷开战"的社会保障和社会福利支出，以及"越战"的支出。扩张性的货币政策是增加货币供给量，降低利率，以使财政政策更有效地发挥作用。

这种政策的确有效地刺激了经济。托宾总结说："经济享有五年不停的扩张，4%的失业率已经实现，真实GDP增加了31%，创造了680万个就业机会，物价上升每年仅为2%左右。"凯恩斯主义政策的胜利也使美国的凯恩斯主义，即把新古典经济学和凯恩斯主义结合在一起的新古典综合派成为经济学主流，许多新古典综合派的经济学家获得诺贝尔经济学奖，以新古典综合派思想写成的《经济学》统治了大学课堂。凯恩斯主义经济学家风光一时。

但这种政策的恶果在 70 年代初呈现出来，赤字增加再加上石油危机，美国出现了"滞胀"。这时凯恩斯主义的危机发生了。货币主义等自由主义经济学流派形成，向凯恩斯主义发起挑战，并引起 80 年代自由主义经济学的复兴。经济状况决定经济学思潮的兴衰，这也是经济基础决定上层建筑吧！

公债哲学的是是非非

——赤字财政政策

20世纪30年代之前，各国政府都奉行财政预算平衡的原则。这是自亚当·斯密以来经济学家都信奉的原则。各国政府和公众也认为，政府欠债与个人欠债一样不是什么好事。即使由于战争等原因出现了赤字财政，也要尽快还上。总体上保持了财政预算平衡。

30年代大萧条之后，凯恩斯打破了这一原则。他认为，大萧条的根本原因在于总需求不足，仅以私人消费与投资来增加总需求是远远不够的，政府必须大幅度增加各种支出。但如果要坚持财政预算平衡的原则，增加政府支出就要挤出私人支出。这种政府支出挤出私人支出的挤出效应就使总需求的增加极为有限，无法达到刺激经济走出萧条的目的。所以，他主张政府必须举债支出，这就会有财政赤字。为了打消人们对赤字的恐惧，他列举了举债支出的三点理由。第一，政府是公民的代表。政府向公民借债等于自己向自己借债。这在性质上与私人债务完全不同。第二，借债是为了刺激总需求发展经济。国民收入增加了，政府的财政收入增加了，债务的偿还就有了保证。第三，政府债务以国家信誉作为担保。即使政府换届了，这种债务的偿还也是有保证的，不会引起债务危机。这种为政府债务辩解的理论就被称为"公债哲学"。以后又有经济学家做了一些修改。这主要有两点。一是政府债务一定要用在能刺激经济发展的项目上。如果用于政府的奢侈消费或是形象工程的项目上，这种赤字的支出没有乘数效应，所起作用就极为有限了。二是在操作上要用"借新债，还旧债"的做法，让公民对政府的偿还能力有信心，才不会引起债务危机。

"公债哲学"说得头头是道，尽管人们还心存疑虑，但由于大萧条的巨大压力，各国政府还是纷纷采用了。"二战"后是赤字财政的时代，最典型的莫过于美国。在50年代，美国采用补偿性财政政策，即在衰退时用扩张性财政政策，有财政赤字，在繁荣时用紧缩性财政政策，有财政盈余可以弥补衰退时的财政赤字，以求得长期中财政预算平衡。在艾森豪威尔当政的八年中，美国五年有赤字，三年有盈余，赤字最高时不过125亿美元。可以说大体上实现了财政平衡。

真正实行赤字财政政策还是从60年代肯尼迪上台之后。肯尼迪以"振兴美国经济"为己任，又聘请了凯恩斯主义者托宾和海勒为总统经济顾问委员会主任和委员。他们设计了一套振兴美国经济的规划。他们主张打破"害怕财政赤字的框框"，无论经济处于衰退还是繁荣，都用赤字财政政策刺激经济。这的确促进了60年代美国经济的繁荣，但也引起赤字的急剧增加。到70年代初，严重的赤字财政和世界石油价格飞涨，就引起了严重的高通货膨胀与高失业并存的"滞胀"局面，这就引起了"凯恩斯主义的危机"。但实际上以后的政府主体上仍延续了这种赤字财政政策。这就是当前美国债务严重的根源。

应该承认，赤字财政并非有百害无一利。政府支出增加对刺激经济还是有效的。尤其是政府对基础设施、科学研究和高科技突破，对教育、社会保障与社会福利支出等都起了重要作用。这些作用甚至远远大于政府投资的乘数效应。政府财政不足时，用债务筹资支持这些事业也无可厚非。

赤字财政对经济的一个重要影响还在于通货膨胀。这种影响有多大，关键看对谁借债。财字赤字通常用发行公债的方法。如果政府债券卖给中央银行，称为货币筹资，就是用发行货币的方法筹资。

政府把公债卖给中央银行，中央银行就可以把这些债券作为准备金，在公开市场上进行买卖，以调节货币。如果中央银行从公开市场上购买政府债券就等于发行货币。当然如果在公开市场上卖出公债就是回收货币。政府发行的债券越多，中央银行增加货币的能力就越强。货币量增加当然会引起通货膨胀。如果政府把债务卖给企业（包括商业银行）、个人或外国，这些人也可以参与公开市场交易，当中央银行回购政府债券时就变成了货币。而且卖给这些人的债务是要支付利息的。当债务庞大时，利息也是一笔沉重的负担。所以卖给个人、企业、外国称为"债务筹资"。

现在许多经济学家认为，政府在遇到经济严重衰退或有其他必要支出而财政收入不足时，举债支出也无法避免。平衡财政的想法的确过时了。但一定要把债务控制在一定的范围内，且要把它用于有利于经济发展的支出。不过这些话也是说起来容易做起来难。

背着抱着一样沉

——李嘉图－巴罗等价定理

　　是背孩子轻松还是抱孩子轻松？大家的结论是背着抱着一样沉。同样，在经济学中大家争论是发行公债好，还是征税好。李嘉图－巴罗等价定理说明了，这两者也是同样的。

　　先从李嘉图等价定理说起。英国古典经济学家李嘉图生活在19世纪。英法战争时，英国军费支出庞大，国库入不敷出。如何筹措军费成为议会争论的中心，而争论的焦点在于是用发行公债还是征税的办法筹措军费。不少人认为，这两种方法对经济的影响不同。李嘉图认为，这两种方法对经济的影响是相同的。这就是李嘉图等价定理。

　　他在《政治经济学及赋税原理》中对这种思想的表述是："如果为了一年的战争支出而以发行公债的办法征集2000万英镑，这就从国家的生产资本中取走了2000万英镑。每年为偿付这种公债利息而征得100万英镑，只不过是由付这100万英镑的人手中转移到收这100万英镑的人手中，也就是由纳税人手中转移到公债债权人手中。实际的开支是那2000万英镑，而不是为那2000万英镑必须支付的利息。付不付利息都不会使国家增富或变穷。政府可以通过赋税的方式一次征收2000万英镑；在这种情形下，就不必每年征得100万英镑。但这样做并不会改变这一问题的性质。"

　　这段话有三点含义是理解李嘉图等价定理的关键。第一，征收

2000 万英镑税和发行 2000 万英镑公债都会使生产资本减少 2000 万英镑，所以无论哪种方式对经济影响都一样。第二，公债支付的利息仅仅是不同人之间收入的转移，并不改变财富总量。第三，发行公债和征税一样使人民收入减少，消费也减少。在这两种情况下，消费的减少也是相同的。

李嘉图等价定理在当今宏观经济学中十分重要，因为它涉及凯恩斯主义的赤字财政政策是否有用的问题。凯恩斯认为，政府发行公债实行财政赤字政策可以刺激总需求，拉动经济。但如果李嘉图等价定理成立，赤字财政政策就被否定了。因为如果人们预见到，现在政府发行债券就要在将来增加税收，就会减少现在的消费，以备未来税收增加时缴纳。这样发行公债和增加税收来增加支出的作用一样，不能刺激经济。发行公债赤字财政的作用被消费者减少的消费抵消了。赤字财政刺激经济是无效的。

李嘉图等价理论引起新古典宏观经济学家罗伯特·巴罗的关注。他用遗产动机来解释李嘉图等价定理的正确性。因此这一定理现在也称为李嘉图－巴罗等价定理。巴罗认为，消费者是理性的，他们会正确预见到政府所发行的公债要在以后某个时候用增加税收来偿还，可能是在他们生前，也可能在他们死后。这就是说，公债不由他们偿还就由他们的子孙偿还。这样，他们就会减少现在的消费，把钱存起来或自己偿还或留给子孙偿还。这样，无论何时偿还，发行公债都会减少消费。巴罗是主张自由放任的，反对政府用赤字财政政策刺激经济。这个定理正是他的理论依据之一。

李嘉图－巴罗等价理论在宏观经济学存在激烈的争论。反对者认为，这个定理一个最大的问题就是人们是否理性，他们对未来的预期是如何形成的？他们的预期正确吗？他们真的那么关心子孙后代吗？直到现在也无法在经验事实上对李嘉图－巴罗等价理论证实或证伪。

无论理论家如何争论，赤字财政政策仍然被广泛运用，而且也对经济有刺激作用。但不可否认的是这些国家的财政赤字数额巨大，且增长迅速。现在的方法是发新公债还旧公债，尽管赤字严重当权者颇有点"虱多了不咬"的态度，只管自己当权时繁荣，不想以后洪水滔天。

李嘉图－巴罗等价理论尽管有不完善之处，但今天的公债定是未来的税收，公债终究要用税收偿还。千万别把赤字财政作为灵丹妙药来用。这是李嘉图－巴罗等价定理的启示，也是经济学家的共识。

美联储主席为什么重要

——货币政策

在美国，美联储主席被认为是仅次于总统的第二号人物。他的一言一行都受到美国和全世界媒体的高度关注。他也知道自己"一言可以兴邦，一言可以亡邦"，说话特别谨慎，甚至创造了一种故意让你听不懂，不知其真实含义的"美联储语言"。当年，美联储主席格林斯潘用他熟悉的这种语言向同居多年的女朋友求婚，直至他第三次求婚，女朋友才听懂。美联储主席的话为什么这么重要？这就要了解货币政策对经济的影响。

货币政策是中央银行（如美联储）通过调节货币量和利率来影响经济的政策。最主要的工具是通过公开市场操作来影响货币量，进而影响利率。公开市场操作就是中央银行通过在公开的金融市场上买卖政府债券来调节货币量。政府财政部发行的债券卖给中央银行获得贷款。中央银行在公开市场上买进政府债券，向出卖政府债券者支付了货币，就相当于发行货币，增加了货币量。货币量增加降低了利率，刺激了经济，这称为扩张性货币政策。在经济衰退时一般采用这种扩张性货币政策。中央银行在公开市场上卖出政府债券，自购买者收取货币就相当于回笼货币，减少了货币量。货币量减少提高了利率，抑制了投资，抑制了经济。这称为紧缩性货币政策。在经济过热时一般采用这种紧缩性货币政策。

各国中央银行都把公开市场操作作为最重要的货币政策工具。

此外还有其辅助性货币政策工具，如调整法定准备率、调整贴现率等。我们从后文关于商业银行创造货币的文章中可以知道，中央银行增加或减少的货币量对流通中货币量的影响还取决于货币乘数。法定准备率就是影响货币乘数最重要的因素。提高法定准备率会降低货币乘数，使商业银行创造的流通中货币减少，有紧缩经济的作用；降低法定准备率会提高货币乘数，使商业银行创造的流通中货币增多，有刺激经济的作用。这里的贴现率指商业银行向中央银行贷款的利率。提高贴现率也降低了商业银行创造流通中货币的能力，可以紧缩经济；降低贴现率也增加了商业银行创造流通中货币的能力，可以刺激经济。不过这两种工具的作用有限，而且需要通过的法律程序又较为复杂，现在各国用得都不多。

与财政政策相比，货币政策有其优点，也有其缺点。货币政策最大的优点是决策和实施都相当迅速，不像财政政策那样。在中央银行独立的国家组织（如美国、欧盟），货币政策由中央银行领导机构（如美联储的理事会）决定，迅速快捷，无须其他程序。而且，一旦决策就可以实施。在中央银行不独立的国家或组织（如英国、日本），货币政策的决策要复杂一些，但也比财政政策的决定快，而且一旦决策可以马上实施。

但货币政策发挥作用需要的时间长，或者说，从货币政策开始实施到对经济起到作用需要的"时滞"长。根据经济学家的研究，在美国，货币政策从实施到发挥作用，约需要六个月到九个月，作用会持续两年。货币政策不能立竿见影，这就要求中央银行能正确判断未来的经济走势。判断错了，反而会起到副作用。比如，如果判断衰退会持续两年，结果一年经济就复兴了，扩张性货币政策反而会使经济过热。正因为如此，各国中央银行都有一大批宏观经济专家，编制了各种宏观经济计量模型来预测经济，为货币政策的决策提供依据，根据未来经济形势就要不断调整货币政策。

货币政策的作用还取决于各国的具体状况，比如利率对货币量变动的反应程度（利率的货币弹性）、投资对利率变动的反应程度

（投资的利率弹性）、一国的金融开放程度、政治稳定程度等。在原理上讲来简单的事，在实施中极为复杂。所以，货币政策的运用是一门艺术。

不要踩在美联储的头上

——中央银行的独立性

20 世纪 90 年代中期，美国一些国会议员提出了一些削弱美联储独立性的提案。这种主张受到经济学家的迎头痛击。哈佛大学教授费尔德斯坦撰文呼吁"不要踩在美联储头上"。作为美国中央银行的美联储是如何获得独立性的？这种独立性为什么至关重要？

美联储的独立性是由立法规定的组织与任命制度赋予的。美联储是在 20 世纪初一系列银行倒闭事件后由国会决定在 1914 年成立的。它的组织包括设在华盛顿的美联储及全国 12 个地区联邦储备银行。其最高领导机构是由总统任命并得到参议院确认的 7 名理事组成的理事会。每位理事任期十四年，每两年更换一位。理事会主席由总统任命并经参议院确认，任期四年，可以连任。地区联邦储备银行总裁由该银行理事会选出，不由政府任命。美联储制定货币政策的机构是联邦公开市场委员会，由美联储 7 位理事和 12 个地区联邦储备银行总裁组成。这些地区联邦储备银行总裁有 5 位在联邦公开市场委员会有投票权。纽约联邦储备银行总裁一直有投票权，另外 4 位由其他联邦储备银行总裁轮流。

美联储的独立性来自两方面。一是美联储理事与主席一旦任命，总统和国会就无权干预他们的决策，也无权随时撤换他们。二是地区联邦储备银行的总裁由选举产生，不由政府任命。一些国会议员想削弱美联储的独立性正是从这种任命制度开始的。比如把美联储理事的任期由十四年改为两年，以及把地区联邦储备银行总裁的选举制改为政府任命制。这样政府可以通过任命来影响货币政策。

这种独立性的存在可以使美联储的货币政策决策不受政治的影响，能更好地稳定经济，尤其是稳定物价。

美国的财政政策和货币政策是由不同的机构决定的。政府和议会共同决定财政政策，美联储决定货币政策。这两种机构决定的这两种政策，既可以互相配合，也可以互相制约。政府和国会是选举产生的，更关心与公众利益相关的失业问题。有时会由于选举的需要讨好选民滥用刺激经济的政策而导致通货膨胀严重。美联储不是民选的，不用考虑公众的意愿，更多关心整个经济和物价的稳定，可以纠正财政政策的失误。例如，70年代末美国高失业与高通货膨胀并存，又面临总统大选时间。卡特政府为了自己能连选连任，执意采取扩张性财政政策。美联储意识到，这会加剧通货膨胀，使美国已有的经济问题恶化，因此不配合政府的扩张政策而采用紧缩性货币政策，有效制止了高通货膨胀，这才迎来80年代美国经济的繁荣。当然，分别决策并不意味着总是对立。在大多数情况下，双方对经济形势的判断一致，政策还是互相配合的。美联储货币政策的决策摆脱了政治考虑，所做的决策更为客观，也从整个经济大局出发。当然，美联储的决策也并不是永远正确的，但存在这样一种经济政策中的制衡机制总体上对经济是有利的。制衡正在于独立性。

世界各国的中央银行有两种类型。一种是独立的，如美联储和德国的中央银行。另一种不独立，是政府财政部的下属机构，如英格兰银行和日本的中央银行。根据经济学家的研究，中央银行的独立程度与物价稳定程度是正相关的。即中央银行越独立，其物价越稳定。物价稳定是价格充分发挥作用、经济稳定的基础。

当今世界上越来越多的国家认识到物价稳定的重要性。许多国家的货币政策都向中性化发展，即不把货币政策作为刺激经济的手段，而是作为稳定物价与经济的工具。使货币政策中性化的前提正是中央银行的独立。因此，中央银行的独立也是一种世界趋势。欧盟中央银行第一任行长选德国人正在于德国中央银行独立性最强。

美国的几个议员逆时代潮流而动，其失败是必然的。

货币不只来自印钞厂

——银行创造货币的机制

这里说的货币不只来自印钞厂，不是指现代货币数字化不用印刷，而是指银行创造货币的机制。人们一般认为货币是印钞厂印的，由中央银行发行，中央银行发行 1 元钞票，流通中就有 1 元货币。这是一种天大的误解。流通中的货币一定大于中央银行发行的货币，这个超过中央银行发行的货币的货币量就是商业银行创造的货币。但商业银行创造货币，绝不是指它们在密室中印假币，这些货币是通过正常的存贷款业务创造出来的。这里我们就揭开商业银行创造货币的秘密。

要了解这个秘密必须记住三个事实。第一，货币不仅包括印钞厂印的现金（纸币与辅币），而且包括商业银行和其他金融机构的存款。商业银行创造的正是存款。第二，商业银行的基本职能之一是吸收存款并发放贷款，得到贷款的客户一般并不是取走全部现金，而是把一部分贷款作为存款存入商业银行，以开支票或转账的形式进行各种支付。存款变为贷款，贷款变为存款，正是在这个不断重复的过程中，商业银行创造出了存款货币。第三，商业银行创造货币的能力并不是无限的，它受法定准备率的限制。商业银行按法定准备率留下的库存现金称为准备金，可以作为库存现金，也可以存入中央银行。

我们用一个例子说明商业银行如何创造货币。假设托尼把一笔

100 万元存入自己开户的 A 银行。A 银行的存款增加了 100 万元，即流通中的货币增加了 100 万元。

假设法定准备率为 10%。A 银行得到这 100 万元后，把其中的 10%，即 10 万元留作准备金，并把剩下的 90 万元贷给约翰。约翰得到这 90 万元贷款后，把它存入自己开户的 B 银行。B 银行的存款增加了 90 万元，流通中的货币又增加了 90 万元。这时流通中的货币共增加了 A 银行的 100 万元加 B 银行的 90 万元，共 190 万元。

B 银行得到这 90 万元以后把其中的 10%，即 9 万元作为准备金，并把剩下的 81 万元贷给米勒。米勒得到这 81 万元的贷款后把它存入自己开户的 C 银行。C 银行的存款增加了 81 万元，流通的货币又增加了 81 万元。这时流通中的货币共增加了 A 银行的 100 万元加 B 银行的 90 万元，再加 C 银行的 81 万元，共 271 万元。

这个存款、贷款过程会一直持续下去，只不过所创造出的贷款会越来越少。最后整个商业银行体系的存款，即经济中的货币存量会增加多少呢？如果你耐心算下去，会发现最后货币增加的总和为 1000 万元。

中央银行是通过在公开市场上购买政府债券来增加货币量，如果托尼这 100 万元来自在公开市场上出卖的政府债券，那么，这 100 万元就是中央银行发行的货币。这就是说，中央银行发行的 100 万元货币，通过商业银行的存款贷款过程最后流通中的货币是中央银行最初发行 100 万元的 10 倍，或者说商业银行创造出了 900 万元的货币。商业银行并没有造假币，而是在自己正常的存贷款过程中创造出了货币。这就是商业银行创造货币的机制。

从这个例子中可以看出，商业银行所能创造出的货币量与法定准备率相关。

法定准备率越低，商业银行所能创造的货币越多。反之亦反之。如果法定准备率是 100%，商业银行就创造不出货币。如果法定准备率为零，商业银行创造的货币就无限多。商业银行可以创造多少货币取决于法定准备率。

中央银行通过公开市场活动所增加的货币量，即发行的货币量（这个例子中的 100 万元）与整个商业银行体系所创造出的流通中的货币量（这个例子中的 1000 万元）之间的比率称为货币乘数。在这个例子中，货币乘数为 10，即准备率的倒数。

　　我们这里没有考虑现实中各种复杂的情况，这个货币乘数是简单的货币乘数。现实中实际的货币乘数要比它小得多。如果得到贷款的人把一部分贷款作为现金提走，剩下的存入商业银行，商业银行所创造的货币就少了。假如托尼把从中央银行得到的 100 万元中，10 万元作为现金留下，只把 90 万元存入 A 银行。A 银行只能贷出 81 万元，得到 81 万元贷款的约翰再把其中的 8.1 万元作为现金留下，把剩下的 72.9 万元存入 B 银行。以后每轮贷款都有 10% 被客户作为现金留下，整个商业银行体系创造的货币就少了。这种客户把部分现金取出称为货币漏出，这些被取出的现金不参与货币创造过程，这时货币乘数就没有那么大了。现实中还有其他因素影响货币乘数的大小。

　　各国都可以计算出自己的货币乘数，并根据这个数字确定自己要使流通中的货币量增加到多少时，中央银行应该发行多少货币。如果中央银行想增加流通中的货币量 1 个亿，本国的货币乘数为 4，则中央银行只要发行 2500 万元就可以。如果中央银行真发了 1 亿元，那麻烦就大了。

　　对我们一般公众来说，只要知道商业银行创造货币的机制就可以。现实中的复杂情况，如果有兴趣可以慢慢读一两本有关银行与货币学的书。

月亮走，我也走

——反馈政策规则

如果分析一下美国长期的经济政策，你就会发现，经济政策是随经济形势的变动而变动的。这正如一首歌中唱的"月亮走，我也走"。如果把"月亮"作为经济形势，把"我"作为经济政策，这首歌就准确地表现了反馈政策规则的特点。

凯恩斯主义经济学家认为，宏观经济政策的目标是平缓经济波动，实现物价稳定与充分就业。在短期中，当总供给既定时，决定经济状态的就是总需求。总需求大于总供给引起通货膨胀，总需求小于总供给引起失业。经济政策的中心就是使总需求等于总供给，从而既无通货膨胀，又无失业。由此得出的政策规则就是：当总需求大于总供给时，采用紧缩性政策，抑制经济；当总需求小于总供给时，采用扩张性政策刺激经济。这也被称为"逆经济风向行事"的政策规则。在政治家和公众看来，这种政策规则是天经地义的，而且从实施效果看，"二战"后总体上经济是稳定的、增长的，政策还是起了作用的。

但也有许多经济学家对这种反馈政策规则提出了疑问。质疑者的主要观点有四种。

第一，如何确定潜在 GDP。实施反馈政策规则的主要目标之一是充分就业。从理论上说，当潜在 GDP 等于实际 GDP 时就实现了充分就业。但如何确定潜在 GDP？在充分就业时仅存在自然失业，但又如何确定自然失业率？潜在 GDP 由资源与技术决定，但并没有一个公认的估算潜在 GDP 的公式和方法，无法得出潜在 GDP 的实际数值。政策目标如何确定？何况资源与技术状况也在不断变化，这就更难确定潜在 GDP 了。自然失业率也是一个难以估算的量，最多只有经济数字，而这些数字不一定准确，也由于各种因素的影响而变动。目标不确定时，政策如何制定？所以，反馈政策规则说来容易，也有道理，但做起来难。

第二，任何一种政策都不是立竿见影的，有长短不同的时滞。这种时滞的长短也很难准确确定。有时滞的情况下，反馈政策规则也许会起反作用。例如，经济中出现了衰退趋势，反馈政策规则是采用扩张性政策。但在政策发挥作用前，经济由于其他未预见到的因素恢复了正常，当政策发挥作用时，岂不起了火上浇油的作用？

第三，既然经济政策有时滞，所采取的政策一定要有超前性。这就需要正确的经济预测。但每一个经济学家都知道，未来充满了不确定性，要做出准确的预测根本不可能。尽管我们有复杂的宏观经济计量模型，有超大型计算机运算，也有许多经济观察与预测机构，但仍无法保证预测的准确性，有谁预测到了 2008 年的全球经济危机？又有谁预料到今天的新冠肺炎疫情？没有准确的预报，反馈由何而来？

第四，影响经济政策的不仅有经济因素，还有更复杂的其他因素，如国际关系、国内政治、各种无法预测的事件。在现实中，经济政策不是对经济做出的反馈，而更多是对政治做出反馈。美国每一位当政总统在总统大选前，无论实际经济情况如何，都要用扩张性政策刺激经济，以造成繁荣争取选票，即使经济已过热也不会采用紧缩性政策。这种反馈不仅没有实现经济稳定，反而加剧了不稳定。当政策是由人制定时，这种情况就难以改变。

有人把反馈政策规则称为走钢丝，向左了向右偏一点，向右了又向左偏一点，目的是保持平衡。但这样走下去，总会有掉下来的时候，这样何时到头？

这些道理讲出了反馈政策规则的难点，但他们的基本观点是反对政府干预。从现实来看，任经济自发调节，是任何一个政府都不可能做到的。因此，反馈政策规则的困难很多，但只能这样继续在钢丝上走下去。

以不变应万变

——固定政策规则

尽管对反馈政策规则有种种指责，但战后各国的经济政策基本遵循了这一原则。但20世纪70年代初的"滞胀"被反对者认为是这种政策必然的恶果。于是，经济学家提出了经济政策的另一种思路——固定政策规则。

固定政策规则就是无论经济状况如何，都始终按一个既定的原则不变。这就是以政策之不变来应对经济状况的千变万化。最早、最著名的固定政策规则就是货币主义领袖弗里德曼提出的简单规则货币政策。这种政策的内容是，根据长期经济增长率确定一个固定的货币供给增长率，根据这个增长率增加货币供给量，无论经济是衰退也好，过热也好，这个增长率都不改变。弗里德曼根据美国长期GDP每年增长3%，劳动生产率每年提高1%—2%，把货币供给增长率定位为4%—5%。保持这个增长率不变就是固定规则政策。20世纪80年代，美国一些议员提出的平衡预算修正案，即无论经济状况如何，财政政策都要保证预算平衡，也是一种固定政策规则，即财政政策的固定规则。

如果我们说反馈政策规则是积极主义——主动调节政策以对经济状况的变动做出反应，那么固定政策规则就是消极主义——政策只按固定不变的规则办事，让经济自己进行调整。因此，反馈政策规则是主张国家干预的凯恩斯主义经济学派所主张的，固定政策规则是主张自由放任的新古典宏观经济学家所主张的。

固定政策规则的信念基础是市场机制的调节是完善的。经济中发生衰退与过热是正常的，但只要让市场机制充分发挥作用，一定会自动恢复充分就业均衡。

市场经济是一个完善的调节体系，它有许多机制可以自发起到调节经济的作用，而不用人为的操作做出反馈。例如，财政政策的自动稳定器。这是指，财政政策的一些固定规则实际上在自发地调节经济。税收的起征点和税率以及获得社会保障和福利的标准都是固定的。当经济过热时，人们收入增加，缴纳的税收自动增加，获得的社会保障和福利自动减少，这就对经济起到了抑制作用。相反的情况下，税收会自发减少，社会保障与福利会自发增加。这种自动稳定器产生于固定的规则，政府不用对经济变动做出反应，它就在自动稳定经济。

尽管固定政策规则发挥作用的时间要长一点，但避免了反馈政策规则无法克服的弊病。采用反馈政策规则时，要对经济状况做出正确的判断和预测，而这一点是相当困难的。如果根据的是错误的判断和预测，那么，反馈政策规则就不是在稳定经济，而是加剧经济的不稳定性。人为政策失误引起的经济不稳定性要比市场调节中的失误严重得多。用一个比喻来说，医生给病人治病是以正确的诊断为基础的，如果在做不出正确诊断时就下药，还不如静等病人依靠自身的抵抗力恢复健康。不了解经济状况而做出反馈如同没有做出正确诊断就下药一样危险。这时反馈政策规则的决策者就成了杀人的庸医。人有小毛病就看病吃药等于慢性自杀，经济出点波动就上政策也与此相似。庸医治死的人不少，固定政策规则实施者指出的经济问题更多。这就是里根说的：政府不是解决问题的方法，而是引起问题的根源。

如果反馈政策规则正确，当然可以使经济更快恢复正常，正如医生诊断正确，治疗才有效一样。问题在于反馈政策规则常犯错误。这正是固定政策规则支持者反对反馈政策规则的出发点。20世纪70

年代的衰退源于石油价格上升的外部冲击，原因在于以前不重视总供给。但决策者错误地把这种衰退按传统思维方式归咎于总需求，运用反馈政策规则刺激经济，结果不仅衰退没有结束，反而引起了通货膨胀，形成从未有过的滞胀。医生做出了错误诊断，病人吃错了药，病情就加剧了。

在现实中，反馈政策规则有过失误，固定政策规则也有成功。20世纪70年代末英国首相撒切尔夫人采用了货币主义的固定政策规则，固定了货币供给增长率，有效地抑制了通货膨胀，又实现了80年代的经济繁荣。90年代美国里根政府采用了货币主义的固定政策规则，同样也取得成功。

现在越来越多的经济学家认识到，反馈政策规则和固定政策规则都有弊有利。问题不是两选其一，而是如何把它们结合。经济中的重大冲击还要由反馈政策规则应对，小问题则按固定政策规则。从道理上说，这些话是正确的，但如何操作则是一个复杂的问题，还要在实践中不断摸索、探讨。

运用政策是一门艺术

——财政与货币政策的配合

弗里德曼说过，经济学的原理实际上很简单，但运用起来就复杂了。这句话用在政策上更恰当。经济政策的原则，无论是财政政策或货币政策，说起来十分简单，但运用时就极为复杂了。什么时候运用什么政策，如何运用，尤其是如何把不同的政策配合起来，的确是一门艺术。

20世纪90年代克林顿政府把财政政策与货币政策结合起来运用取得成功的范例给我们留下了不少有意义的启发。

克林顿总统在1993年1月就职时，他面临两个挑战：从1981年开始并一直持续的财政赤字已占到GDP的4.9%；经济一直在衰退之中，失业率超过7%。当时他立下的誓言是既减少赤字又实现充分就业。按凯恩斯主义传统的观点，这两个目标是矛盾的。要减少赤字，必须实行紧缩性政策，减少财政支出；但要实现充分就业就必须采用扩张性政策，财政赤字不仅不能减少还会增加。如何才能同时实现这两个目标呢？

美国是一个开放经济体，在这种经济中财政政策与货币政策有什么特点呢？1999年诺贝尔经济学奖获得者蒙代尔根据20世纪60年代加拿大的政策经验分析了浮动汇率和固定汇率下，财政政策与货币政策的不同短期效应。

蒙代尔的结论是，稳定政策的效应与国际资本的流动程度密切相关，尤其与汇率制度相关。在浮动汇率下，货币政策对国内经济的效应远远大于财政政策；在固定汇率下，财政政策对国内经济的效应远远大于货币政策。这是因为，在资本完全流动的条件下，国内与国际利率是一致的。在浮动汇率之下，货币量增加降低了国内利率，这就使资本流出，汇率下降，有力地促进了出口和经济；但财政政策增加支出引起利率和汇率上升，出口减少抵消了总需求增加，刺激经济的作用有限。

克林顿政府根据这个原理把紧缩性财政政策和扩张性货币政策结合起来，既减少了赤字又增加了总需求，刺激了经济。紧缩性财政政策就是减少政府支出并增加税收。这种政策并没有引起国内经济衰退。削减赤字有助于恢复人们对经济的长期信心，这本身就使长期利率下降，这的确是当时的实际情况。美联储这时配合政府采用扩张性货币政策，多次降息，有力地刺激了国内经济。

扩张性货币政策的效应是明显的。首先，利率下降引起股价上升，道·琼斯指数第一次突破万点大关。美国人的部分财产是股票，股价上升，人们的财产增加，消费者信心提高，消费支出增加。这一时期，边际消费倾向从 0.676 上升到 0.68。其次，利率下降刺激了投资。这一时期美国在电子信息、生物工程等高科技领域有重大突破，这也为投资提供了有利的机会。扩张性货币政策促进了经济繁荣，紧缩性财政政策并没有给经济带来多大副作用，却成功减少了赤字。1998—1999 财政年度，美国实现了多年来未见的当年财政收支平衡，还略有节余。这样克林顿就实现了自己上台时立下的两个目标。当然，应该承认，克林顿能有如此好的政绩也与当时的经济形势相关，尤其是高科技行业在多年研究之后出现的应用性突破助了他一臂之力，但无论有什么原因，经济政策运用的作用还是不能否定的。

在不同时期、不同的国家，财政与货币政策的配合有不同方式。比如，经济严重衰退时财政与货币政策双扩张，经济严重过热时的双紧缩，或者一紧一松的配合，等等，这完全取决于当时的经济形势。

当然，经济政策不仅有财政政策和货币政策，还有其他政策，如供给管理政策、产业结构调整政策、国际经济政策等。这些政策也可以和财政与货币政策配合，以达到想要达到的目的。这些复杂的问题我们就不涉及了。

　　应该特别强调的是，我们举的是美国的例子。我们与美国的经济状况、所遇到的问题，以及其他国情都不同。美国政府政策运用得再好，我们也无法模仿。经济政策的原则在大的方向上是共同的，但许多细节不同，而成败的关键正在这些细节上。所以，我们可以借鉴包括美国在内的一切国家的经验，但从根本上说，我们还要走自己的路，根据我国的情况决定我们的政策。当然，我们也有许多成功的经验受到国外经济学家关注。在读这些国外成功的案例时切记只可借鉴，不可复制。政策的运用是一门艺术也包括这种含义。

史传篇

被曲解的重商主义

——重商主义的核心与意义

重商主义是近代史上第一个经济学流派，但国内外主流经济学家对它的理解过于简单、片面，甚至曲解了它的含义。

在标准的经济学史中，重商主义就是简单地把金银作为唯一的货币形态，作为国家的财富。增加国家财富的方法就是多出口、少进口，实现贸易顺差。尽管讲到晚期重商主义也讲到工业生产，但坚持贸易顺差才能增加以金银为唯一形态的国家财富的基本观点并没有改变。由此引出的政策就是贸易保护主义。所以，至今经济学家谈到贸易保护时，仍然称之为"新重商主义"，不乏贬义。

亚当·斯密在陪某位公子到法国访学时，曾对重商主义有所了解。亚当·斯密是主张自由贸易的，所以在《国富论》中把重商主义作为自由经济体制的对立面加以斥责。在他的笔下，重商主义就成了把金银形态的货币作为财富、实行保护贸易、鼓励垄断寻租、政府过度干预这些不良经济理念和政策的代名词。斯密的这种看法统治了古典经济学直至今天主流经济学家对重商主义的认识与评价。

中国学者梅俊杰对重商主义的核心理念提出了新的解释，他认为重商主义有三点理论观念与政策主张。第一，在当时王权地位加强、民族国家兴起的背景下，确立了以财富增长为优先目标的新价值观，而且把财富增长与国力增强联系起来，"富"和"强"是一个问题。国家富强的直接手段是对外贸易。在尚无国际秩序的时代，用"零和博弈"的观点来认识国际关系和经贸关系。第二，对外贸易的关键在于实现顺差，有了顺差，金银流入，国家才能既富又强。同是重商主义区分了"好"的贸易与"坏"的贸易，区分了商人的利益与国家利益，这样才能确定在对外贸易中鼓励什么，限制什么，禁止什么。第三，重商主义认识到工业化的特殊价值，了解制造业对提高附加值的关键作用，主张出口制成品。梅俊杰先生把重商主义定义为："把金银积累、贸易保护、工业扶植、就业促进、国家干预、强权打造、殖民征服融为一体的战略。"（李伯重、韦森、刘怡等《枪炮、经济与霸权》，现代出版社 2020 年版，第 95 页）

重商主义的实践者是路易十四时期任财政总监的法国经济学家科尔贝。所以，人们也把重商主义称为"科尔贝主义"。科尔贝面对当时的财政困难与困境，整顿财政秩序，增加收入，减少开支，并制定了法国历史上第一个国家预算。然后，他围绕中央集权的巩固，整顿国内经济秩序，大力推行工业化，并积极向海外扩张。科贝尔主义的本质就在于为了赶超先进，动用国家行政力量去组织经济活动，提倡有领导的生产，并推动出口，并为此统一国内市场，改善交通，取消关卡，促进商业流通。在此基础上，为发展工业而采取多种政策，包括：国家主导工业发展，从国外招聘企业家和工匠，提供资金支持与免税待遇、市场特权、宗教宽容；收买先进商业秘密、机器设备，禁止国内工匠与技艺外流；严禁外国制成品进口，提高进口关税，甚至不惜把贸易战升级为军事战；狠抓工业生产质量，扩大出口；动员更多劳动力生产，鼓励生育，限制神职人员；鼓励原料生产与进口。同时科尔贝还模仿荷兰和英国组建垄断性贸易和殖民公司，加强与国外商业联系，支持殖民，推动港口建设与造船业，建立保护商船的强大海军。这些政策的实施使法国强大起来，也使路易十四成为"太阳王"。

从这些政策来看，重商主义绝不是简单地以贸易顺差为目标，而是通过国家干预，保护贸易来实现国内工业与经济的发展。贸易保护仅仅是手段，工业与经济发展才是最终目的。

从历史上看，自由贸易并不是绝对好，保护贸易也不是绝对坏。一个国家在不同的时期采用不同的贸易政策是合理的。在民族国家形成之后，实现自己国家的繁荣与强大是最终目的，自由贸易还是保护贸易都要为此服务。当年英国在落后时也采用了保护贸易，所以重商主义也曾在英国流行过。英国只是在强大起来之后才奉行自由贸易的。法国当年仍然落后于英国，因此采用保护贸易完全是合理的。当时同样落后的德国历史学派就主张保护贸易。德国经济学家李斯特就指出，不仅自由经济学派对重商主义的责难有失公允，而且这个名称本身就有误导性，应该把重商主义称为"工业主义"。奥地利出身的美国经济学家熊彼特也有同感，他提出"斯密不恰当地批评重商主义，从而树立了坏榜样"，归到重商主义头上的"谬误，也主要是想象出来的"。

　　只有回到历史大背景，才能正确地认识和评价一个经济学流派。

斯密之谜的解释

——经济学进步的起点

  亚当·斯密写的经济学著作并不多。除了他去世后学生整理的讲稿外，主要是 1759 年出版的《道德情操论》和 1776 年出版的《国富论》。在这两本书中留下了被称为斯密之谜的矛盾。对这两个谜的解释使我们看到斯密作为经济学开创者的不同思考及经济学本身发展的历程。

  第一个谜在《国富论》中，他提出，为什么水的使用价值极大，但它的价值（等于价格）极低，而钻石没有什么使用价值，但价值却极高呢？以后边际效用理论的出现解决了这一问题。

  在斯密那个时代，还没有区分使用价值与效用，没有边际效用决定价格的认识，人们还认为是劳动价值决定价格。边际效用理论说明，使用价值是客观的，即物品本身的实用性，对不同的人一件物品的使用价值是相同的。但效用是消费一件物品得到的满足程度，是主观的。消费同一物品，不同人的满足程度是不同的。边际效用是递减的，价格由边际效用决定。所以，水尽管使用价值大，但数量多，边际效用几乎递减为零，价格当然低了。钻石尽管没有实用价值，但它的炫耀性作用会给人们带来满足，当然有效用，而且因为数量少，边际效用就极大，价格当然高了。边际效用理论圆满地解决了这个斯密之谜，以后就不讲这个谜了。这个谜的产生也是因为斯密当时的经济学中并没有边际效用理论。

第二个谜是：在《国富论》中，他从利益出发肯定了利己主义经济观，并认为这是市场经济的基础；但在《道德情操论》中，他又从同情心出发赞扬了利他主义的伦理观。同时肯定利己和利他构成悖论。这个谜在经济思想史中远比第一个谜更为经济学家所关注，也更不容易解释。

斯密之谜最早是由19世纪中叶德国历史学派的经济学家提出来的。历史学派是古典经济学的反对者，他们用国家或民族至上反对个人主义，以保护贸易来反对自由贸易。在对古典经济学和斯密利己主义与自由放任的批评中提出了我们今天所说的斯密之谜。

许多经济学家并不承认斯密之谜。如美国经济学家熊彼特的《经济分析史》、英国经济学家罗尔的《经济思想史》都没有提及这个问题。他们根据《国富论》来解释斯密的经济思想，基本排除了《道德情操论》在经济思想中的意义。

苏联的经济思想史专家卢森贝在他的三卷本《政治经济学史》中认为，斯密在《国富论》中研究的是经济世界，在《道德情操论》中研究的是道德世界，他没有把这两个世界联系起来。不少经济学家认为，斯密在这两本书中研究了人性的不同方面，论述了不同的问题，他还没有来得及把这两个方面统一起来。这些看法为我们解开这个斯密之谜提供了一个思路。

对这个问题的理解，不要忘了当时并没有经济学这门科学。斯密是道德哲学教授。道德哲学包括了神学、伦理学、法学和政治学，政治学中包括了政治经济学，斯密最初的计划是写出一部有关道德哲学全部内容的著作，揭示作为自然的人和作为社会的人的本性及生活的终极目的，从而建立一个研究人与社会的学术体系。但斯密并没有完成这个计划，只写出了有关伦理学的《道德情操论》和有关政治经济学的《国富论》。由于斯密临终前烧毁了他的全部手稿，我们难以了解他这个庞大理论体系的框架，以及已写出的两部书之间的联系，这就留下了斯密之谜这一遗产。

斯密研究道德哲学的出发点是休谟的人性论。他实际上是要以人性为基础构建一个符合人性的社会秩序，即一般所说的自然秩序。人性中既有动物的一面，又有天使的一面。在研究经济时他更多看到了人性利己的一面，由这种人性出发引出由价格调节的经济秩序；在研究伦理时更多强调了由同情心引出的利他的一面。"道德情操"一词是指人克制私欲的能力。这样就可以构建一个既有利己又有利他的符合人性的社会秩序。经济学家忽略了《道德情操论》不能不说是一个遗憾。

这两种思想的不一致反映了市场经济的内在矛盾。市场经济承认人利己行为的合理性，但由此又引起了许多不道德的行为。所以市场经济还需要道德与正义。私欲与道德、利己和利他并存的人性正是市场经济内在矛盾的根源。这个谜也可以看出斯密"天才的闪光"，可惜这种闪光没有产生一套合理的理论体系。

其实斯密心中的市场经济不仅承认利己，需要道德，还需要立法。他本来准备再写一本"说明法律和政治一般原理的书"，可惜没写完就去世了。现在我们能看到的是英国经济学家坎南根据斯密一个学生的笔记整理出版的《亚当·斯密关于法律、警察、岁入及军备的演讲》，这本书中包含了这些思想。

斯密是一个天才，他观察到市场经济的作用以及由人性引起的内在缺陷。他想建立一个庞大的理论体系，为市场经济的完满运行提供一个理论基础。可惜上帝没有留给他足够的时间，今天我们只能从他留下的谜中去理解他的思想，沿着他的道路探索这种理论了。只看到他是市场经济的赞美者，没有看到他更伟大的认识到市场经济的内在缺陷，并试图纠正，就没有真正理解伟大的亚当·斯密。

马尔萨斯想不到的

——《人口论》的影响

18 世纪英国经济学家马尔萨斯在我国一直是批倒批臭的对象。"文革"前他的罪行就是人口论。他关于人口增长与食物生产矛盾的说法与我们主张的人多热气高好办事正好相反。马寅初先生讲计划生育也被归为他的徒子徒孙，英国的"马"不在，只好由中国的"马"代替受批判。80 年代之后中国实行严格的计划生育了，中国"马"有了出头之日，而英国的"马"连学术界也没人给他平反昭雪。

马尔萨斯写过几本著作，不过在外国和中国真正有影响就是《人口论》。在这本书中，他提出了著名的人口论。《人口论》总结出了两个基本自然规律。第一，人的性欲是无法抑制的，所以人口以几何级数 1，2，4，8……增长。第二，粮食的生产受土地等因素的限制，只能以算术级数 1，2，3，4……增长。这两者之间的矛盾只能用自然灾害、战争、瘟疫来解决，即靠这些灾难来消灭人口，实现人口增长与粮食生产的平衡。他也提出解决人口问题的道德方法，即计划生育，但他的宗教信仰让他遵循上帝的旨意，内心深处并不主张这样做。他提出这一点，仅仅是因为他主张用灾难解决人口问题的主张太残忍了。当时的自由市场派和乌托邦激进主义者对未来是乐观的，所以都批判他。宗教的牧师所认为他质疑上帝的仁慈，是反宗教的。当时对他的批判铺天盖地，一点儿不亚于二百多年后中国人批判他的劲头和场面。

但马尔萨斯没想到，他的人口论启发达尔文和华莱士建立了进化论。进化论创立者达尔文把他的自然选择和适者生存理论归功于马尔萨斯。达尔文在《自传》中明确地说："1836 年 10 月，即在我开始系统研究的十五个月之后，我碰巧出于娱乐的目的读到了马尔萨斯的《人口论》，并准备根据对动植物习惯的长期持续的观察欣赏每个人都在进行的生存斗争。在这些环境下，有利的变异常常被保持下来，不利的将被毁灭，这一点令我豁然开朗。这一过程的结果就是一个新物种的形成。"看来达尔文从马尔萨斯论述的两个规律中看出了自然选择和适者生存，进而建立了进化论。

无独有偶，另一位独立地发现了进化论的华莱士也赞扬了马尔萨斯。他在自传《我的一生》中谈道，他在与达尔文大致相同的时间里读到了马尔萨斯："也许我读过的最重要的著作是马尔萨斯的《人口论》……这是我读到的第一部讨论哲学生物学的著作，它的重要原理是我一生的财富。二十年之后，它给了我长期寻找的有机动物进化的有效主体的线索。"看来《人口论》对这两个规律的论述暗示了人类发展的一种进化过程。在第 18 章中，马尔萨斯表示了这样的看法：上帝创造人类经历了"特定过程……特定时间"。

恐怕马尔萨斯做梦都想不到他当时饱受批判的《人口论》对两位生物学家有这样的启示作用。也许他还想不到的是，他的观点居然使经济学蒙受"忧郁科学"这样的恶名。

19 世纪英国维多利亚时代浪漫主义者托马斯·卡莱尔在他的《黑人问题》中写道："经济学不是'快乐的科学'，而是忧郁的、孤独而且的的确确是相当悲哀痛苦的科学。""忧郁经济学"的名词就此而来。这就是指马尔萨斯对人口过多、资源贫乏和工资不变的工资铁律则极度悲观。

马尔萨斯的悲观在于他在那个时代还没看到科技进步给人类带来的迅速发展，而且他从这种悲观出发，反对救济贫民，因为这会使他们生更多孩子，加剧人口与资源矛盾。他支持谷物法，但主张通过加税提高粮价来减少人口。这些在今天看来的确缺乏了一点儿基本的同情心。尤其他还是牧师，都没有一点儿上帝的仁爱之心。他这种对穷人的厌恶态度，我们不能同意。

马尔萨斯没想到他那本小册子居然启发了进化论创立者，也没想到他让经济学贴上了"忧郁科学"的恶名。

重新评价西尼尔和萨伊

——经济学是进步的

　　我又要介绍似乎已被人忘却的英国经济学家西尼尔和法国经济学萨伊,是为了纠正我们对一些历史上经济学家的误解与错误评价。

　　过去我们总把西方经济学称为"庸俗经济学",其本质是"为资本主义辩护",经济学家则是"资产阶级的代言人",由此否定了亚当·斯密以后除李嘉图以外的经济学家。现在对当代经济学有了了解,也有了较为正确的态度,但从学说史的教科书看,对历史上经济学家的错误看法仍没有根本性改变,了解甚少,成见依旧。

　　为资本主义辩护,为资产阶级代言,有什么罪过? 当时正是资本主义兴起发展的阶段,这时的资本主义制度代表先进的生产力和新的生产方式,是历史的巨大进步。马克思和恩格斯在《共产党宣言》中都热情盛赞了资本主义的进步性。与马克思同时代的经济学家为资本主义辩护,为资产阶级代言有何罪过? 要知道,我们一再肯定的亚当·斯密和李嘉图在对资本主义制度的态度上也与他们完全一样。

　　从经济学本身的发展来看,我们都承认现代经济学的许多理论,经济学还被作为大学财经专业的必读课,对现代经济学我们已经不妄加批判了,为什么要批判这种经济学的成长史? 为什么要否定现代经济学的开拓者们? 经济学和一切学科一样,是不断成熟发展的,早期经济学家可能有这样那样认识的失误,但作为仍被人们研究学习的历史上的经济学，肯定是经济学进步中的一环，对经济学的发展做出过贡献。不能割断历史，不能在经济学发展上采取历史虚无主义。从这个角度看，重新认识和评价历史上的经济学家是有意义的。在本文中我们要说明，在我们写的经济学史中名声颇臭的西尼尔和萨伊就是有重要贡献的。

西尼尔的名声不好主要在于马克思在《资本论》中批判了他的"最后一小时论"。他反对缩短工时，认为被缩短的最后一小时是产生利润的时间，削减了，企业就活不下去。这种观点当然是错误的，马克思批评他完全正确。但西尼尔对经济学还有许多其他贡献。最重要的就是实证经济学与规范经济学的区分，并力主经济学实证化。在西尼尔那个时代，政治经济学还被作为一门道德科学，包含了强烈的价值判断，属于规范科学。西尼尔认为，政治经济学应开抛开价值判断，研究经济本身的客观规律。在经济学史上，他是实证经济学的开创者，现代经济学正是沿着这一条路走下来的。西尼尔对现代经济学还有两点贡献。一是节欲论，这就是，资本是减少消费（节欲）的结果。这种资本理论影响了以后经济学家对消费与储蓄的研究。二是他反对客观价值论，主张主观价值论，这就为以后边际效用概念的提出奠定了基础。记得早在 20 世纪 80 年代初，已故著名经济学家陈岱孙曾指出，我们过去对西尼尔的认识太简单化了，他举的例子就是对实证经济学的评价。

萨伊以"供给创造需求"而知名，也为此而遭马克思、凯恩斯等人的批判。但我们要了解这种理论出炉的背景。当时的法国通货膨胀严重，货币成了"烫手的土豆"，谁也不愿保存，有了货币即换为实物。"供给创造需求"，货币仅是短暂一刻的交换媒介，就是这种背景的产物。这种观点尽管有片面性，但强调了供给的重要性也并没有什么错。他从"供给创造需求"出发否认经济危机的存在也无可厚非，因为当时的确还没有发生经济危机，你能要求经济学家研究不存在的问题吗？萨伊关于收入分配的三位一体理论，即资本得到利润、土地得到地租，劳动得到工资，也是今天分配理论的基础。用一个"供给创造需求"否认萨伊，不分析其理论产生的背景和对以后经济学的贡献而否认萨伊是科学态度吗？

经济学史是一门冷僻的学科，即使在国外，研究的人也很少。许多人并没有读过原著就对他们批评的经济学家妄加评论，或者不分青红皂白一律接受从前教科书上的说法，造成以讹传讹，错误的认识一代一代就传了下来。过去我们上学时读这些书不易，只有一本"资产阶级经济思想选辑"的书，为批判而摘录原著的片段，让人只能相信批判。现在原著出版多了，但真正认真读的人相当少。有些以研究经济学史为主的人连马克思的《剩余学说理论》(《资本论》第四卷）都没认真读过。这种学风本身就不是科学态度。

现在大家对经济学史的忽视也是时代的特点，但我想总要有少数人研究这一学科，让我们清楚经济学史发展的脉络。这也是经济学发展与应用的需要。

庇古是苏联间谍

——庇古的向左转

庇古是剑桥学派首领马歇尔的传人，也是该学派最后一位著名经济学家，他的《福利经济学》一书是当代福利经济学的奠基之作。但他还有一个不为人知的身份，他是当时苏联的间谍。

据化名理查德·迪肯的英国特工所述，庇古1925年参加了在伦敦举行的俄国社会民主党的秘密会议，并决定成为一名秘密特工。他被指派建立一个英国间谍网，并筹措向俄国运输军火的经费。他甚至保存了一个那年完全用密码写成的日记本。"二战"期间，他与苏联秘密机构会面，并提供了关于剑桥地区机场与空军中队的战略情报。他还邀请年轻人一起长途旅行或去湖边他家里做客，并招募他们参加苏联间谍组织。庇古去世后，他涉嫌为苏联从事间谍活动的事实才被英国情报机构所知。80年代后这件事才公之于众。庇古是一位学者，并非专业谍报人员，而且也没有受过谍报工作的特殊训练，给英国造成的影响也不大，所以英国政府也没有深究。对他作为一名著名经济学家的声誉也影响不大。

庇古当苏联间谍并不是被迫的，也不是为了金钱或陷入了苏联"燕子"的圈套，而是他的思想转向左倾，同情并支持苏联的社会主义事业，这就是说，他当间谍是出于信仰的。

应该指出，30年代资本主义受到大萧条的沉重打击，许多知识分子失去对资本主义的信仰，或者起码怀疑资本主义。当时从苏联的媒体报道中，人们看到苏联社会主义的兴旺发达，知识分子中信仰社会主义、向往苏联成为一种时代的风气。在这种气氛中，庇古也信仰了社会主义，并愿为苏联社会主义事业做出贡献，从而自觉自愿地当了苏联间谍。

庇古最主要的著作是《福利经济学》。在这本书中已显露出他背离剑桥学派新古典经济学传统向左转的信号。他在这本书中认为，富人的货币太多，因此货币的边际效用递减。穷人的货币太少，因此货币的边际效用变大。在社会总财富不变的情况下，实行收入再分配可以增加整个社会的效用，也就是财富不变改变分配可以增加社会福祉。因此，他主张对富人征收高累进的所得税和遗产税。同时他也改变了新古典经济学的自由放任传统，强调国家干预。这不仅在于政府实施收入再分配政策，还在于市场经济本身是有缺陷的，例如负外部性等。这些也要通过国家干预来纠正。但庇古的国家干预与凯恩斯的不同。凯恩斯是从宏观经济的角度来讲国家干预必要性的，庇古仍然在微观经济学范围内。他们俩在失业问题上还有过激烈的争论。在庇古之后，新剑桥学派的琼·罗宾逊更左了。这就使剑桥学派失去了在经济学中的主导位置。

也许是为尊者讳吧，许多庇古的传记都没提这一段历史。权威的《新帕尔格雷夫经济学大辞典》的"庇古"条目也未写及。其实对以后剑桥学派影响大的并不是庇古当苏联间谍一事，而是他把剑桥学派引向左翼。

琼·罗宾逊向左转

——兼论剑桥学派的衰落

经常有人为琼·罗宾逊打抱不平，认为她应该获诺贝尔经济学奖而始终未果，说明诺贝尔奖评选中歧视女性。其实只要了解诺贝尔经济学奖评选的标准就知道，琼·罗宾逊未获奖是必然的。诺贝尔经济学奖的评选偏重经济理论的"原则性"，获奖以主流经济学家为主。思想左倾的人只有瑞典经济学家缪尔达尔。他的获奖据说有两个因素。一是诺奖评选委员会想让瑞典人有获奖者，而当时在世的瑞典经济学家也只有缪尔达尔有资格了。二是1974年获奖的哈耶克被认为是右翼，因此用一个左翼的缪尔达尔作为平衡。这样的诺贝尔经济学奖平衡在历史上也仅此一次，其他共同获奖者都是对同一题目做出共同贡献者。诺贝尔经济学奖不给左翼经济学家是个惯例，而且现在来看，尽管琼·罗宾逊曾红极一时，但她对经济学并没有什么原创性贡献，对以后的经济学也没有什么影响。她没有获奖也是"名至实归"，没有什么受性别歧视冤枉之事。

说起来琼·罗宾逊也是一位才女。她在剑桥大学学习时，剑桥大学有一个由乘数理论建立者卡甘、国际贸易理论大师米德、劳动价值论完成者斯拉伐和琼·罗宾逊丈夫暨货币理论权威奥斯汀·罗宾逊组成的"凯恩斯小组"，琼·罗宾逊也参与其中。他们不定期地在一起讨论凯恩斯的《货币论》，并把讨论结果由卡甘向凯恩斯汇报。这个小组对凯恩斯《通论》的最后形成起了重要作用。正因为如此，琼·罗宾逊一直以凯恩斯思想的传人和权威自居。同时，琼·罗宾逊在1933年出版了《不完全竞争经济学》。这本书与美国经济学家张伯伦的《垄断竞争理论》共同构建了标志着微观经济学体系最后完成的垄断竞争理论。如果她顺着这条路子走下去，也许有获得诺贝尔经济学奖的希望。可惜后来她向左转了。

1953年，她发表的《生产函数和资本理论》拉开了英国的剑桥（剑桥大学所在地）与美国剑桥（哈佛大学和麻省理工学院所在地）之间的"两个剑桥之争"。争论的中心是，琼·罗宾逊认为新古典经济学的边际生产力理论是错误的，而美国对凯恩斯主义的解释及相关理论都建立在错误的边际生产力理论基础之上。她针对的矛头是萨缪尔森和索洛，但美国回应琼·罗宾逊的主要是索洛。这场论战持续三十多年，但最后并没有什么结论。琼·罗宾逊打破边际生产力论观点甚多，但自己并没有建立什么新理论来代替边际生产力论。索洛则认为，这场争论毫无意义而主动退出。

琼·罗宾逊的向左转还在于她对凯恩斯主义的解释，并指责美国的新古典综合派歪曲了凯恩斯主义，是"冒牌的凯恩斯主义"。这就在于：新古典综合派用均衡的观念代替了凯恩斯主义的历史时间观；恢复了被凯恩斯主义否定的新古典经济学及充分就业假说和储蓄决定投资假说；背叛了凯恩斯主义对资本主义社会收入分配不合理的论述，回到新古典经济学以边际生产力为基础的分配理论。总之，新古典综合派完全背叛了凯恩斯主义。她认为，凯恩斯主义的中心是收入分配理论，从而以此为基础构建凯恩斯主义理论。这与原来的剑桥学派完全不同，被称为"新剑桥学派"。

她还转向研究马克思的经济学说，写过《马克思主义经济学》及其他一些文章，并批评现实的资本主义制度。她1953年访问中国，之前在1952年访问苏联，之后在1964—1965年又访问朝鲜和古巴，在"文革"中她多次到中国，把那些极左的东西都称为社会主义新景象。她的朋友也多是左翼学者，如美国的加尔布雷斯。在政策上她竭力强调实现收入平等的收入再分配政策。这些都是典型的左翼学者的形象。

琼·罗宾逊在 1965—1971 年任剑桥大学教授，在剑桥大学创立了"新剑桥学派"。在她的影响下，剑桥学派经济学全面左倾。由剑桥大学经济学家约翰·伊特韦尔、默里·米尔盖特和彼得·纽曼主持修改的《新帕尔格雷夫经济学大辞典》被普遍认为在条目、作者、撰写的取舍上有浓厚的左倾气味。甚至剑桥大学经济系在招聘上也采用这个标准，无论多有才华，不左者不要，这就失去不少人才。剑桥大学一心想与美国对抗，琼·罗宾逊还和伊特韦尔合编了《现代经济学导论》，企图与美国萨缪尔森的《经济学》对抗。不过不仅影响甚小，没有进入美国，连在英国，甚至剑桥大学问津的人也不多。如今《经济学》名满天下，《现代经济学导论》已经几乎无人知晓了，剑桥大学的经济学终于衰落了。代之而兴起的是美国。经济学的主导地位从英国剑桥转移到美国剑桥，也是历史的必然吧。

其实经济思想左也好，右也好，都是必要的。但关键是以琼·罗宾逊为首的新剑桥学派在理论上完全没什么像样的创新。左的内容形不成严谨的理论，也不能成为政策。左的东西还是口号式的多，有对穷人的同情，有对社会不公的愤慨，而无理论解释，也无解决办法，仅仅是谴责而已。这样的东西怎么能经得起时间的考验。剑桥大学经济系以左为指导，学术发展受到限制，又排斥其他不同思想的人员，焉能不衰落？琼·罗宾逊对此负有一定责任，哪有诺贝尔奖可拿？

计划经济改革的先行者

——兰格与利别尔曼

　　兰格与利别尔曼是不同国家、不同时代的经济学家。从他们的经历、学习与生活看，他们也没有任何交集。但他们从不同角度对计划经济提出了改革方案。尽管他们的改革方案并没有付诸实施，但对以后的改革者也是极有启发的。他们是倒在沙滩上的"前浪"，作为已形成的"浪"，对"后浪"当然有不可忽略的影响。

　　20世纪30年代，西方经济学界发生了一场有关计划经济可否行得通的游戏。争论的一方以奥地利学派的米塞斯、哈耶克等人为代表。他们认为，计划经济下没有市场供求关系自发形成的价格，因此，必定无法实现资源的最优配置，是低效率的、行不通的。出生于波兰的兰格当时在芝加哥大学任教，他支持计划经济。但他支持的不是斯大林式的计划经济，而是一种运用价格机制的计划经济。

　　兰格认为，市场经济中均衡取决于：个人收入和效用最大化以及企业利润最大化决定的供求数量；各种商品的供求均衡决定的价格；个人收入等于消费者出让资源的收入和企业家的利润。这三个条件是在市场上不断试错过程中实现的。这样的试错原理同样可以运用于计划经济中。要实现这一点，计划经济就应该具有三个特点：消费有选择自由，效用最大化适用于消费品市场，消费者收入和消费价格决定了需求量；企业的生产不由利润最大化目标指引，而由计划当局决定，以实现最低成本和最优规模为目标；劳动者自主择业，生产资料采取公有制，价格由计划当局决定，劳动由支付最高报酬的企业使用，生产资料由能支付计划当局确定的价格的企业使用。

计划经济中实现均衡的条件是价格调节达到供求相等。消费品和劳动的价格由市场决定，与市场经济一样。在公有制下，生产资料的价格和利率由计划当局决定。通过试错法，计划当局可以确定正确的价格。计划当局模拟市场是计划经济同样有效率的保证。兰格详细论述了计划经济下这种合理价格形成的机制。他认为，这样形成的价格比市场价格更合理，也更有效率。他特别提出用计算机来模拟市场的试错过程，这种思想以后发展成"计算机社会主义"，现在仍然有影响。

以后各国的计划经济并没有采用兰格的模式，仍然是完全抛弃市场机制的行政命令手段。但兰格主张在计划经济中引入市场机制或模拟市场机制的想法深深影响了最初计划经济改革的探路者。兰格模式曾被作为改革的方向，但在不改变计划经济体制的情况下，引入市场机制，即使是模拟，也是不可能的。这正是以后计划经济各国彻底放弃这种体制的原因。

另一位改革的先行者是苏联经济学家利别尔曼。斯大林去世后，苏联解冻。在毁誉参半的赫鲁晓夫推动下，改革之幕徐徐拉开。而在这场改革序幕中打先锋的正是利别尔曼。

1962 年 9 月 9 日，哈尔科夫工程经济学院教授利别尔曼在《真理报》上发表了一篇题为"计划、利润、奖金"的文章。这篇文章提出了新的企业改革方案。这个方案的核心是向企业放权，以利润指标为中心考核企业，并把利润与奖金挂钩。

在高度集中的计划经济体制内，企业毫无自主权。利别尔曼改革的重点首先是中央向企业放权。这就是中央计划部门只向企业下达按品种的产量计划、交货期计划以及计划盈利定额。其他各项，包括劳动生产率、工作人数、工资、产品成本、积累、投资和新技术等，由企业自己决定，并制订计划。中央的三项计划指标中以利润率指标为中心，盈利指标与奖金挂钩。这就是向企业让利。

利别尔曼的改革已注意到计划与市场的关系。他主张计划分为两个过程，即中央计划部门按生产部门纵向制订计划，以及企业之间根据供销关系横向制订计划。通过经济组织和合同制度发展横向关系，企业通过横向计划在市场内发生关系，并逐步缩小纵向的计划，发展横向市场关系。在这种市场中，消费品、生产资料和资金都作为商品，在企业之间买卖。国家与企业的关系体现为由商品交换调节的供货关系以及两者之间的利润分成。同时利别尔曼强调重视企业与员工的利益，企业实现利润，并让员工以奖金形式分享利润。

围绕利别尔曼的文章，苏联展开了一场大讨论，并以此为基础进行了一次较大的经济改革。可惜这次改革并没有挽救苏联经济停滞的命运，赫鲁晓夫也作为替罪羊下台了。在围绕利别尔曼文章的讨论中，苏联科学院西伯利亚分院工业生产经济与组织研究所的成员形成了西伯利亚学派，这个学派除利别尔曼外还有阿甘别江、阿巴尔金、布尼奇、波波夫等人。这些人在以后的改革中都起了重要作用。

回顾兰格和利别尔曼的改革思想，都是在不改变计划经济体制下引入一些市场因素。无论是价格的作用也好，企业有自主权、重视激励机制也好，都无法在计划经济内实现。所以，他们的改革思路都无法实现。计划经济与市场经济是两个根本对立的体系，计划经济不可能采用市场经济的机制。经过失败之后，人们终于认识到这一点，这才有了20世纪80年代之后各个原来计划经济国家向市场经济的转型。

社会进步总是后浪推前浪的，不能只看到后浪的威力而否认前浪的作用。在这种意义上，我们不能忘记兰格和利别尔曼这两位改革的先行者。

萨缪尔森不从政

——经济学家的独立人格与学术自由

当萨缪尔森在哈佛大学上学时，美国第一个凯恩斯主义者阿尔文·汉森教授从明尼苏达大学来到哈佛大学。当时大学的学术气氛相当保守，许多教授不懂也不喜欢凯恩斯那套理论。萨缪尔森曾回忆当时的大学生活：白天在课堂上听那些保守的教授讲新古典经济学那一套，以马歇尔的《经济学原理》为教科书；晚上在汉森的带领下读凯恩斯的《通论》，讨论凯恩斯的思想。凯恩斯的理论令他们年轻一代兴奋。在哈佛大学，萨缪尔森成为美国第一代凯恩斯主义经济学家。他把新古典经济学与凯恩斯主义综合在一起的教科书《经济学》称为美国凯恩斯主义，即新古典综合派的代表作，风靡美国和全世界，战后真正成了凯恩斯主义时代。

萨缪尔森以纯经济理论起家，他获诺贝尔经济学奖的代表作《经济分析的基础》对提高现代经济学分析水平起到了里程碑式的作用。但作为凯恩斯主义者，他并不是一个纯象牙塔式的学者。他深切关心现实经济问题，对经济形势与经济政策的讨论充满热情。他的论文中有相当一部分是分析现实经济问题的。他还在《华尔街日报》《纽约时报》《新闻周刊》等畅销报刊上开设专栏，发表了许多关于政策问题的文章，在当时颇有影响。

20 世纪 50 年代艾森豪威尔当政时，萨缪尔森作为经济学家曾多次在国会相关委员会中批评政府政策。他认为，我们的经济能实现充分就业和增长，但政府经济政策不当，使经济失去了增长的机会。

1961 年上任的肯尼迪在哈佛大学上学时学过经济学，用的教材正是萨缪尔森的《经济学》。哈佛大学是当年凯恩斯主义登陆美国的第一个据点，也是凯恩斯主义大本营。肯尼迪正是在这种气氛中成长起来的，他对萨缪尔森相当崇敬。肯尼迪以振兴美国经济为己任正合萨缪尔森的心意。肯尼迪在竞选总统时要求萨缪尔森领导一个经济班子帮他出谋划策。萨缪尔森颇为积极，向肯尼迪的竞选班子提交了一本题为"1961 年美国前景与政策"的报告。该书以凯恩斯主义为基调，主张以财政政策为主刺激经济。这些主张受到肯尼迪的重视，并作为他竞选总统的经济纲领。

肯尼迪上任后以弟子的身份给萨缪尔森打电话，请他出任总统经济顾问委员会主席。这是决定美国经济政策的重要任务，担任这个任务就可以实现自己经邦济世的理想。但萨缪尔森在思考两周之后谢绝了，他推荐了另一个凯恩斯主义者詹姆斯·托宾出任这一职务，并推荐更年轻的海勒出任该委员会的委员（该委员会仅三名成员）。肯尼迪接受了萨缪尔森的推荐，组成了一个凯恩斯主义的班子，实行凯恩斯主义刺激经济的政策，带来 20 世纪 60 年代美国经济的繁荣，也埋下了 70 年代美国经济滞胀的种子。

萨缪尔森为什么不愿从政？关键还在于他不愿意放弃经济学家独立的人格和追求自由的学术精神，更不用说从政还有各种令人烦恼的事务和活动。从政当然有代价，这个代价就是放弃自己独立的人格和自由的学术研究，成为政治这部机器上的一个零件。

我们特别要注意，萨缪尔森所追求的经济学家的独立人格和自由精神并不是反体制，处处与政府对抗。"独立"就是以自己的学术思想和社会现实来判断政府政策的优劣，对的给予支持，错的给予批评。学术研究的"自由"就是没有任何禁区，想研究什么就研究什么，该得出什么结论就得出什么结论，没有任何禁忌。但从政就要放弃这种独立与自由。作为政府的一员，你要放弃"自我"，从政府的角度来判断政策，对政府已做出的决策，无论内心如何认为，都要持支持赞扬的态度，尤其对自己认为错误的政策失去了批评的权力。研究什么不是自己选择，而是政策和政府工作的需要，得出的结论如与政府的利益不一致，就不能公布。做人与处事一切以政府的需要为原则，这就丧失了自己独立的人格和学术研究的自由。

当然，经济学家也要认识到自己的社会责任。独立与自由并不是绝对的，要遵守法律，也要有自己的职业道德底线。特别要认识到，自己独立自由地研究出来的成果并不一定是正确的。要承认对于错综复杂的世界，自己的认识并不可能是全面深刻的，对所研究问题也不可能了解全部信息，何况每个人都有自己的价值观。一个人的价值观不可能不受自己利益的影响。我坚决反对以独立自由为名反体制，处处与政府对抗，以自己不完全不深刻也不全部正确的研究结论来煽动不明真相的公众与政府对抗。一个社会需要稳定，即使有问题，甚至严重的问题，也要通过渐进式改革的方式来解决，不能寄希望于激进式变革的社会动乱。冷静的学者不能成为牢骚满腹的"愤青"。

独立的人格就是自己的见解。这种见解可能与主流观点一致，也可能不一致。无论对错或修改都以自己为主，不随波逐流。自由研究就是从自己的兴趣出发研究，不是为了迎合什么，所得出的结论来自自己的研究，而不是"遵命研究"或"奉旨研究"。萨缪尔森要保持的正是经济学家的这种良知，他若从政就必须放弃这一切。他觉得自己不从政能更好地发挥经济学家的这种作用，因此他选择不从政。也许是他的个性决定了他只能这样做，这个决策背后更深的原因，我们就无法知道了。

凯恩斯看手相，弗里德曼看字迹
——观察分析能力的养成

　　经济学家和普通人一样也有些怪僻的习惯。放在普通人身上，这些怪癖也许不为人注意或不令人喜欢，但放在经济学家身上，也许与他们观察分析能力的养成相关。

　　据凯恩斯的弟弟说，凯恩斯小时骑自行车摔倒使左手一指骨折。从此就爱上了看别人的手相。不过他与中国看手相算命的算命先生完全不同。他不是给人算命，而是从手相中看出人的性格与能力。

　　凯恩斯给几位美国总统看过手相。他说威尔逊总统的手"长且有力，是能干的人，但稍欠圆滑手段和敏感性不足"。1934年他与罗斯福总统见过面。虽然他们俩一个是主张国家干预经济的理论家，另一个是这种理论的实践家，说起来应该志同道合，心心相印，但却是话不投机半句多。凯恩斯嫌罗斯福水平太低，罗斯福觉得凯恩斯那一套抽象无用。不过对罗斯福的手相，凯恩斯的评价是"稳定和有力，但不够聪明也不会耍手腕；他的指甲既短且圆，活像个庸庸碌碌的小商人"。看来还算客观。凯恩斯见谁都爱看手相，但法国当时号称老虎总理的克里孟梭却总戴着手套，使凯恩斯大为失望。

　　凯恩斯对普通人的手也相当注意。他当英皇书院的司库时会见了一位口碑极差又长期与书院过不去的佃户。凯恩斯请他吃饭，看他的手就断定他是一个和善可亲、诚实能干的人，唯一的缺点是别惹他生气，否则脾气甚坏。与这位佃户相熟的人也认为他的确如此。

哈罗德的《凯恩斯传》和罗伯特·斯基德尔斯基的《凯恩斯传》都记载了一些凯恩斯看手相的故事。

无独有偶，有怪僻爱好的经济学家还不少。弗里德曼在经济理论和政策主张上是"凯恩斯革命的革命"。但他也有怪僻爱好，不过不是看手相而是看字迹。1953—1954 年弗里德曼作为访问学者到剑桥大学从事研究，有一次在经济学家鲍尔家里看了卡甘（乘数理论的创建者，凯恩斯的弟子）的信，他告诉鲍尔，卡甘肯定是个极其悲观的人，因为每行字都向下倾斜。第二天他与卡甘吃饭，卡甘说凯恩斯是个不可救药的乐观主义者。弗里德曼就问，他写的字是否向上倾斜；几天后卡甘给弗里德曼一份凯恩斯的手稿，果然如弗里德曼所说的。

更神的是，英国女经济学家琼·罗宾逊知道弗里德曼有此爱好。一天，琼·罗宾逊让弗里德曼看一份手稿。弗里德曼一看就断言，这是个外国人，我无能为力，不过几乎可以肯定的是，此人有很高的艺术天分但智力有限。弗里德曼的确厉害，他说对了。这是凯恩斯夫人俄罗斯芭蕾舞名家丽迪亚·罗帕科娃。没有艺术天分成不了芭蕾舞名家，但受的教育不多，智力的确有限，且是外国人。

这两个大经济学家的怪僻爱好，其实说明他们善于观察各种表面现象，并从中分析出本质性的东西。其实手相也好，字迹也好，都是人长期养成的习惯，但这些习惯中往往有意无意地表现了他的人格、个性、能力、爱好等多方面的特点。能从这些细节中看出本质的东西，这不就是观察与分析能力吗？而且不用精心研究数月数日，一看就知分晓。这就是水平。

在中国有这点能力可以去给人算卦，混成什么算命大师。不过对于凯恩斯、弗里德曼来说，这只不过是一个小小的爱好而已，但这些小事可以看出他们的观察分析能力。对一个经济学家来说这种能力是关键的。我向来认为像凯恩斯、弗里德曼这样的大师绝不是靠苦读书可以读出来的，要有一点儿悟性。这就是要对错综复杂千变万化的经济现象善于观察分析，悟出一点儿道理。这种能力则是天分多一点儿。我相信爱因斯坦的名言，成功靠百分之九十九的勤奋和百分之一的天才，但更重要的是这百分之一的天才。

　　了解经济学家人生的一些细节，对认知他们和感悟经济学成功之路是重要的。

学问来自致富

——经济学家与致富之一

在人们的印象中，经济学家应该是温文尔雅、满腹经纶，与大腹便便、以赚钱为目的的商人不同。古希腊哲人亚里士多德也区分了经济学与致富术。在他看来，经济学是研究与生产生活必需品和使用价值相关的自然经营的学问，致富术是投资积累的艺术，两者不同。

中世纪经院哲学家继承了亚里士多德的传统，不过在近代经济学中，经济学与致富术已融为一体。经济学研究选择与资源配置，对个人是收入最大化，对企业是利润最大化，对社会是财富最大化。在这种意义上经济学就是致富术。当然说经济学是致富术，并不是说经济学可以教你赚钱的方法，而是给你提供赚钱的思路。不过经济学家能否赚到钱，还要看有没有运用这种知识的天赋。

早期的经济学家不是象牙塔中的书呆子，而是投身于商场的赚钱能手。马克思说过，早期经济学家多半是"实业家和政治家"，他们的经济学出自赚钱的实践，是赚钱经验的总结和提升。他们大多先赚钱后成为经济学家。

近代经济学从重商主义开始。马克思称重商主义是对"现代生产方式最初的理论探讨"。英国重商主义代表人物托马斯·曼正是一位成功的商人。他的继父是东印度公司的创建者之一。东印度公司最早是专门从事地中海贸易的列文特公司的分支。他在这一公司工作并发了财。1615 年他进入东印度公司董事会，并被称为"商业战略家"。到临终时他已购置了大量地产，并以能贷出巨额现金而闻名。他的《英国得自对外贸易的财富》是英国重商主义的代表作。他把金银作为财富，认为只有在对外贸易中实现顺差才能使国家致富，这正是他经商经验的总结。

托马斯·曼是诚实的商人，约翰·罗则是靠金融投机致富的，不过他的金融投机也使他对货币与金融颇有见解。

约翰·罗出身于苏格兰一个富有贵族的家庭，早在年轻时就热衷于赌博、打斗，被称为"花花公子罗"。但他在伦敦不仅寻欢作乐，还注意学习计算与处理各种货币来往的知识。在决斗中打死人之后，他逃到荷兰，又专心研究当时欧洲最大的阿姆斯特丹银行的各种业务活动。以后周游各国，从事有价证券、珠宝和古画投机活动。最后带着160万利佛尔（法国货币名称）来到巴黎。他相信信用制度的作用，在《论货币和贸易》及其他著作中论述了增加货币、降低利率可以刺激经济的思想，主张发行以土地为担保的纸币来代替金银货币。1713年法国摄政王奥尔良·菲利普迫于经济困境接受了这一建议。1716年约翰·罗创办了通用银行。以后的两年中，由于摄政王的支持，他控制了法国的货币和信用系统，发行了适量的纸币，保持纸币的可兑换性和可以缴纳税款，并调整利率刺激经济。1718年通用银行改为皇家银行，并获准创办开发北美的密西西比公司。他创办的银行和公司发行可交易的股票，引起狂热的股票投机。这正是他的愿望。股票价格在炒作之下大幅上升，最高时10张500利佛尔的股票值14—15公担白银。发行股票的钱被用于购买国债，承担了全国几乎20亿利佛尔的公债。密西西比公司的投资计划失败引起股票价格的狂跌与银行挤兑，他又不得不再发行纸币，这使物价暴涨，经济混乱。约翰·罗不得不逃亡，最后死于逃亡途中。

约翰·罗的经济思想来源于他在投机活动中对信用制度的了解。他在法国进行的那场闹剧正是这些思想的实践。他的密西西比公司在美洲投资活动失败以及最后没有控制住银行的纸币发行量，也给法国带来了一场灾难。但他关于发行纸币代替金银、增加货币量可以降低利率刺激经济，以及关于建立股份制银行和公司、通过信用制度实现资本扩张的思想在现代经济学中又复活了，并对现代经济的发展起到巨大作用。正是在这种意义上，马克思称约翰·罗"既是骗子，又是预言家"，马克思对他的贸易与金融思想给予高度评价。

在托马斯·曼和约翰·罗的时代，经济学还没有成为一门独立的学问。许多对经济问题的见解来自现实中的经济活动。因此，经济学家不可能是纯学者，只能来自成功的商业实践者。所以，学问来自致富活动也是极为正常的。今天有了专业经济学家，但许多理论仍来自成功人士的实践总结。从这种意义上说，学问来自致富活动也是至理名言。

古典经济学家的学问与致富
——经济学家与致富之二

如果说在早期经济学家中，经济思想与致富是相互关联的，那么，在古典经济学时期，赚钱活动与经济思想的关系则淡化了。经济思想更多是观察与思考的结果。古典经济学家中不乏致富有术之人，但经济思想更多不是他们致富实践的结果，不能赚钱的人也可以成为经济学家。

英国古典经济学家威廉·配第被马克思称为"政治经济学之父""最有天才和最富创见的经济研究家"。配第用自然科学的实验方法来研究经济问题。他不仅把研究对象从以往的流通领域转向生产领域，而且通过对大量统计资料的分析来探讨社会生产关系的内部联系。他在商品价值、价格、货币以及工资、地租、利息和地价等方面都提出了至今仍有影响的独创性见解。他所创立的"政治算术"被马克思称为"政治经济学作为一门独立科学分离出来的最早形式"。

作为经济学家，配第是伟大的。他也是富有的，但他的致富之术并不光彩，与他的学问也没有多大关系。

配第出身贫寒，曾在牛津大学学医。他能致富源于 1652 年当了驻爱尔兰英军总司令亨利·克伦威尔的侍从医生。克伦威尔在爱尔兰镇压反英运动，胜利后把起义者的土地分给英军官兵。配第参与这一工作，并用获得的 9000 英镑从事土地买卖，成为拥有 5 万英亩土地的大地主。查理二世复辟后，配第又公开效忠复辟的王朝，保住了自己的财产，还被封为爵士。也就是在此后，配第依靠雄厚的财力与政治地位研究经济问题，出版了《赋税论》《爱尔兰的政治解剖》《政治算术》等在经济学中至今仍有影响的名著。

配第在政治上投机致富，他研究经济学的目的也无非是向国王献计献策，解决英国和爱尔兰治理中的各种问题，但他富于创造性的思想更多不是来自致富活动，而是来自他对现实问题的深入思考和对同时代其他学者思想的吸收。在他的身上，政治上的投机性、经济上的探索性和思想上的开拓性融合在一起，但他的经济思想还是伟大的，不能因人格上的贪婪、政治上的投机而否认。

在古典经济学家中，最富有且经济理论贡献巨大的经济学家莫过于大卫·李嘉图了。他既是成功的股票经纪人，又是古典经济学的完成者。他的经济学贡献当然与他的经商实践相关。财富为他研究经济学提供了雄厚的物质基础，他是先致富而后研究经济学的。

李嘉图的祖先是西班牙犹太人。他的家族在英国先从事批发买卖，以后成为股票经纪人。他由于与基督徒结婚而被逐出家门。他以眼光敏锐、精力充沛而出名，独立从事股票与公债交易，数年后财产已达 100 万英镑。大卫·李嘉图 26 岁时迷上了自然科学和数学。一个偶然的机会，他在公共图书馆看到亚当·斯密的《国富论》，立即被吸引，从此走上研究经济学的不归之路，并登上了当时的顶峰。尽管人们对这个故事也像对牛顿的苹果和瓦特的水壶一样姑妄听之，但李嘉图的确是在大富之后偶尔进入经济学的。李嘉图经商成功与经济学成功之间并没有直接联系。他少年时曾在荷兰伯父家中受到金融与经济活动熏陶，天性稳健，对股市行情有独到的预见。当时英国与法国交战，英格兰银行货币发行量大增，物价、汇率、黄金价格变动频繁，金融市场瞬息万变。这正是李嘉图这样的金融天才大显身手的好时机。他多次与别人联手承包政府公债，尽管公债风险巨大，承包者破产自杀者不在少数，但李嘉图审时度势取得成功。他的致富行为光明磊落，可称为楷模。

李嘉图的《政治经济学及赋税原理》是古典经济学的顶峰。他对现实中争论的货币、自由贸易等问题，以及劳动价值论、分配理论等都有独到的见解。这些大多与他从商的经历关系不大，更多来自他的读书、观察与思考，也来自他与穆勒、马尔萨斯等经济学家的交流和争论。经商需要的是天才与胆识，研究经济学需要的是沉静的思考。李嘉图的著作相当抽象、难读，与那种经验观察与总结全然不同。

与李嘉图同时代的马尔萨斯也是一位优秀的经济学家，他的《人口论》被评为影响人类的 16 本书之一。他的财富理论、价值理论、收入理论也颇有影响，他关于有效需求不足的论述成为凯恩斯理论的直接来源之一。但在赚钱方面，他是彻底的失败者，马尔萨斯终生清贫，他也想赚钱，但缺少一个商人应有的胆识和预见。滑铁卢战役之前，他请大卫·李嘉图代他购买了一小笔公债，但由于战局不明，价格下跌，他沉不住气，不听李嘉图的劝告把公债卖了出去。李嘉图正是从这笔公债中赚了一大笔。马尔萨斯坐失赚钱的良机，说明他虽然是优秀的经济学家，但致富无术。像这样的经济学家以后越来越多。

随着经济学日益复杂，它与致富术渐行渐远了。经济学不等于致富术，经济学家也不能靠经济学赚钱。经商与经济学家成了两种不同的职业。

现代经济学家的致富

——经济学家与致富之三

　　现代社会许多企业家和成功人士都受过经济学教育。这种教育对他们的致富和成功是有帮助的，但绝不是受过经济学教育的人都可以致富。经济学家作为一种职业，也退出了专门致富的活动。专业经济学家靠投资赚钱的人仍然有，但越来越少了。

　　在当代经济学家中，凯恩斯是少有的做学问、当官、赚钱都极为成功的人。他的《通论》是现代宏观经济学的奠基之作，与斯密的《国富论》、马克思的《资本论》并称经济学三大名著。他曾在英国财政部任职，"二战"后他提出的国际金融体系的凯恩斯方案与美国的怀特提出的怀特方案成为战后布雷顿森体系的基础。同时，凯恩斯也是一位经商天才。早在1918年，他就劝英国财政大臣趁战后物价低迷买下高更等人的一批名画，交给英国国家艺术博物馆收藏，事后证明这个建议是正确的。当年2万英镑买下的20余幅名画，如今已价值几百万英镑以上。

　　凯恩斯能为国家理财，也能为个人理财。早在1919年，他就从事大量的外汇期货买卖，经营范围包括卢比、美元、法郎、马克、里拉和荷兰金币，交易活跃而持续，获利颇丰。同年他又加入国民互助人寿保险公司董事会，两年后任董事长。他在外汇期货交易中曾一次赚过2.2万英镑，也在不到两个月内赔过13125英镑。但他不为成功而狂热，也不因失败而沮丧。到1937年时他已有财产50

万英镑。尽管他生活豪华，喜爱购买艺术品，而且捐资建设了剑桥大学皇家学院的新大厦和剑桥最豪华的大剧场，临终时仍留下45万英镑的财产。

当时有人认为他能致富是因为有财政部的内部情报，但其实他信奉的格言是："华尔街的经营者对内部情报一无所知就可以大发其财。"凯恩斯每天都听一小时经济新闻，并根据自己的判断而不是市场传言做出决策。当然，凯恩斯的致富术与他的经济理论也没有直接关系。尽管他的经济学素养可能有助于他的决策，但赚钱靠的还是经营才能。即使他不是经济学大师，也会是赚钱高手。

在获得诺贝尔经济学奖的经济学家中赚钱高手是1997年的获奖者美国经济学家斯科尔斯和默顿。他们俩以建立期权定价理论而获奖。他们以后又成为对冲基金长期资本管理公司（LTEM）的合伙人。该公司成立以来每年的回报率在40%以上，1997年9月，他们把公司60亿美元资产的一半返还给投资者，他们俩各分得10亿美元，被称为当代最富有的经济学家。但金融市场风险巨大，变幻莫测。在该公司从事的按揭债务、欧洲政府债务和俄罗斯及其他发展中国家债务中，俄罗斯难以还债，欧洲利率波动。结果该公司负债累累，濒临破产。

当然，大师级经济学家不能致富者也大有人在。美国经济学家熊彼特曾在奥地利私营皮达曼银行任总经理，当时生活极为奢华，还带着妓女坐马车招摇过市。但由于经营不善，银行破产，他个人也背上了沉重的债务负担，一直到哈佛大学任教之后仍在偿还债务。他认识到自己的短处，以后就在哈佛大学任教与研究，写出了《经济周期》《经济分析史》等名著。

另一个不善于从事实务的经济学家是哈耶克。他的思想深度很少人能比得上，但他从未经商，也一生没富过。他一生两次结婚，要维持两个家庭的生活，负担颇重。1977年他将自己一生收藏的7000册珍贵图书卖给萨尔茨堡大学，也许与晚年的困境相关。但哈耶克的长处是了解自己。当他离开芝加哥大学时，奥地利政府曾邀请他出任中央银行行长，但他谢绝了。他对货币理论擅长，写过《货币的非国家化》这样的名著，但他并不了解具体的经营与管理。

不过现代经济学家从自己的教学、讲座、著述、兼职中仍可以有丰富的收入。萨缪尔森的《经济学》教科书，全球畅销，已出十九版，仅版税收入就达近千万美元。哈佛大学教授曼昆的《经济学原理》，仅初版版税就达140万美元，到现在已出八版，版税收入不会低于萨缪尔森的《经济学》。弗里德曼漫游全球拍的电视片《自由选择》以及同名畅销书给他带来了丰厚的收入。许多知名经济学家如萨缪尔森、弗里德曼、贝克尔、曼昆、克鲁格曼等都担任《纽约时报》《华尔街日报》《新闻周刊》等知名报刊的专栏作家，稿酬颇丰。还有不少经济学家在世界银行、联合国、国际货币基金组织或大公司任职，收入都不少。现在成功的经济学家仍然是富人，不过他们的致富术不是经商，而是运用专业知识赚钱。在经济全球化的今天，经济学成为显学，经济学家成为赚钱的职业。这也是经济学成为热门专业的重要原因吧！

过去的经济学家靠学问赚不了钱，熊彼特、哈耶克都是例子。只有既会做学问又会从事经营者，如凯恩斯，才有可能学问、财富双丰收。如今时代变了，只要有学问就可以赚钱。当然要成为巴菲特、比尔·盖茨这样的超级富翁不可能，但相当有钱、过富人的日子仅凭学好经济学就可以。经济学家贫穷只能怪自己连专业都没学好，不能怪自己没有经商天才。这是一个行行出状元的时代，不管从事什么工作，只要有才华又努力，都可以致富。

穆勒背后的女人
——经济学家的婚恋之一

人们常说，成功的男人背后都有一个伟大的女人。这个女人可能是母亲、妻子、红颜知己、情人或女儿。她们给男人精神上的鼓励、事业上的支持，或者创造一个良好的家庭环境，使男人成功。读经济学家的传记，成功经济学家背后有这样一个伟大女人的不少。不过成功经济学家背后还是平凡女人多，所以大多数传记除了说明名字和出身之外，没有谈到她们对丈夫的事业有多大的帮助。也还有少数经济学家婚恋不顺，但并没有影响他们的成功。凡事都没有普遍规律，成功男人与伟大女人的关系就是如此。

先讲成功经济学家与他们背后的伟大女人。

历史上得益于伟大女人最多的经济学家莫过于19世纪英国古典经济学家约翰·斯图尔特·穆勒了。他的《论自由》至今仍然是不可动摇的名著。

穆勒是一个超级天才，据说他的智商接近200，可与爱因斯坦这样的人物相比。他三岁时就读吉本的《罗马帝国衰亡史》。10岁左右时他与父亲，也就是著名经济学家老穆勒（詹姆斯·穆勒）出去散步，父亲给他讲经济学，回家他记下来就成为老穆勒的著作《政治经济学要义》。

这样的超天才往往敏感，精神上易出问题，所以才有人说"天才和疯子是一枚硬币的两面"。从1826年秋天20岁时，他处于精神危机而无法摆脱。1830年他结识了小他两岁的哈里特·哈迪。穆勒对她的评价是："从外表上看，她美丽而机智，具有一种使所有接近者都觉得自然高贵的气度；在内心上，她是个感情深沉而坚强的妇女，有洞察力和直觉的智力，又有一种好冥思的诗人的气质。"他们陷入情网，穆勒摆脱了精神上的疾病。

当时哈迪已与一位富商泰勒结婚，且有两个孩子。他们常有书信往来，在一起探讨问题、散步，甚至外出旅游。在当时上层社会仍然相当保守的气氛下，他们之间的感情还是柏拉图式的，行为还是非常谨慎的，穆勒也没有让哈迪离婚与他结婚的想法。直至1849年7月，她的丈夫泰勒先生去世，1851年4月，他们才结婚。可惜七年半之后哈迪亦去世。哈迪去世后，穆勒又得到哈迪与泰勒的女儿爱伦·泰勒事业上的关心与帮助，穆勒把她作为自己的女儿看待，与她共同为争取妇女的平等地位而斗争。1873年穆勒去世后，她作为遗稿继承人整理出版了穆勒的遗著，包括《穆勒自传》。

哈迪不是那种一般意义上的情人，而是红颜知己，她给穆勒的不是种种绵绵情意或单纯男女之情，而是思想和事情上的巨大帮助。

哈迪聪明好学，在学术上也不乏闪光的思想和见解，无奈在当时社会环境下，哈迪的这种才华和思想无法向社会表达。她与穆勒的共处使她的种种见解体现在穆勒的著作里。

穆勒认为，哈迪在气质上和品格上与大诗人雪莱相似，但在思想与智力上，哈迪是"大巫"，雪莱则是"小巫"。穆勒在精神苦闷时期结识哈迪，从她那里得到的不仅是精神上的安慰，更多的是思想上的启迪。他们之间的通信并非绵绵情话，而是思想和学术上的交流。穆勒认为自己在最终目标和实用这两方面"不论我以何种形式接受的或是创造的结论（包括政治经济学、分析心理学、逻辑学、历史哲学或其他学科）都应该深深地感谢她，因为我从她那里学会一种聪明的怀疑态度"。穆勒说，他的许多著作都是在两个人的探讨中产生的，"要分清是谁的创见，是谁执笔这类问题，就没有什么意义了"。"在我的全部作品中，她的贡献和我一般多，而且在我的作品中，她的贡献是与年俱进的。"穆勒还指出，他的《政治经济学原理》一书吸收了哈迪的许多见解。例如，"劳动阶级的可能未来"一章是在哈迪的坚持下才写的，而且思想完全是哈迪的，甚至是哈迪口授的记录。穆勒的名著《论自由》尽管是在哈迪去世后出版的，但穆勒认为，与其他书相比，这是他们文字上更加直接合作的产物，其中的每一句话都经过他们共同阅读，反复推敲，仔细斟酌。就内容而言，很难说出哪一种思想是谁的。今天当我们读《穆勒自传》时，仍然为他们那种高尚的感情所感动，如果没有这位红颜知己，穆勒也许不会有那些影响人类的经典了。

不过现代经济思想专家也认为，哈迪和爱伦当时都属于激进的上层妇女，同情劳动人民，且主张男女平权，这些也深深影响了穆勒，穆勒以后的思想向左转，这不能不说是一个原因。当然向左转在当时并不是坏事。对劳动人民的同情、关爱，对妇女平权的认识，正是经济学进步的标志。

事业型与贤妻良母型妻子

——经济学家的婚恋之二

成功的经济学家背后的女士有些是事业型的。她们是丈夫事业的合作者，尽管她们的成就不如丈夫那样成功，或者不为人晓，但对丈夫的贡献有那一半"军功章"。有些或者说更多是贤妻良母型的。她们对丈夫的事业不甚了解，也难与丈夫有学术思想和事业上的沟通，但她们营造了一个温馨的环境，这成为丈夫成功的基础。家里鸡飞狗跳，还有事业吗？这两种类型的妻子同样伟大。

英国剑桥学派领袖马歇尔的妻子玛丽·配第是一位事业型的良妻。她是著名英国古典经济学奠基人威廉·配第的曾孙女。她不像富家女孩那样热衷于社交，她思想睿智，意志坚强，思想深刻，观察力敏锐。她在剑桥大学时的经济学才华引起了马歇尔的注意。他们于1877年结婚，1892年合作出版了《产业经济学》。这本书实际是根据玛丽的经济学讲稿写成的。在玛丽的协助之下，马歇尔的研究工作突飞猛进，开始构思著名的《经济学原理》。尽管以后玛丽不像马歇尔那样成为一代宗师，但马歇尔的成就中有玛丽的贡献。著名的《世界重要经济学家辞典》中仍收录了玛丽的简历。

另一位得益于妻子的是瑞典经济学家缪尔达尔。他的妻子是才华出众的女政治家阿尔瓦·缪尔达尔，曾任瑞典驻印度大使和教育部长，并于1982年获诺贝尔和平奖。尽管阿尔瓦不是经济学家，但她对社会问题的关注和了解对缪尔达尔是重要的。缪尔达尔关于美国黑人问题的研究，对穷困人民和下层人民的同情与阿尔瓦是共同的，缪尔达尔对现代人口问题的研究以及对现代人口政策的开创性贡献是他们两人合作的产物。缪尔达尔根据对东南亚问题的研究写成的名著《亚洲的戏剧》直接得到了阿尔瓦的帮助。当时阿尔瓦任瑞典驻印大使，给缪尔达尔的调查提供了帮助。书中许多观点实际是他们两人共同的观点。在诺贝尔奖中，他们也是不多的夫妻都得过奖的佳话。

得到妻子事业上帮助的经济学家不少，但贤妻良母型的妻子更为常见，也更为重要。李嘉图是在一种舒适的家庭环境中进行经济学研究，并写出了《政治经济学及赋税原理》等名著的。造成这种环境的，不仅在于李嘉图富有，还在于他妻子爱德华·威尔金森的贤惠。李嘉图20岁时爱上了大他三岁的爱德华。爱德华相貌美丽，多才多艺，和蔼可亲。但她是基督教徒，李嘉图是犹太人，他父亲不同意这门亲事。但李嘉图爱意已定，尽管被逐出家门，仍然与爱德华结婚。婚后生活美满，并有八个子女。爱德华相夫教子，李嘉图事业有成。

在现代经济学家中，萨缪尔森也有一个幸福的家。他的妻子玛丽安·布芬弗德人高马大，而萨缪尔森个子矮小。萨缪尔森哈佛大学的同学陈振汉先生曾告诉我，当年他们常取笑萨缪尔森，"要登梯子才能与玛丽安接吻"。同是他们同学的日本著名经济学家都留重人给萨缪尔森画了一幅漫画全家福，从最高的玛丽安到最矮的萨缪尔森，中间是从高到矮的孩子们，惟妙惟肖。但个头的差别并不影响他们的幸福。他们共有六个孩子（其中有三胞胎）。玛丽安也是经济学家，但婚后相夫教子，萨缪尔森埋头经济学研究，也正是这个温馨的家成就了萨缪尔森"最后一个经济学通才"和"当代经济学掌门人"。

我想，事业上的合作者或助手也好，生活上的伴侣也好，他们都是"神仙眷侣"。这些妻子正是她们丈夫背后伟大的女人。他们的家庭生活是平凡的，但这种平凡而宁静的家庭正是男人成功的港湾。像穆勒、马歇尔、缪尔达尔那样遇到思想上共鸣、事业上合作的女子毕竟是少数；但像李嘉图、萨缪尔森这样拥有相夫教子的贤妻还是最普通的情况。无论背后是哪一个类型的女子，都是丈夫成功的基本保证，两类女性同样伟大。

逆境中的支持者

——经济学家的婚恋之三

在一个和平宁静的环境中，无论事业型也好，相夫教子型也好，妻子的贡献是显而易见的，相对来说也容易一些。但在逆境中，当周围环境恶险时，一个女人无论是什么类型，对丈夫的支持都更为关键。

当写下这些话时我想起了 1994 年由于对博弈论的贡献而与纳什同时获得诺贝尔经济学奖的经济学家哈萨尼。

约翰·查里斯·哈萨尼 1920 年出生在匈牙利的布达佩斯，早年就显露出数学天赋，但这位天才却生不逢时。"二战"后哈萨尼获得布达佩斯大学哲学博士学位并在该校担任助教，但由于政见与当局不合不得不辞职。这时使他走出困境的是一个伟大的女性——他以后的妻子安妮·克拉柏。

说起来他们的认识还有一个"不打不相识"的戏剧性故事。当哈萨尼在布达佩斯大学任教时，听他讲课的心理系学生安妮经常迟到。哈萨尼对她极为生气，在一次下课后对安妮训斥了一番。也许是哈萨尼认真的教学态度引起安妮的好感，他们从此相识了。

哈萨尼辞职后处于困境时，安妮仍在学习。有许多人劝安妮和哈萨尼分手，因为像哈萨尼这样不与当局合作的人是没有好下场的。但安妮认识到，哈萨尼唯一现实的选择就是离开匈牙利。当时偷渡边境十分危险，边界线上到处是地雷，而且一旦发现"格杀勿论"。

哈萨尼没有勇气逃走，但安妮不仅决心要走，而且不惧怕任何困难。1950年4月的一个深夜，安妮带领哈萨尼终于越过边界到了奥地利。同年底他们移民到了澳大利亚的悉尼。1951年1月他们结婚。

但在澳大利亚，他们不懂英语，大学学位得不到承认。哈萨尼当了一名工人，但数学天才并不能帮他做好普通工人的工作。家庭的主要支持者是安妮。为支持丈夫继续学习，安妮甚至放弃了自己的专业。哈萨尼1953年获得悉尼大学经济学硕士学位，并于1954年在昆士兰大学任经济学讲师。这一时期，哈萨尼在经济学和博弈论方面都发表了一些相当有影响的论文，可以过安稳的日子了。但哈萨尼不满当时澳大利亚的学术环境，想到美国学习。安妮坚决支持他放弃安稳的日子，到美国从头干起。

1956年，哈萨尼和安妮在洛克菲勒基金会支持下来到斯坦福大学，并在阿罗指导下于1958年获得博士学位。以后他们回到澳大利亚。1961年，哈萨尼到底特律的韦恩州立大学任教，1964年到加州大学伯克利分校任教。他们夫妇这才安顿下来，并有了唯一的儿子。这时安妮已经40多岁了。尽管安妮在博弈论研究上对哈萨尼没有任何帮助。但没有安妮的坚定品格与奉献精神，能有哈萨尼的成就吗？

与1994年另一位诺贝尔经济学奖获奖者纳什的妻子艾利西亚·拉德相比，安妮还是幸运的。因为哈萨尼毕竟是个正常人，而且全心全意爱安妮。纳什则是一位有精神病的天才，严重的疾病使纳什无法回报妻子的爱。以他们的故事改编的好莱坞大片《美丽心灵》感动了多少人！

纳什是天才。他在与艾利西亚结婚之前有一个叫埃莉娜的情人，同居并有一个孩子。但他遇到艾利西亚之后抛弃了埃莉娜，并与艾利西亚同居一段时间后在1957年结婚，一年后有了一个儿子。纳什对博弈论做出突破性贡献，正准备向学术顶峰攀登时，偏执型精神分裂症逐渐使他几乎成为一个废人。从1959年开始，纳什上课语无伦次，演讲时会说一些毫无意义的话，不得不辞去麻省理工学院的教职。他在欧洲游荡时差点儿被法国警察抓住。他热衷于给政治人物写一些莫名其妙的信，还给妻子与同事写一些奇怪的明信片。他怀疑有人跟踪暗杀他，甚至一度要求放弃美国国籍。

随着病情加重，纳什与艾利西亚的关系也恶化了。艾利西亚难以理解纳什的言行，但相信纳什有希望，为他治病，并生下孩子。但艾利西亚的这些努力都没用，他们先分居后离婚。

离婚后，艾利西亚以自己微薄的收入养活自己和孩子，同时也为纳什的治疗尽了一切努力，把他送入加利文诊所。1970年，纳什的母亲已去世，妹妹结婚，艾利西亚把纳什收留在自己家里，给予无微不至的关怀和照料，而且为纳什选择了普林斯顿大学这个有利于康复的环境。这是一个天才与怪才聚会的地方，也是纳什的母校，这里的人们理解他并友好地帮助他。其间艾利西亚曾经失业、生活困难，但她很有忍耐力。无论纳什的行为如何怪异，都理解他。在这样的环境和艾利西亚的爱心呵护之下，从1990年起，纳什逐渐恢复健康。

艾利西亚年轻时对纳什的迷恋使她经受了幻灭、痛苦、贫困以及常人无法忍受的苦难。无论纳什病情严重时还是获得诺贝尔奖时，她都深爱纳什，并为他奉献了一切。她说，自己是想保护他，其实事前也没打算这么做，但最后主动承担了这份责任。当一个人事业成功时有人爱，有人关心，并不奇怪，当两个人心心相印时，共渡难关也不算什么，难的是在患精神病期间，还有人爱和关怀。这样的女人不是用伟大就可以形容的。

也许一个女人在丈夫事业顺利时关心支持他并不难，难的是在逆境中成长起来的爱情之花。对哈萨尼和纳什的妻子，我比对其他经济学家的妻子更加崇敬。

婚恋并不美满的经济学家

——经济学家的婚恋之四

事业有成、家庭幸福的经济学家都有相似之处，而事业有成、家庭不幸福的经济学家则各有各的难言之隐。

著名经济学家熊彼特年轻时的第一志愿就是成为大众情人，但是他的前两次婚姻都是以悲剧结束。1906 年他在维也纳大学获得博士学位后到埃及为土耳其派驻埃及的总督管理家族基金，赚了大钱。他还替一个埃及财团策划了一家炼糖厂，不用甜菜而用甘蔗制糖，获得成功。这两项事业使他赚了一笔钱。在埃及他结识了英国女子克拉迪斯·瑟维尔。克拉迪斯被他的贵族气质打动主动向他进攻，两人迅速结婚。而爱情之火来得快也熄得快，不久即以离婚结束。1909 年他回到欧洲，先后有过多名女伴，但都是露水姻缘，没有结婚。他没有享受到家庭的温暖。他说："在学者的生活中，尤其是在被称为灵魂形成时期，要想过充实的婚姻生活是很困难的。至少从学习成果角度看它可能有消极的结果。"但这并没有妨碍他事业的成功，1912 年他出版了《经济发展理论》的德文第一版。这是他一生中最重要的著作，他在这本书中提出的创新理论至今仍有巨大影响。

1926 年，他去波恩前第二次结婚。妻子是小他 20 岁的安妮·莱津格。莱津格是个漂亮而又可爱的女孩。婚前，熊彼特为了提高她的文化素养，还送她到瑞士学习。这次婚姻十分幸福，但不幸的是，不到一年妻子因难产去世。这使他十分痛苦。

不过,"大难之后必有后福",他的第三次婚姻堪称完美。他的妻子伊丽莎白·波迪"既温柔美丽"又能在事业上给予他帮助。从1932年到哈佛大学至1950年去世,是他事业成功、家庭美满的十八年。他的许多著作,如两大卷本的《经济周期》就是这个时期出版的。他去世后,他的妻子又整理出版了他的巨著《经济分析史》。

　　凯恩斯年轻时有一段同性恋的历史。当时他加入了一个叫布伦斯百里的青年艺术家团体,这个团体中不少人都是同性恋者。他与艺术家邓肯·格兰特有了同性恋情。他还把他与邓肯和其他男子的同性恋行为事无巨细地都写在日记里。对这一段同性恋经历,不知凯恩斯本人如何想,也许他当时觉得幸福,所以才记下来,但在我们正常人想来并不是什么光彩事,何况当时英国还认为同性恋是违法行为(想想比凯恩斯还晚的图灵的遭遇)。"十月革命"后俄罗斯芭蕾舞蹈家丽迪亚·罗帕科娃逃到英国,并致力于英国的芭蕾舞改革,对英国芭蕾舞发展起了重要作用。凯恩斯与她在艺术家的圈子里认识,改变了性取向,二人在1925年结婚。虽然他们专业完全不同,也没有孩子,但凯恩斯传记的作者认为:"丽迪亚是凯恩斯余生里欢乐的源泉。"

　　哈耶克的婚恋又是一种类型。哈耶克幼年时与表妹海伦感情甚好,青梅竹马,两小无猜。但阴差阳错,海伦与别人结婚,哈耶克失望中在1926年与赫拉·弗朗奇结婚。两人共同生活了二十三年,还有两个孩子,但哈耶克总忘不了他的初恋情人。这一段婚姻生活并不幸福。战后哈耶克回奥地利探亲,从表兄、著名哲学家维特根斯坦那里得知,海伦已是孤身一人,这就又燃起了他对海伦的爱,经过思想斗争他决心离婚。当时他在伦敦经济学院任教,他的同事都坚决反对他离婚,但他付出了高昂的代价离了婚,并于1950年与海伦结婚。不过这时他已51岁了,但仍与海伦幸福地度过了四十余年。这一段正是他学术的成熟时期。《自由秩序原理》《法律、立法与自由》这些巨著都是这一时期完成的。

　　经济学家和普通人一样,有的家庭生活幸福,有的不幸,但无论幸与不幸，他们都没有放弃对事业的追求，这才在经济学上留下了光彩的一页。不过熊彼特、凯恩斯、哈耶克尽管有一段不幸的经历，但最后还是修成正果，事业家庭双幸福。

诺贝尔经济学奖的是是非非

——是否该设与评选的公正性

每年 10 月初，全世界经济学界都盼望着当年诺贝尔经济学奖的公布。全世界的博彩公司也以今年谁获奖为题进行赌博。博彩公司和赌民也都盼望知道谁赢谁输。也许他们比那些经济学家心情还迫切，经济学家主要是好奇，博彩公司与赌民们则涉及大笔钱款的进出。钱总比好奇心重要。

诺贝尔在关于设立诺贝尔奖的遗嘱中所说的奖是生理学或医学、物理、化学、文学及和平奖五项，并没有经济学奖。从当时的情况来看，也许诺贝尔本人根本没注意过什么经济学。现在的诺贝尔经济学奖与诺贝尔毫无关系，是瑞典中央银行 1968 年在庆祝建行三百周年时建议并设立的。全称是"瑞典中央银行纪念阿尔弗雷德·诺贝尔经济学奖"。由于其评选方式、授奖方式与时间、奖金数量和奖章与诺贝尔奖其他奖项相同，所以，一般都简称为诺贝尔经济学奖。甚至在许多人心中它与生理学或医学、物理、化学、文学与和平都是同样的诺贝尔奖。得过诺贝尔经济学奖的人也与得过诺贝尔奖其他奖项的人享有同样崇高的社会知名度，甚至成为一种头衔。

但是对诺贝尔经济学奖该不该设立一直存在争论。当时设立诺贝尔经济学奖的基础是经济学已经成为和物理学与化学一样的科学，研究客观的经济现象，使用了与其他科学一样的科学方法，并且可以得出许多有助于经济发展的理论。特别是计量经济学的建立使经济学可以和其他自然科学一样使用数学化的模型。这更使它成为一门科学。

但即使在当时，这种看法也没有得到公认。有许多人认为，经济学无论用了多少数学知识，它毕竟是一门社会科学，与哲学、社会学、历史学没有根本差别。如果经济学设诺贝尔奖，其他社会科学为什么不设？诺贝尔的侄孙彼得·诺贝尔博士是瑞士圣嘉兰大学商业法教授，也曾任诺贝尔奖学术会委员，他与两位瑞典经济学家及一位瑞典科学院数学院士 2004 年曾在瑞典《每日新闻》上发表长文，反对诺贝尔经济学奖的设立，认为此举玷污了诺贝尔的一世英名。

但这一奖项仍在评选，并且得到普遍的关注，为人们所认可，这就在于它的评选严肃认真保持了公正性，且评出的成果的确也对经济学的发展做出重大贡献。这些贡献都是先得到经济学界的公认，然后这种理论的创立者才获奖的。

诺贝尔经济学奖在设立时确定的原则是授予"以科学研究发展静态和动态的理论，以及对提高经济分析有积极贡献的人士"。曾任诺贝尔经济学奖评奖委员会主席的瑞典经济学家林德贝克把经济学研究分为五类：一般均衡理论、宏观经济学、微观经济学、跨学科研究和经济分析新方法。在评选时，委员会强调两个原则：一是理论要有原创性，而且这种原创性必须是有意义的，能结出硕果的，而不是一些不着边际的空想；二是要对现实经济产生影响，能促进现实经济发展。应该说，到目前为止诺贝尔经济学奖的评选是遵循了这两个原则的。

公正的评选和对原则的遵守还要靠评选程序来保证。诺贝尔经济学奖的评选分为三步。首先由评奖委员会将一份详细问卷寄给世界各地的著名经济学家，征求他们的提名。这一阶段推选的候选人大约在一两百人左右。这使评奖有广泛的基础。然后由评奖委员会聘请的权威经济学家匿名研究被提名者的成就，从中推选出二十名候选人。最后在此基础上评选出五位，由评奖委员会五名成员投票决定。这五名最后的候选人才能作为被提名者。在华裔经济学家中只有蒋硕杰先生进入过这一五人名单。经过这种严格推选过程而选出的五名候选人都有突出成就，谁获奖都不会令人失望。在整个评选过程中，评选情况对外都是严格保密的，评选过程的严谨与公正保证了诺贝尔经济学奖的权威性。从1969年颁发第一届诺贝尔经济学奖开始，至今已有五十多年了。人们对以往获诺奖者的理论有不同的看法，但没有评奖不公、评奖委员会腐败或其他丑闻，甚至连八卦级的丑闻也没有。

评选中也出现过两位或三位（最多三位）获奖者，有时是同时对某项研究做出贡献者，有时也是为了"平衡"。例如1974年获奖的缪尔达尔和哈耶克。这两位学界认为一个是极左翼，一个是极右翼，都有突出贡献。评选委员会为了公正就把他们都评上了。或者为了对某一问题的创新更全面。如2018年获奖的罗默和诺德豪斯。一个人讲如何增长，另一个人讲增长的不利影响及如何解决，这样对经济增长的理解就全面了。

一直有人认为某些人不该获奖，某些人该获奖或未获，现在看，该获奖的人的确是实至名归，不该获奖的人也是徒有虚名而无重大突破，这些不满往往是评论者的个人政治观点与偏激情绪。比如当年对弗里德曼获奖，反对声极高。现在看来这是一些极左翼人士反对他自由放任的基本观点，并把当时智利屠杀左翼人士归咎于他和他的弟子。这完全是无中生有，他对经济学理论的贡献现在已被更多的人认可。还有不少人为英国经济学家琼·罗宾逊鸣冤叫屈，还认为评奖委员会歧视妇女。现在看来这更荒唐。琼·罗宾逊以其"左"得可爱而出名，实际对经济学并没有什么突出贡献。今天她已被许多人遗忘了。指责评奖委员会歧视妇女更无道理。你不能因为一名女工未被录用就指责企业歧视妇女，同样你也不能因为获诺奖的女经济学家少就说评奖委员会歧视妇女。

获得诺贝尔经济学奖者都是在他做出成果后三十年左右，甚至更长时间。这就使这种成果保持它的严肃性。罗默的成就是80年代做出的，早已得到公认，博彩公司也多次把他列入当年获奖的赌局名单，但直到三十多年后的 2018 年才获奖。多亏他长寿，否则就没戏了。这种时间考验同样证明了弗里德曼理论贡献的意义，而琼·罗宾逊的成就不值一提。如果根据当时社会知名度评奖，诺贝尔经济学奖早就没了。

尽管有关诺贝尔经济学奖的设立是否合理现在仍有争论，对获奖者的成果也有不同看法，但它评选的公正性、严肃性使它至今还存在，并受到经济学界和公众的认可。世界上没有哪一种奖项比诺贝尔奖，包括原本并不属于诺贝尔奖的诺贝尔经济学奖，更为权威，更受世人关注。

伯乐难求

——经济学家被退稿

现在大家都知道，美国经济学家阿克洛夫的著名文章《"柠檬"市场：质量、不确定性与市场机制》是信息经济学的奠基论文之一，阿克洛夫为此获得诺贝尔经济学奖。但谁能想到，这篇经典文章曾三次被退稿。阿克洛夫在 1966 年就完成了这篇论文，并先后寄给三家专业杂志社《美国经济评论》《政治经济学杂志》《经济学研究》，但编辑们都认为这篇文章是讲柠檬问题的，以"本刊非农业杂志"或者"我们不打算刊发这类无聊题材"等理由拒绝。以后阿克洛夫在回首往事时认为原因有两个：其一是把信息引入经济学，正统经济学家担心这会使经济学杂乱无章，经济学的严谨性受到破坏；其二是这篇文章的风格不够严肃，与教条式的学报有点格格不入。一匹好马就被这些伪伯乐丢掉了。

直至四年后的 1970 年 8 月，这篇文章才在《经济学季刊》发表。三番五次的退稿使阿克洛夫信心崩溃，即使在发表后，他仍然避免和同行谈论这篇文章。直到 1973 年他在英国度假，听到英国专家不断提到此文，并认为它有重大贡献，他的信心才逐渐恢复，并沿着这个方向研究下去，取得重要成果。

其实遭遇退稿的著名经济学家不止阿克洛夫一人。一项对包括所有在世的诺贝尔经济学奖和克拉克奖获得者在内的经济学家调查发现，退稿极为普遍。大名鼎鼎的萨缪尔森曾与合作者斯托配尔合作撰写了有名的《保护主义与真实工资》，被《美国经济评论》退稿。这篇文章五十年后才在《经济研究评论》发表。萨缪尔森一直耿耿于怀。

另一位诺贝尔经济学奖获得者莫迪利安尼一篇被无数次引用的文章也被《计量经济学》退稿，后来发表于《收入与财富研究》，该文章建立了杜森贝利－莫迪利安尼消费函数，是研究储蓄与消费关系的重要理论。

资本定价理论建立者夏普 1962 年的成名作《资本资产价格：风险条件下的市场均衡理论》。这是一篇关于资本定价的划时代论文，但却被《财务学学报》退稿，编者及审稿者认为夏普"所有投资者做出相同预测"的结论荒唐无稽。直至 1964 年该刊换了新编辑，并委托新任命的"匿名审稿者"审稿，此论文才得以刊出。这篇文章把资产组合理论推向新境界，二十多年中被同行学者引述达 2000 次以上。

1992 年诺贝尔奖获得者贝克尔写的《竞争与民生》投给了他所在芝加哥大学的《政治经济学杂志》，该刊编辑汉密尔顿想发表，但由于芝加哥大学的经济学大腕奈特对此文的评价甚劣而没敢发表。直至若干年后此文才在《经济学与法学学报》上发表，发表后大受好评，但文章中的许多原创性见解已失去意义。

年轻人，即使获得克拉克奖，也难免被退稿。克鲁格曼的贡献是新国际贸易理论。他的一篇极重要的文章《收益递增：垄断竞争和国际贸易》1979 年寄给《经济学季刊》，由于一名匿名审稿者认为该文不宜刊登而被退稿。他又寄给《国际经济学学报》，该刊的两名匿名审稿者都提出异议，多亏克鲁格曼的老师巴格瓦蒂力排众议，此文才被发表。巴格瓦蒂认为此文太重要，才不避嫌疑力主发表。此文令克鲁格曼一举成名。尽管克鲁格曼在 1991 年就获得克拉克奖，但他的论文居然有 60% 被退稿。他的重要论文《目标地区和汇率动态》被《政治经济学杂志》退稿，后来虽然在《经济学季刊》上发表，但他的分析方法尤其是计量程式已成明日黄花，有大量同类论文发表。为此他特意写了"投稿经过"来说明。

诺贝尔经济学奖获得者布坎南、迪布鲁及马科维茨都有过被退稿的经历。另一位诺贝尔经济学奖得主阿罗在任美国计量经济学会会长时，他的论文亦被该协会的会刊《计量经济学》退稿。阿罗只好幽默地说：这证明该刊编辑大公无私。

没有被退稿的经济学家只是因为很少给杂志写稿，或者只应邀写稿。

这些优秀论文的杀手往往是编辑或匿名审稿人，但也不乏极其著名的大师，我们以上提到的奈特是一位，凯恩斯也是一位。当年他主持《经济学杂志》时曾对因国际贸易理论而获诺贝尔经济学奖的瑞典经济学家米德的论文《区域与国际贸易》退稿，并亲笔写下"本文的结论不知所谓，不应刊登"。著名经济学家霍特林提出了资源消耗的《消耗性资源经济学》也被凯恩斯退回，理由是不登充满高深数学的论文。以后这篇文章在《政治经济学杂志》上发表，成为资源经济学的奠基之作。甚至与凯恩斯私交甚好、以后写过《凯恩斯传》的哈罗德也曾被凯恩斯退稿，哈罗德对此"死不瞑目"。著名经济学家弗里德曼、威克塞尔、西托夫斯基等都有被凯恩斯退稿的经历。凯恩斯简直是经济学家的头号杀手。

看来真像我们中国人说的"千里马常有，伯乐难求"。编辑当然不是千里马，学术水平没那么高，但应该当伯乐。不过从这些退稿看，关键不在水平而在态度。能说凯恩斯这样的人水平不够吗？其中匿名评审人都是相当有水平的专家，但他们对审稿的态度太不认真了。自己看不懂或没听说的，就一概否定，不肯认真去学习研究。多亏学术刊物众多，还有发表机会，但原创性已由于发表晚而失色了。看来做一个伯乐，水平并不是关键，态度才是第一位的。一个认真负责的编辑或匿名审稿人才能成为好伯乐。

经济学家的赌博

——对未来悲观与乐观之争

经济学家都爱认死理儿。争论中双方各自坚持自己的观点，针尖对麦芒，互不相让。谁也无法说服谁，于是就打赌。正确者赢，错误者输。

这次打赌的两位经济学家，一位是斯坦福大学的教授保罗·埃尔里奇，另一位是马里兰州立大学的教授朱利安·西蒙。在关于人类前途的问题上，埃尔里奇是悲观派。他认为由于人口爆炸、食物短缺、不可再生能源消耗、环境污染等原因，人类前途堪忧。西蒙是乐观派。他认为人类社会的技术进步和价格机制会解决人类发展中出现的各种问题，人类前途光明。他们两人代表了经济学界关于人类未来的两种根本对立的观点，因此这场赌博格外受世人关注。

他们决定赌不可再生资源是否会消耗完的问题。悲观的埃尔里奇认为，随着不可再生资源的减少，价格一定会大幅度上升。乐观的西蒙则认为，由于技术进步和价格机制的作用，这些资源的价格在长期中不仅不会大幅度上升，还会下降。他们选定了铬、铜、镍、锡、钨五种金属，各以假想的方式购入 1000 美元的等量金属，每种金属各 200 美元。以 1980 年 9 月 29 日这五种金属的价格为准。假如在 1990 年 9 月 29 日，这五种金属的价格上升了，埃尔里奇赢；如果这五种金属的价格下降了，西蒙赢。输者把到时价格与 1980 年 9 月 29 日价格的差价补给赢者。漫长的十年过去后，这五种金

属的价格下降了。埃尔里奇输了，他十分守信，把自己输的价格差
57607美元交给了西蒙。

这场赌博的赌注并不算大，但意义非同小可。西蒙教授赢了之
后说，他对这场赌博必胜充满了信心，他相信价格机制的调节作用。
价格随供求关系灵活而及时地变动，反映了资源稀缺程度。当一种
资源稀缺时，价格上升，从而刺激了供给，抑制了需求；反之，资
源过剩时，价格下降，从而刺激了需求，抑制了供给。这五种金属
是不可再生资源，但也受价格机制调节。当它们越来越稀缺时会刺
激价格上升。价格上升会刺激供给，减少需求，从而再使价格下降。
以这五种金属为例，当它们价格上升时，这五种金属当然无法增加，
但可以开发出替代品。技术进步让我们可以用塑料代替铜和锡生产
制成品，可以用沙子制成的光导纤维代替铜。价格上升刺激了人们
开发替代品，技术进步又使这种替代品的生产成为现实。从需求来
看，这五种金属价格上升，也会刺激人们更节约地使用这些资源，
回收用过的资源。当然，对供给的刺激、替代品的出现还是主要的。
替代品的开发与大量生产是技术进步的结果，而促使这种结果出现
的，还是价格的刺激。看来西蒙的获胜既不是瞎猫碰上死耗子，也
不是运气好，而是他深信价格机制和技术进步的神奇力量。这也是
所有乐观派的基本观点。

其实在许多经济学家看来，这场赌博并没有多少悬念。美国经
济学家哈罗德·霍特林在30年代的一篇论文中已经分析了这个问
题。他把不可再生资源的价格变动率称为资源存量的利率，这种利
率会随其他资源的利率（收益率）变动而同比例变动。当资源利率
上升时，其他资源（比如用于开发替代品的投资）就会进入，从而
使利率上升的资源的利率下降，与其他资源的利率相等。这被称为
霍特林原理。这个原理说明使不可再生资源不会耗尽、价格不会一
直上升的是价格机制。这种价格机制又必然刺激技术进步。

价格机制和技术进步能解决一切问题吗？恐怕也不那么乐观。
人类还要认真对待未来会遇到的各种问题。不仅是稀缺资源的耗尽，

还有全球气候变暖、耕地面积减少、环境恶化、全球收入差距拉大等。这些问题恐怕不是简单的价格机制和技术进步可以解决的。在人类未来问题上，我是谨慎的乐观派。相信人类有美好的未来，但要通过多方的努力，绝不能简单地相信价格机制和技术进步。

发展经济学的兴衰

——西方模式在发展中国家的失败

"二战"之后，面对发展中国家独立之后发展经济的需要，经济学中出现了一个新的分支"发展经济学"。欧美许多大学都开设了"发展经济学"这门课，并成为经济学研究的热点，有大量论著问世。1979 年以对发展经济学贡献而闻名的经济学家刘易斯和舒尔茨还为此获得诺贝尔经济学奖。但进入 80 年代之后，"发展经济学"衰落了，现在甚至很少有人问津。

"发展经济学"的兴衰告诉我们什么？

无论经济学家们是如何想的，发展经济学的兴起实际与"冷战"的背景相关。"二战"之后，苏美两大阵营进入"冷战"时期。原来的殖民地国家独立之后，都面临经济发展问题。苏美两大阵营都想把这些国家纳入自己的阵营，以壮大声势。要让这些国家成为自己阵营中的一员，就要给它们好处，帮助它们发展经济。所以，苏美两大阵营都不惜对这些国家提供经济援助。苏联企图把斯大林计划经济模式介绍给这些国家，让它们采用这种体制。埃及、印度、非洲一些国家都接受苏联援助，走过一段计划经济之路。美国则企图让这些国家用市场经济方法发展经济，把它们纳入世界资本主义体系。如何用经济学去指导这些国家的经济发展就成为经济学要解决的问题。我们当然不排除有些经济学家对这些独立后的国家的关心与兴趣，但发展经济学的兴起得到政府的资助正说明这些经济学家的兴趣与当权者的意图一致。所以，我们不能否认"发展经济学"的兴起与"冷战"背景的关系。

应该说，发展经济学家也注意到发展中国家与发达国家的经济与社会的巨大差距。比如，刘易斯的"二元经济理论"把发展中国家经济结构分为工业经济与传统农业经济两部分。舒尔茨认识到，农业在发展中国家的重要性，强调从农业入手实现发展的重要性。还有许多经济学家强调了国家在经济发展初期阶段的重要作用。总之，他们都注意到发展中国家与发达国家的不同之处。他们中的不少人还到这些国家进行调查，甚至当这些国家的经济顾问。

但是，传统的经济学主导了他们。在他们的头脑中，西方的市场经济才是发展经济的唯一正确道路。他们所想的就是如何把已经成熟的西方市场经济模式运用到国情完全不同的发展中国家。发展经济学以西方市场经济模式为基础，所要解决的是如何在一个不同的经济现实中建立这种模式。

尽管这些经济学家力图了解发展中国家的现实，但毕竟没有生活在其中，了解太少，思路仍摆脱不了西方模式。比如，当时一种理论称为"贫穷循环模式"，认为发展中国家，因为穷所以无法发展经济，这就造成更穷。发展中国家跳出这个"贫穷循环模式"的方法就是获得资金，这就要引入外部资金，从而有了发达国家政府的各种援助。但他们不知道，许多发展中国家的政府极为腐败，又实行专制统治，因此，这些援助的资金根本没有用于基础设施建设、发展教育或发展经济，而是被政府官员贪污了。许多援建的各种项目，成功的并不多。不改变政府和制度，再多的资金又有什么用？西方国家又把它们的机械，尤其是农业机械，以及技术介绍到发展中国家，但在以文盲为主体的国家，这些机械技术又有什么用？

发展经济学家提出了许多理论，包括贸易发动机论、贸易条件恶化论、两缺口模式、进口替代、计划化与工业化、结构主义理论等，但发展中国家的经济依然贫穷落后，许多国家连基本的温饱问题都没有解决。究其根源，在于西方的市场经济模式，或者是自由放任，或者是国家干预，都不能真正解决发展中国家的现实问题。英国经济学家拉尔在 80 年代初出版的《发展经济学的贫困》中指出了发展经济学的失败。这是因为丰富多元的发展经济学和根据这些理论制定的政策并没有使发展中国家发展起来。当一种理论看似头头是道、实际一无所用时，它的命运也该终结了。现在已没什么学校还开设"发展经济学"这门课，这门学问也少人问津了。当然，还有不少经济学家关注并研究发展中国家的经济问题，但思路与原来的发展经济学完全不同了。

美国经济学家萨克斯讲过一个笑话。有人养的鸡死了，向巫师请教，巫师让他给鸡舍换个地方，鸡又死了。养鸡人又去请教，巫师让他给鸡舍改个形式，鸡又死了。养鸡人再请教，巫师让他给鸡舍换个颜色，鸡还是死。这时巫师也不见了。萨克斯说的巫师就是那些发展经济学家。不能让鸡不死，要巫师何用？

现代人看黑死病

——走出中世纪

　　新冠肺炎疫情的流行目前已使全球 2 亿多人感染，400 多万人去世，经济衰退，生活混乱。我们当然把这作为一场人类的灾难。但几百年，甚至几千年后，那时的人们也许会把它作为人类历史上的一个转折点。我做这样的猜测是因为 14 世纪的黑死病使欧洲死了三分之一的人，其灾难之重超过了今天的新冠肺炎。但我们现在把黑死病看作欧洲走出中世纪的开端，或者现代化之始。

　　1348—1349 年欧洲的黑死病，即鼠疫的流行，给欧洲带来了毁灭性灾难，但这也是英国与欧洲历史的一次重大转折。英国历史学家弗朗西斯·艾丹·加斯凯在他的《黑死病：大灾难、大死亡与大萧条》中指出："这次大瘟疫是英格兰历史的一个转折点，真正终结了中世纪时代，真正开启了我们的现代时期。它割断了与过去的联系，带来了新时代的曙光。"加斯凯研究的重点是英国，其实这个结论适用于整个西欧，即世界上最早进入现代社会的地方。

　　这个转折点的出现先要从英国和西欧的政治经济体制说起。中世纪是典型的封建社会，一个国家之中有许多由贵族统治的小国。这些小国又由小贵族统治的庄园组成，每个庄园都是一个自给自足的经济实体。他们向上面的国王纳税，战争时出兵。黑死病暴发之后，人口大量死亡，而且平民的死亡率高于贵族的死亡率，农田大量荒废，无人耕种。庄园连自身也难以维持，更别说缴税了。封建体制动摇了。农民意识到自己的稀缺，要求提高工资，尽管国王三令五申不许涨工资，也无济于事。原来庄园是由贵族统一管理的，农民都是农奴，但现在这种体制也维持不下去了，只好采用土地租赁制，把土地租给农民耕种。以后各地又出现了农民起义，农奴的身份就变成自由的农民。封建王国无力维持，农奴成为农民，封建体制就开始瓦解了。

黑死病还沉重打击了当时占绝对统治地位，且作为封建制上层建筑的天主教的统治。黑死病中，英国有一半左右的教职人员死亡，这就使许多教堂日课、弥撒、晨祷、晚祷，以及各种圣礼圣餐、儿童的洗礼、死人的临终祷告等活动不得不中止。匆忙寻找的年轻圣职人员水平又差，即使有这些活动，也不正规，不规范。天主教让人崇敬的原因之一在于许多严肃而又神秘的仪式。但由于合格神职人员严重缺乏引起的宗教仪式的不存在或不合规范，让人们对宗教丧失了信心。人们不再相信传统，对信仰产生了怀疑。天主教在人们心中的地位动摇了，但人们还是渴望宗教意识和宗教感情的，这就为新宗教的出现奠定了基础。以后英国改信新教以及欧洲宗教改革的兴起并被接受，都与这场黑死病对天主教的打击有关。

黑死病在欧洲的另一个影响是文艺复兴。黑死病通过海上贸易之路从亚洲传入欧洲，最早的登陆口岸就是热那亚和威尼斯。所以，意大利是最早暴发黑死病的地方。人们在病中突然死去，丧失一切。这让人们反思：处处受各种教规和传统的约束，这应该是真正的人生吗？难道人生下来就是为了受苦受难吗？黑死病流行中也有一些人开始放纵自己，享受人生之乐。这就是人性解放的开始，文艺复兴的中心正是人性的解放。文艺复兴的早期思想家彼得拉克和薄伽丘正生活在黑死病时代。他们目睹并记录了黑死病的灾难，也领略了人们摆脱苦难的要求，在他们的作品里就表现出人性解放的意识。无论是彼得拉克的诗歌，还是薄伽丘的小说《十日谈》，都充满了对人性自由之渴望，揭露了宗教与传统扼杀人性的虚伪与残酷。读《十日谈》我们可以强烈感受到，教士们为所欲为，甚至把人性发展为兽性，却要我们严守约束，处处压抑人性。黑死病的灾难使人们更渴望人性的自由，而这正是文艺复兴的背景。

社会的现代化是建立在中世纪封建体制解体的基础之上的，现代化先从思想意识的变革开始，宗教改革、文艺复兴正是现代化开始之时的两次重要思想解放运动。这才有以后的科学革命、启蒙运动，逐步拉开了现代化的大幕。现代化的这一切正源于黑死病。

说起来的确太残酷了，为人类开启美好生活的现代社会居然是给人类造成极大灾难的黑死病带来的。当然，没有黑死病人类也会缓慢地进入现代社会。黑死病没有创造出现代社会的到来，只是加快了它的到来。灾难会加速人类历史的进程，这在历史上已经不是一次了。黑死病不是人类可以操控的，只要有人类，这类瘟疫就不会停止：没有黑死病，有新冠；没有新冠，还会有其他。面对大自然，人类是渺小的。我们不能改造自然，只能认识自然，适应自然，利用自然。

哥伦布发现新大陆

——全球一体化之始

1492 年 10 月 12 日，在航行两个多月后，哥伦布和他的船队到达印第安人所说的瓜纳哈尼岛，即今天我们沿用哥伦布命名的圣萨尔瓦多。这时他想的也许是终于找到了盛产香料和黄金的东方，也许是可以当这方乐土的总管，也许是可以代表上帝教化当地"愚民"，也许是回西班牙后盛大的欢迎仪式。他也许想到了许多，但他绝不会想到，他的这个冒险壮举开始了全球一体化的新时代。正是在这种意义上，许多历史学家把这一天作为现代化的开始。

自从一万多年前人类从今天的白令海峡进入美洲之后，白令海峡水面上升，东西两个半球从此彻底分开，就如同地球与火星一样。尽管此前维京人三次进入美洲，但直至哥伦布来到美洲，东西两个半球又连接为一个像更早"泛大陆"一样的整体。东西半球尽管距离遥远，但只要有航路，就不能阻挡人们的联系交往。这样，全球化就不可抗拒地开始了。

首先是动植物与生态的一体化。东半球的稻米、小麦等植物以及马、牛、羊、猪等动物进入西半球。西半球的玉米、土豆、红薯、烟草、西红柿、辣椒等植物进入东半球。同时，东半球的天花等细菌和病毒进入西半球，西半球的梅毒等也进入东半球。在生物界再没有东西半球的分离了，只要气候和土壤条件合适，任何一种植物都可以在全球任何一个地方成长，任何一种动物都可以在全球任何一个地方繁殖生存。

不过这种动植物的大交流是在东西半球经济社会发展差距十分巨大的情况下，由发达的西欧国家主导的，交流是由入侵西半球的欧洲殖民者以掠夺的方式进行的。因此，交流的结果是大大促进了欧洲的现代化，而西半球的原住民则陷入灭顶之灾。欧洲侵略者移民西半球，夺走了原住民的土地，靠天花消灭了 90% 左右的原住民，又用其他手段消灭了剩下的人。如今原住民几乎灭绝了，他们辉煌的玛雅文化、阿兹特克文化、印加文化几乎都被强行消灭。这时全球化并不是东西半球的平等交流，共同繁荣，而是东半球的欧洲强占西半球。以后的西半球实际上成了欧洲的殖民地，欧洲地域扩大，原来的美洲被消灭了。全球化无非是欧洲的资本主义扩张到全球，与欧洲资本主义扩张到亚洲、非洲没有什么本质差别。全球化的本质是全球资本主义化，马克思、恩格斯在《共产党宣言》中正是这样分析全球化过程的。

在此基础上的经济全球化已经不是东西半球之间欧洲人和原住民的经济交流，而是欧洲人在东西半球之间的经济交流。这种交流不仅涉及欧洲和美洲，而且涉及亚洲和非洲。古老而保守的亚洲和基本处于原始时期的非洲被迫卷入这个全球经济一体化的过程中。

最初欧洲与美洲之间的经济一体化是欧洲的殖民者把美洲的白银、黄金、蔗糖、棉花、烟草等物品运往欧洲，尤其是白银和棉花对欧洲的早期工业化起了重要的推动作用。由于美洲种植甘蔗、棉花、烟草需要大量劳动力，但殖民者和移民人数有限，当地原住民又近乎灭绝，因此就从非洲运来人口，开始了近三百年的奴隶贸易。这种贸易的路线一般是把美洲的物品运往欧洲，在欧洲又购买工业品和武器运到非洲，从非洲买回奴隶劳工，送回美洲。这被称为"三角贸易"。"三角贸易"把非洲卷进了经济一体化的格局中。

美洲的玉米、烟草、土豆、红薯，由欧洲人（主要是西班牙人）传播到亚洲，以后又经菲律宾华人之手进入中国。这是明中期以后中国人口增加的原因之一。同时，欧洲各国在购买中国的瓷器、茶叶和丝绸时，又把大量白银送往中国。这对中国确定银本位货币制度起了关键作用，也促进了明中期以后商品经济的发展。从此中国进入全球一体化体系，并成为东亚地区贸易的中心。中国不自觉地进入全球化，但中国本身的专制政治与传统意识形态是保守、封闭的。中国近代史就是欧洲想把中国纳入全球化体制之内，但中国顽强抵制的历史。这也是中国近代贫穷、落后的重要原因。

欧洲移民进入美洲，欧洲殖民者入侵非洲和亚洲，不仅在经济上强制把各国纳入全球化体系之内，而且把自己的宗教传播到各地，又以自己的意识形态来主导世界的意识形态，这样西方的价值观成为普世价值观。当然这种世界观的传播及成功还在于西方的武力。任何一种意识形态的传播都是靠武力的，当年的宗教思想，以后的西方价值观都是如此。如今西方的价值观成为普世价值观靠的也是西方国家强大的经济与军事实力。许多国家都有自己的宗教与价值观，也在顽强地抵制西方的宗教与价值观，但成功者并不多。真正在吸收西方思想的同时坚持了自己传统文化的，只有中国、日本等少数国家。

哥伦布发现新大陆之后的全球一体化的确从根本上改变了世界。因此，把哥伦布发现新大陆作为现代化之始是有道理的。当然这种全球一体化是通过西方国家对其他国家的殖民化侵略实现的，充满了血腥与暴力。无论如何评价这种全球一体化，它一旦开始就是不可抗拒的，也是不可逆转的。总体上看，尤其是"二战"之后这种全球化对各国而言还是利大于弊的。经济进步、全球整体生活水平的提高还是不言而喻的。历史的进步以恶为代价，这的确是真理。

近水而居

——地理环境与社会经济

　　人类起源于非洲，但人类最早的农业文明是在中东出现的。我们会注意到，人类的早期文明都在大江大河这些有水的地方。中东文明在幼发拉底河和底格里斯河之间的美索不达米亚，埃及文明在尼罗河沿岸，中国文明在黄河与长江，印度文明在恒河。这是因为这些地方的环境宜居，动植物丰富，气候湿润而温暖，适于没有能力向大自然恶劣环境挑战的人类生存。早期走出非洲的人类只有在这些地方才易于生存和发展。

　　近代资本主义产生于海洋沿岸，同样也离不了水。最早的威尼斯、热那亚，以后的荷兰、英国都是临海的国家。资本主义市场经济产生于贸易，而海洋正是那时繁忙的贸易通道。更为重要的是，贸易使不同国家、不同民族、不同地区的人在一起交流各自的思想，从事海上贸易的人，思想开放，也容易创造出新思想。资本主义正以新思想为先导。

　　从这两个历史事实来看，地理环境决定了一个国家的经济社会发展，这就是说近水的地方经济社会发达。美国学者戴蒙德在《枪炮、病菌与钢铁》中又指出了地理环境决定的第三个例证。非洲为什么落后？我们知道，人类文明源于驯化动植物的农业革命，但并不是说任何动植物都可以驯化。非洲有丰富的动植物，但没有一种是适于驯化的。美洲为什么落后？从地图上看，欧亚成横向地势，是一片大陆。所以，中东驯化的小麦，中国驯化的水稻，不同地方驯化的猪、牛、羊、鸡、马、狗等可以流传到其他地方，共享这种驯化的成果。欧亚大陆与美洲之间有浩瀚的大海相隔，这些驯化的成果无法传到美洲。美洲自己也有驯化的玉米、土豆、西红柿等丰富的植物，但美洲呈南北纵向的地势，各地气候条件差别极大，中美洲驯化的玉米、土豆等也无法传到其他地方。在动物方面，美洲除了羊驼这样不算重要的动物，没有其他可驯化的动物。

资源是地理环境的重要内容，资源丰富也成为经济发展的条件。石器时代火山爆发形成的黑曜石就是制造石器的重要原料。农业文明时期山西运城的盐、晋南以煤铁矿为基础的炼铁，工业革命时英国的煤，当今中东的石油都为当地经济发展起过重要作用。地理环境在人类社会早期对经济社会发展起过重要甚至关键的作用，是不容置疑的。所以一些学者，比如俄国的普列汉诺夫曾经用地理环境来解释人类社会发展的差异也不无道理。

但真理跨过一步变为地理环境决定论就成为谬论了。决定经济社会发展的因素是多方面的，其中关键的还是社会制度。只有在适合的制度之下才会有经济增长、社会发展，这就是美国经济学家诺思所说的增长的"路径依赖"。有一种适于经济增长的制度，地理环境的优势才能得到利用；缺乏这种制度，地理环境的优势就无用武之地。中国有漫长的海岸线，但没有得到利用，完全等同于一个没有海岸线的内陆国家，这正在于中国从秦朝起建立的中央集权专制制度和为这种制度服务的保守意识形态。在这种制度下只想保持自己在陆地上的专制，根本没有"海权"观念，不仅不利用海洋，还实行"海禁"政策，不让老百姓利用海洋。我们的造船与航海技术可以支撑郑和船队的远洋航行，但这种远航并不是开拓领土、发展经济，而仅仅是炫耀而已。地理环境不能变，但制度可以变。改革开放之后，我们才得以利用海洋的优势使经济迅速发展，社会发生了举世瞩目的巨变。

在当今世界上，资源更不能成为发展的制约条件。没有资源的日本、瑞士及许多国家都走在世界前列，而一些资源丰富的国家还不是靠低价出卖资源度日？再看国内，资源丰富的东北、西部远远不如资源缺乏的广东、浙江、江苏。而且，没有制度的保证，即使发现了资源，也只是带来短暂的经济繁荣，当资源用完之后又回到昔日的贫穷之中了。经济学家把这种资源发现带来的短暂繁荣称为"荷兰病"。现在产石油的中东国家极为富有，但几乎没有什么人看好其长期前景。因为石油并没有改变这些国家的制度，它们原来的制度并不适于经济持久增长。

地理环境对社会影响更大的还在于思想意识。沿海地区对外交往繁忙，这就有利于当地人民思想开放，愿意接受新观念，但内地思想趋于保守。这正是内地与沿海经济水平差距较大的一个重要原因。比较中国的内地与沿海，这一点格外清楚。

经济发展是复杂的，很难用"地理环境决定论"或"地理环境无关论"来概括。坚持这两种极端观点的学者都可以用事实来批驳对方，证明自己，但这些哪如认真分析各种影响增长的因素有用呢？

拉美为什么掉队

——社会主流意识形态与发展

富的国家走的是基本相同的路，而穷的国家各有不同。

2017 年去南极时曾路经阿根廷住了几天，这个自然资源丰富、过去也曾相当富裕的国家如今经济混乱，通货膨胀，社会极不安全。当地导游一再提醒不要多换当地货币，否则走时换不回来，外出则要几人同行且不宜带贵重物品。听他的介绍，我们都不敢自己出去玩儿了。

其实不只是阿根廷，整个拉美，除了智利，大都如此。拉美资源丰富，目前人口 5 亿左右。1700 年前，北美和拉美的生活水平大体相当，然而到了 1820 年，拉美的人均收入仅为北美的三分之一，近年只有北美的五分之一。正因为如此，拉美人口大量外流，每年仅到美国的非法移民就有 40 万人左右，还有数万人非法移民欧盟。20 世纪 90 年代之后拉美也努力进行市场化改革，但收效甚微。

是因为他们曾是殖民地吗？恐怕不是的，许多原先的殖民地在独立之后都走上了发展的道路。北美原来和拉美一样，都是欧洲的殖民地，如今不也发达了吗？世界上当过殖民地而发展起来的国家和地区恐怕不在少数。

是他们的政治制度专制吗？恐怕也不是，专制或民主并不决定经济发展。许多专制国家经济照样发展，许多民主国家则一团糟。智利是民主制度时，民选的阿连德上台，经济崩溃，皮诺切特靠政变上台，实行军事独裁，强制向市场经济转型，这才使智利经济繁荣起来。至今智利经济在拉美仍是最好的。有人认为，民主政治是市场经济的前提。我不认为这话对。那是西方国家的模式，不一定适合其他国家。许多国家是靠专制制度实现了市场经济转型，在经济繁荣之后才转向民主的。智利就是这样。也有人提出，专制加市场化是最有效的，我也不认为这是一个好模式。但专制的确有利于市场经济转型。智利、韩国、印尼等国走的都是这样一条路。政治制度并不是决定经济最重要的因素，关键在于采用什么经济模式，是由什么思想主导的政治制度。思想意识的主导在拉美极为重要，无论专制也好，民主也好，主导拉美政府的思想是民粹主义。

　　民粹主义的一个重要表现是与以美国为首的发达国家对抗。重点不是反对西方国家的各种错误，而是经济上自守孤立。这就是发展战略的替代进口。这种发展战略来自阿根廷经济学家普雷维什的"外围－中心理论"。这种理论认为，在世界经济中，西方国家是中心，而包括拉美在内的发展中国家是外围。中心国家利用他们原有的优势剥削外围国家，外围国家只有摆脱对中心国家的依附，甚至经济联系才能得到发展。这就是自力更生、独立发展的由来。由这种思想制定的战略就是进口替代战略。这就是说，进口的目的是使自己的经济发展起来，所以只进口机器设备或原料这类本国生产需要的东西，而不进口消费品。进口的目的是发展自己国内独立的经济体系，一旦这种体系建立就可以与中心国家对抗，不与它们再有来往。在现实的政策中，它们没收国外资本，排挤国外企业，对西方国家设置高关税和各种非关税限制，也不向西方国家学习引进先进的技术和管理经验。在当今世界上，各国之间的经济往来是促进各国经济发展的。这种"中心－外围理论"和"进口替代战略"切断了与发达国家的来往，其实也切断了自己的发展之路。所以，尽管"二战"前，巴西、阿根廷等国经济相当发达，整个拉美并不落后多少，但在这种思想指导下，经济一路跌下去。而且在这些国家民众中形成极为强烈的排外精神，只有反西方、反美的人士在选举中才能上台，统治也才能维护下去。

民粹主义的另一个特点是重分配甚于生产。蛋糕没做大就想如何分，经济尚且落后就想如何增加福利。阿根廷的前总统庇隆和庇隆夫人在政时，国内经济并不好，但却实行各种福利政策。而且这种做法颇得人心，我在阿根廷时，曾听不少人对庇隆和庇隆夫人赞赏不已，回忆那一段美好时光。没有经济基础的福利能持续多久？所以，以后阿根廷的经济停滞、落后是必然的。一些民粹主义领导人在拉美相当有市场，他们往往能当选，并以民主之名行专制之实。你看看历任拉美各国领导人，有几个不是靠民粹主义上台的？

在民粹主义盛行的地方有两个共同的特点。一是缺乏法制，没有与市场经济一致的立法。比如产权得不到保护，正常的竞争秩序建立不起来，也得不到法律保护，至于外国的投资更是风险极大，说没收就没收。这样的地方，贩毒等各种罪恶横行，黑社会的势力强大，连政府都要让它三分，社会秩序混乱，哪里具备经济发展的基本条件？二是官员的贪污腐败成风。当权者给民众小恩小惠，自己得大恩大惠，甚至与黑社会勾结，共同致富。下面的官员如此效仿。即使有国外的援助也不是用于国家经济发展，而是用各种手法截流，化公为私。所以，公众贫穷，官员致富。这样的经济如何能发展起来？

不过这样的经济也不是没有发展的可能，智利就是一个成功的榜样。从智利的经验看，需要一个皮诺切特一样的强人改变这种状况，这就是英雄在历史上的作用。这个问题太复杂了，这里就不展开了。

拉美的经历告诉我们，民粹主义是经济发展的大敌，不改变这种主流思想，经济就没有希望。

中国明代中期资本主义萌芽辩

——商品经济不是市场经济

　　"文革"前，明代中期是否已出现资本主义萌芽被称为五个历史大题目即"五朵金花"之一。论者基本的观点是，明代中期已有了相当发达的商品经济，如果不是帝国主义入侵摧毁了这个萌芽，中国的这个资本主义萌芽也会长成参天大树，经历人类发展的资本主义阶段。

　　这种观点的立足点是，商品经济就是市场经济，市场经济就是资本主义的基础，明代中期已经有相当发达的商品经济以及相关的手工业。这种商品经济就是资本主义萌芽，因为商品经济就是市场经济，或者必然发展为市场经济。我对这种观点的疑惑主要有两点：一是明代中期的商品经济到底发展到了什么程度？二是商品经济是否就是市场经济，或必然发展为市场经济与资本主义？

　　明代中期的商品经济的确相当发达。从讨论资本主义萌芽的有关文章中可以看到许多例证，但商品经济到底发展到什么程度，有三点值得注意。一是商品经济的发展主要限于江苏、浙江、广东这些经济发达的地区，在其他地区，商品经济的发展仍相当有限。中国商品经济的发展地域差异相当大，用局部地区的商品经济发达来代表整个中国，并不正确。二是就中国整体来看，仍然是一个自然经济状态。即使帝国主义入侵之后，中国社会仍然没有改变自然经济为基本模式的格局，甚至在商品经济发达的江南地区也仍然以自然经济为主体。有一些专业化的农民生产经济作物或从事手工业，但主体农民仍然是自给自足为主，商品生产与交换仅是辅助的。三是明代中期的商品经济再强大，也是在专制体制之下的商品经济，那些成功的商人还形不成一个对社会有影响的阶层。总之，从整个体制来看，明代中期以后商品经济的发展并没有打破中世纪自给自足的自然经济的状态。

商品经济不是市场经济，也不会自发地进入资本主义市场经济。商品经济在历史上出现得很早。自从有人类就有了商品交换，在许多古代国家商品经济也曾经相当发达。自古希腊，古罗马，中世纪的地中海各国，意大利的威尼斯、热那亚等甚至已经到了以商立国的地步，但它们也不是现代意义上的市场经济，甚至也没有自发地成长为资本主义市场经济。商品经济仍然是商品的生产与交换，在任何制度下、任何时期都得以存在，并发展到相当程度。但要由这种商品经济发展为现代市场经济或资本主义还需要许多其他不可或缺的条件。缺乏这些条件，商品经济再发达，永远也成不了资本主义市场经济。商品经济不是资本主义萌芽，仅有商品经济也长不出资本主义的参天大树。

著名的英国历史学家艾伦·麦克法兰曾指出："市场资本主义是一个集态度、信仰、建制于一身的复合体，是一个寓经济和技术于其中的大网络。"这就是说，不同体制下的商品经济要发展为现代市场资本主义，即现代市场经济需要意识形态和社会制度的根本变革。在西欧，这些变革经历了宗教革命、文艺复兴、启蒙运动、科学革命这样一些根本性的革命变动，这样西欧通过不流血的英国"光荣革命"或流血的法国大革命，才得以进入现代市场资本主义。所以，市场资本主义只起源于西欧，世界其他地区并没有自发地产生这种制度。

中国明代中期有这些重大的思想或制度变革吗？根本没有。有学者认为，明代中晚期的《金瓶梅》《肉蒲团》《痴婆子传》等小说可以看作"文艺复兴"，顾炎武、黄宗羲等人的思想已有民主意识，明代城市相当发达并已形成公民社会，徐光启等知识分子已开始接受西方文化，哥伦布发现新大陆已把中国拉进全球一体化的体系，等等。这些都是中国市场资本主义的思想，甚至制度先导，没有清兵入关，这些也会发展为中国的文艺复兴、启蒙运动。

这些学者为了证明自己的观点，对这些个别现象的解释总夸大其词。《金瓶梅》等小说尽管在"色情"这一点上与《十日谈》等小说有相似之处，但缺乏对人性解放的系统呼吁；文艺复兴绝不仅仅是《十日谈》，还有许多更有思想的文艺作品与论文。顾炎武等人的思想对于专制有所批评，但并非系统的民主思想。明代城市已相当发达，也形成公民社会，但仍在专制者控制之下，是专制经济的中心，并非西欧一样的"自治城市"。徐光启等人对西方科技有所接受，但整个思想体系并没变，直到清末对西方科技仍抱着"中体西用"的思想，这种学习吸收对改变中国专制与保守思想有什么用？哥伦布发现新大陆，中国的确面临全球化的境地，但并不是积极进入而是一味抵制。

从根本上说，这些个别现象并没有动摇专制体制与保守意识形态的绝对统治地位，对中国社会的影响几乎没有。即使商品经济有市场资本主义的萌芽，也被当时专制的制度和保守的意识形态扼杀了。

还是马克思说得对，中国靠自身的力量是无法走向市场资本主义的，要依靠外力打开中国的大门。所以，他既谴责了英国发动的鸦片战争对中国的残酷、血腥和掠夺，又肯定了鸦片战争打开中国大门的意义。也就是从鸦片战争之后，才有一代代志士仁人为中国的现代化而流血牺牲。这就是以费正清为代表的学者提出的"刺激－反应"模式。使中国发生翻天覆地变化的"改革开放"也是如此。

慈禧住进大德通

——专制下的官商结合

1900 年，八国联军攻陷北京。大清帝国最高统治者慈禧太后带领光绪皇帝和部分大臣及宫中各色人等仓皇向西逃亡。经历两天苦难颠簸之后，于阴历八月初十入住祁县大德通票号总号院落。

慈禧和光绪为什么不由山西巡抚安排住官府大院而住进了一家私人大院？乔家的大德通为什么能有如此殊荣？耗资巨大的接待给乔家带来了什么？

原来乔家早有结识大清最高统治者的心愿，且乔家大德通票号大掌柜高钰又与内务府大臣桂春交往甚密。所以，慈禧一行准备西逃时，桂春就通知高钰做好接驾准备，并安排这一行人住在大德通。乔家为慈禧一行准备了最高规格的接待，为他们提供了宫中闻所未闻的山西特色宴席和各种特色小吃，让他们充分得到休息，临走又送上 30 万两白银。慈禧对乔家的接待心存感激，回京后不仅同意山西票号可以汇兑官银，而且把《辛丑条约》中赔给各国的本息近 10 亿两白银交由山西票号汇兑。当大清想办大清银行时，又欲委托山西商人筹办，可惜这些山西人不懂央行做什么，没有接受。

接待慈禧一行是晋商最成功的一次官商结合。晋商能成为天下第一商帮，不仅在于自己的制度创新、诚信的企业文化以及晋商本身的勤奋智慧，还在于成功的官商结合。其他主要商帮，如粤商和徽商的成功也靠了官商结合，为什么明代专制下的成功商人都离不了官商结合？

从秦王朝建立到清王朝灭亡，中国一直是中央集权专制社会，明清是这一体制的巅峰时期。在这种体制下，政府不仅拥有一切资源，而且有对人民的生杀大权。任何人想经商必须得到政府给予的资源以及经商的权力。晋商从事茶叶贸易的龙票、票号汇兑官银的权力，粤商从事的对外贸易，徽商从事的盐业贸易，批准权全在政府。这就决定了能否经商，经商是否能成功，全在政府的操控之中。这样，商人就要用自己的钱去交换政府官员手中的权。有了权，获得了资源，才可能经商，经商成功后生命财产才有保证，同时也可以利用权力在激烈的商业竞争中获胜。总之，权力是经商成功的保证，因此，商人需要权，他们必须通过各种形式的官商结合获得权。如果把官商结合进行的钱权交易作为市场，商人就是需求一方。

官员当然是供给权力的一方。中国传统儒家文化是教导官员如何为民、为天下社稷的。在现实中，官员同样是利己的，"当官不予民做主，不如回家卖红薯"只是说给别人听的，自己奉行的还是"三年清知府，十万雪花银"。为了实现这个目标，官员就要把自己的权力转化为金钱，到市场上把权力作为一种商品卖给商人，在专制之下，这种官商之间的权力交易遍地横行，御史的种种监察也是无力的。只要在政治上不得罪上司就可以你好我好大家好，共同用权力获益。中央集权专制下，官员的权力是绝对的，绝对而不受约束的权力必然产生腐败，产生钱权交易，这是人类社会不变的客观规律。

商人有对权力的需求，官员有对权力的供给，这就形成钱权交易的市场。晋商靠这种交易获得了出口茶叶的龙票、从事官银汇兑的权力。粤商靠这种交易获得了垄断对外贸易的权力，富可敌国。徽商不惜巨资接待乾隆下江南，从垄断盐业交易中获取的利益超过了支出多少倍，这才有了繁华的扬州。历史上哪个成功商人的背后没有肮脏的钱权交易？

但也必须指出的是，官商结合，靠权力致富，也就把自己的命运绑到权力上。权力兴，商业兴，一旦权力亡，商业就亡。在大清灭亡前的十年是晋商最辉煌的十年，靠汇兑官银，尤其是《辛丑条约》中规定的赔款，白银哗哗流入。但清亡后，晋商马上断崖式灭亡。鸦片战争后，清政府不得不开放五口通商，手中没有了控制对外贸易的权力，也无法卖给粤商了，粤商只好转战上海，重新奋斗。清中期盐政改革，取消了政府的盐业垄断权，徽商也走向衰落。这就是官商结合的必然结果。

用买来的权力赚钱是最简单的，但这也会削弱自己的创新能力和开拓精神，实际上就种下了灭亡的种子。一旦权力失去，这个种子就成长起来，开花结果了。

在中国商帮史上唯一坚持做草根商人、不寻求官商结合的是宁波商帮。所以，在鸦片战争后他们实现了成功的转型，成为近现代中国唯一成功的商帮。近代上海的兴起、香港经济的繁荣，都有他们重大而不可磨灭的贡献。

中国商帮的历史告诉我们，不靠官商结合，靠自己的勤劳、智慧，才是经商成功的唯一道路。

盐业专卖制下的腐败与走私

——乾隆三十三年的两淮盐引息银案

　　盐业专卖就是国家垄断盐业的经营。这种制度起源于春秋时的齐国，始作俑者是管仲。管仲的盐业专卖加上国家经营妓院使齐国变得强大，成为春秋五霸之一。战国、秦和西汉初年，盐业专卖时存时亡。汉武帝想增强国力击败匈奴，采用大盐商东郭咸阳的建议，从元狩四年（公元前119年）实行盐业专卖。汉昭帝始元六年（公元前81年）的盐铁会议上确定了盐铁专卖的制度，一直延续下来。

　　盐业专卖之下，盐业由盐铁使、盐政之类官员控制。这些官员同样有人性中贪婪的一面，在缺乏监督又没有权力制衡的情况下，贪婪的人性膨胀，贪污腐败就出现了"野火烧不尽，春风吹又生"，甚至越演越烈的局面。明代中期把商人运实物到边关换取卖盐的盐引的"开中制"改为用银子买盐引的"折色制"。但并不是任何人都可以用银子买盐引，只有名字进入"纲本"（又称"窝本"）的商人才可以买盐引，谁能进入"纲本"，进入"纲本"的商人能买多少盐引全由官员说了算。尽管明政府曾规定不许四品以上官员及其家人从事盐业贸易，但盐业的利润太大了，这些规定实际没起任何作用。

　　到了清代仍沿用了明代的盐业制度，由于进入"纲本"才能从事盐业贸易，这种制度又被称为"纲盐制"。清代人口增加，盐业的利润更丰厚，盐官成为天下第一的"肥缺"。贪污腐败更为严重，发生在乾隆三十三年（1768年）的两淮盐引息银特大贪污案正是一个典型案例。

案件的起因是，乾隆十三年（1748），两淮盐商要求朝廷增加每年盐引的发放定额，以满足市场对盐的需求。当时任两淮盐政的吉庆，在收取了盐商送的五万两银子以后，将盐商的要求上报乾隆皇帝。乾隆皇帝在听取户部的意见后，同意在不增加当年盐引定额的基础上，将次年的盐引定额提前使用。同时要求盐商对提前使用的盐引向政府另支付一笔"预提盐引息银"。盐商们又向吉庆行贿五万两银子，吉庆同意先支付部分息银，余额作欠缴处理，等盐商们经营赚到钱时再补交、结账。盐商们接受了这种妥协的做法。后继的两淮盐政普福、高恒仍然在接受贿赂之后允许欠缴息银。他们两人分别受贿十多万两和二十多万两银子。乾隆三十三年，尤世拔接任两淮盐政，无法改变这一陈规，盐商有恃无恐，坚持不补交历年所欠的息银。乾隆皇帝由于财政困难，催交历年所欠的息银。盐商们仍以各种借口拒交。尤世拔无奈只好向乾隆皇帝告发息银中的黑幕。乾隆皇帝震怒，下令查案。经查证，三任两淮盐政和其他官员历时二十年共贪污应缴国家的息银1000万两。吉庆、普福、高恒被抄家，除吉庆已死外，普福、高恒被斩首。高恒还是乾隆皇帝妃子的弟弟，属于皇亲国戚。历任两淮盐政的下属盐运使七人受革职、降级处分。这就是历史上著名的"两淮盐引息银大案"。小说《大清盐商》和据此改编的同名电视剧，正是以这一案件为中心的。

其实在专制制度之下，盐业引起的贪污腐败是普遍规律。如果不是盐商们与尤世拔对抗，乾隆皇帝逼交息银又急，这件事恐怕也就不了了之了。而且在这起案件处理之后，清代的盐业官员贪污受贿也没有得到制止。清中后期户部尚书陶澍把"纲盐制"变为"票盐制"，即不必入"纲本"也可以买盐引。但盐业专卖之下，贪污腐败从来没停止过。

盐业专卖之下腐败的另一种形式是走私。由于官盐价高质次，私盐价低质好，加之许多偏僻地区，官盐难以顾及。自从盐业专卖起，走私就从未断过，而且规模相当大。尽管明清两代对走私盐都有极严格的法律，但在现实中对私盐贩子根本形不成威胁。这就在于官员的腐败。这时的官员就不仅是盐政或者盐运使之类的专管盐业专卖的官员了，包括所有各级官员。在私盐上，他们的腐败主要有三种形式。一是自己和家人利用自己的权势参与走私活动。二是与走私盐贩合作，分享利益。一些有军权的官员甚至用军队为走私活动提供保护。三是在走私盐贩被抓之后，接受其贿赂，大事化小，小事化了。这些腐败的案例不胜枚举，在官场官商勾结，不仅与合法的盐商勾结，还与非法的走私盐商勾结已成为相当普遍的现象，"三年清知府，十万雪花银"，有一些正来自这种盐业专卖制度。

一部盐业专卖史就是官商勾结、官员贪污受贿的历史，专制是腐败的温床，绝对专制就有绝对腐败。盐业专卖证明了这一点。

养廉银不养廉

——廉政之路

　　低薪肯定是不养廉的。中国历史上，明代官员的薪金是最低的。据赵翼《二十三史札记》记载，洪武二十五年定的官禄是，正一品月薪俸米 87 石，从一品至正三品，每级递减 13 石。从三品 26 石，正四品 24 石，从四品 21 石，正五品 16 石，从五品 14 石，正六品 10 石，从六品 8 石，正七品至正九品，递减 5 斗（半石），到 5 斗而止。在实际支米时不是米，而是折成钱钞、苏木、胡椒或布。折来折去，每 10 石米也就值一二两银子，甚至六钱。

　　薪金如此之低，除了像海瑞这样甘心清贫的官员外，尽管对贪污惩罚极严，也不得不走邪路。所以，从历史书和小说看，官员们的生活还是不错的。清代延续了明代制度，官员们"千里来做官，为的吃和穿"，就用"火耗"来补贴自己。火耗起源于明代万历年间，指将碎银子融化为银锭时的损耗。明代"一条鞭法"规定赋税一律征银上交，把百姓的碎银熔化为上交的银锭就有了火耗。征税时加征的火耗大于实际的火耗就归官员了。雍正上台后把火耗规范化，一律归公，并向官员发养廉钱。据光绪《清会典事例》，各级官员的养廉银为：总督 13000—20000 两，巡抚 10000—15000 两，布政使 5000—9000 两，按察使 3000—8444 两，道员 1500—6000 两，知府 800—4000 两，知州 500—2000 两，知县 400—2259 两，同知 400—1600 两。其他官员，如河道总督、漕运总督、盐运使等都有相应的养廉钱。这大体是正薪的 10—100 倍，成为官员的主要收入。清代以后一直沿用这种制度。

应该说，雍正把火耗从潜规则变为有法可依的显规则，既增加了政府的收入，又对官员实行高薪养廉，实行收支两条线，是有意义的。应该说历史上称为康乾盛世的，其实是雍正起了关键作用。可惜许多野史、小说给了我们一个阴险、毒辣的雍正。历史就这样任人打扮了。

但养廉银并没有养廉，清朝的贪官之多、数额之大也是史无前例。一个和珅贪污的财产居然进了世界千年五十名富人榜。

为什么养廉银不养廉？这首先在于人性是贪婪的，再多的养廉钱也满足不了这种贪欲。但让这种贪欲度变为现实的则是专制下官员无限的权力。中国传统社会是专制制度，这种制度有两个特点。一是官员权力绝对大，可以决定一切。所谓"灭门的知县"就是知县可以让你灭门，何况更大的官。二是官员的权力缺乏监督。尽管历代都有御史，清代还独创了"密折制"。但在专制之下，这些监督只是用作钩心斗角、排除异己的工具。

其实在专制制度下，贪腐已成为一条食物链，即使一个官员个人操行再好，也不得不贪腐。曾国藩、左宗棠、张之洞这些人都是当时的重臣，但不也要向中央官员送"冰敬""炭敬"，在办事时行贿各级官员吗？这已成为一种潜规则，不按此办事则行不通。制度让人腐败，你不腐败都不行。绝对的专制产生绝对的腐败，的确是至理名言。

在民主制度下，腐败也难以避免。20 世纪 20 年代，美国的官场也相当腐败，官员们甚至与黑社会勾结，这才有以后美国新闻界的"扒粪运动"，专门曝光官员的腐败。仅从新闻上看，现在民主国家哪个没有贪腐？韩国的几任总统都因贪腐进了监狱，韩国也是总统民选的民主制度啊！

看来腐败还是根植于人性中贪婪的一面，无非是制度是否让它变为现实。从现实看，也有贪腐相当少的国家，如新加坡，有位经济学家曾经总结出反腐的几条经验。第一，要支付高薪，所谓高薪就是让官员与自己同样学历、经历、能力的人有大体的相同的收入，以保证他可以过上与自己身份相当、有尊严的生活。这是廉政的基础，但绝不是廉政的唯一条件。第二，有严格的制度性监督，对腐败官员的严惩。惩罚的力度应相当大，以法律为准则。韩国的几任总统入狱，我想对以后的总统还是有警示作用的。第三，新闻舆论的监督。当年，美国的"扒粪运动"对官员起了震慑作用，如今互联网的发达就是反腐的有力工具。第四，要加强官员的道德修养，让他们自己约束自己。任何腐败制度下都有清官，这就在于他们个人的道德修养。我们要倡导廉政正气，让更多官员可以自觉防腐。

廉政路有千万条，经济、法律、道德都是不可缺的，我想创造一个廉洁、风正的社会完全是可能的。

中国历史上改革者下场悲惨

——改革的教训

　　在中国历史上，许多改革者都有勇气、有胆识、有为国捐躯的精神，他们的改革，成功也好，失败也好，改革者的下场都悲惨，轻者丢官流放，重者人头落地。这些改革利国利民，推动了历史进步，为什么改革者要付出如此巨大的代价？

　　我们来看看几次极为重要的改革。

　　春秋战国时期，各国都以强国为目的进行了许多次改革，但最成功的还是商鞅变法。历史上第一次有重大影响的改革就是这次改革了。商鞅以法家思想在秦国进行了两次改革。第一次在秦孝公六年（公元前356年），主要包括：编定户籍，实行连坐；禁止游说求官和私人请托；奖励军功，禁止私斗；重农抑商，发展农业生产；轻罪重刑，树立权威。第二次在秦孝公十二年（公元前350年），主要包括：废除分封，实行郡县制；废除井田制，开阡陌，承认土地私有；统一度量衡；迁都咸阳，统一征收军赋。这些改革全面而彻底，终于使秦国"期年之后，道不拾遗，民不妄取，兵革大强"。尽管为秦统一全国奠定了基础，但他本人却被车裂而死。

　　西汉末年，以正人君子示世的王莽篡权，改革的中心是实行王权制，就是今天的土地国有化，禁止买卖，并由国家把土地给私人耕种。此外还实行国家垄断经营的"六管"，全面管制商业和物价，取消了人民的一切自由权。还对货币制度进行复杂而混乱的改革。

他的改革加剧了经济的倒退与混乱，西汉灭亡了，他也没有好下场，成了人们眼中的"乱臣贼子"。

唐代安史之乱以后，唐朝经济崩溃，掌管财政的刘晏进行了改革。他的改革主要是改革漕转制度。漕转涉及向首都运粮的重大任务，但当时已严重受阻，他把漕转改为官商并运，政府与商人合作，放松盐业专卖，允许商人参与。同时设立政府的常平仓，以丰补缺，保证粮食供应。他既重视政府的作用，又利用商人参与，官商并用，终于缓解了经济困难。但支持他的唐代宗去世后，他被唐德宗免职又赐死。

北宋王安石的改革是妇孺皆知的。他的变法包括：由政府以低于私人利率的利率向农民贷款的青苗法、旨在平抑物价的均输法、用钱代替差役的免疫法等。但王安石的改革并没有成功，丢了官职，不过靠北宋不杀大臣的传统还是活下来了。

明代张居正的"一条鞭法"改革也是相当有名的。这种改革建立在清丈土地、核实户口的基础之上，其内容是把赋税中的各种名目，如力差、银差、杂项等合为一种，按田亩核算统一征收。这次改革对增强国库收入、改善百姓生活都有积极作用。但他死后被剖棺、抄家，家破人亡。

为什么会这样，我认为从以上各次改革和改革者的结局，可以得出几点有意义的教训。

第一，要采用渐进式改革，不能采用激进式改革。改革必然涉及利益格局的改变，会伤及既得利益集团的利益，这必然引起既得利益集团的强烈反对。不能因为他们反对就不改革，但采取的方式不能是直接与既得利益集团对抗，因为他们的势力远远大于改革者。这就要先从对既得利益集团损害小的改革起步，逐渐展开，别想毕其功于一役。而且，尽量对既得利益集团进行可能的补偿。商鞅、刘晏等人都是得罪了太多的既得利益集团而死。尤其在中央集权专制社会，改革者靠皇帝支持，也许既得利益集团会收敛，而一旦皇帝死去，权力格局改变，改革者的末日也就到了。渐进式改革才是改革的成功之道。

第二，设计改革方式，不仅要看目的，还要看能否有效实施。许多改革者的改革方案往往是很好的，但在实施中往往走了样，适得其反。尤其要考虑到整个官场体系的行政能力与效率。王安石的青苗法原意是减少农民青黄不接时贷款的困难。但实施者把政府贷款作为自己谋利的工具，强迫不需贷款的农民贷款，这就完全违背其原意了。改革方案再好，一旦实施，被扭曲的不少，还在于政府机构的效率和廉洁程度。人们常说老和尚的经被小和尚念歪了，正是这个意思。

第三，改革者做得正，保持自身廉洁，不要从改革中实现自己的私人利益。改革者的品质极为重要，一个改革者要一身正气，廉洁奉公。读过一本介绍台湾地区改革的书，介绍了改革功臣尹仲容。他掌管外汇局，但从不为自己谋利，死时家中只有一堆书，他死后夫人住院，连医疗费都付不起。这样廉政的人改革，即使既得利益者也不得不佩服。明代张居正下场不好就与他自己好色无度，以至于吃壮阳药，冬天头上都无法戴帽子，这还成为当时官场风俗。他及家人又贪腐，所以，死后有此下场也不足为奇。我们不能要求改革者是圣人，但为自己追求的改革一定要敢于牺牲个人利益。没有这种大公无私的精神，还是别当改革者。

各国历史上都有不少改革，其中还是成功的少，原因就在于改革是一场触及不同阶层人利益的革命。如果没有全盘的安排，没有循序渐进的方法，没有改革者的付出，再好的改革也难以成功。我们从中国几次改革中得出的教训仅仅是沧海一粟而已。

乔家与美第奇家族

——东西方企业家的差别

乔家，即晋商乔致庸家，在中国商人甚至晋商中也并不是最富有的。且不说明初的沈万三，就是在清代，乔家也不是最富的。粤商的伍秉鉴曾进入世界千年五十名最富有人的排行榜（中国历史上的商人中，他是唯一的进入者），肯定比乔家富。在晋商中，最富有的还是太谷曹家。但由于电视剧、小说的影响，他在中国商人中的名气最大，所以我把他作为中国企业家的代表。

美第奇家族是意大利最富有的家族之一。它由银行、金融和药业等起家，曾在15—18世纪间统治当时的佛罗伦萨达三百多年之久，他们这个家族在致富之后不仅有商人、实业家、金融家，还有诗人、政治家、艺术家，甚至还出了法国皇后和两位教皇。

但他们成功之后，对社会和历史的影响完全不同。乔家致富之后首先是买地、建房或把银子窖藏起来。其次是用于官商结合，或者买一个名义上的官职，甚至为死去的先人买官职，既提高自己的身份又"报效"国家，或者用于贿赂各级官员，比如花巨资接待慈禧和光绪。最后则是用于社会公益事业，修路、修桥、办学校、资助穷人或用于救灾。乔家和晋商大户没有从政，也没有从事有益于社会的文化事业。

美第奇家族也从事过这种活动，但他们还做了两件对历史影响甚大的事情。一是支持了文艺复兴运动。不仅有经济上的资助，还有政治上的庇护。文艺复兴时的巨人，如但丁、拉斐尔、达·芬奇、米开朗琪罗都出生并成长于佛罗伦萨，得到过美第奇家族的资助，伽利略在支持哥白尼的日心说遭到迫害时，也受到美第奇家族的庇护。文艺复兴当然与这些巨人的贡献相关，但美第奇家族的帮助也功不可没。二是建立了至今仍然有名的乌菲兹美术馆。美第奇家族在富裕之后收集了大量的古希腊、古罗马，尤其是文艺复兴时期的艺术品，建立了这个美术馆，最后又把这个美术馆捐给了佛罗伦萨人民，这就是今天的乌菲兹美术馆。今天，当我们在这家博物馆欣赏那些精美的艺术品时，对美第奇家族的感谢之心油然而生。乔家和其他富商家族也收藏过不少艺术品，但那仅仅是个人爱好，以后散落各方，对社会意义并不大。

为什么同样致富但对社会贡献的差异如此之大？这就在于不同社会的制度与思想。在西方社会，商人和其他阶级是同样平等的，他们进入政界或从事其他事业毫不受商人身份的影响。在西方社会，富了就是成功者，无论你是如何富的。尽管当时的意大利也说不上是民主社会，但自由度还是比中国大得多。在中国进入仕途的唯一方法是通过科举考试，在徽商中进入政界的就是通过放弃商人身份。中国商人在"士农工商"中排在最后，这决定了他们被歧视的社会地位，从而限制了他们致富后从事其他行业，尤其是从政。我们说，中国商人是纯粹的商人，这就是他们的商人身份限制了他们不得不"纯粹"。对社会而言，这是一种损失。其实商人经商成功证明了他们的能力，他们应该有更广泛的社会选择，对社会有更大贡献。可惜中国的制度限制了这一点。

从思想意识上看，中国商人深受儒家文化熏陶。儒家文化有许多保守、封闭的因素，这使他们的思想趋于保守，这正是包括晋商在内的其他商帮在中国经济社会转型时期没有完成转型的原因，西欧的许多成功商人转变为现代企业家正与他们思想开放，能与时俱进有关。尽管美第奇家族在欧洲进入现代化时衰落了，但不可否认，资本主义早期许多成功的企业家来自以前成功的商人。

从社会责任上看，中国商人追求"达则兼济社会"，实际上只是从事各种慈善事业，这些事业不是没意义，但意义有限。西方的企业家更关注对社会有影响的大事业，如美第奇家族支持了文艺复兴与创办了乌菲兹美术馆，以后有不少人则是办大学、办基金会，从事更有意义的社会公益事业。中国商人与西方商人社会公益的眼界完全不同。

中国与外国企业家的差别当然不在于个人，而是在于主导社会的制度与思想。现在人们常谈"李约瑟问题"，其实问题的答案就在制度与思想。专制制度和保守思想下，能产生创新思想吗？所以，为企业家创造一个良好的环境，他们对社会的贡献会更大，不但能使企业做大做强，而且会促进社会进步。

后 记

　　《经济学夜话》完成了，我还想说几句话。

　　这本书的缘起还应该感谢国家开放大学（原中央电大）的王社荣先生。我一直主讲该校的"西方经济学"课程，他们用的教材也一直是我写的。我与电大的联络人就是王社荣先生，在今年我修改完国家开放大学"西方经济学"教材第四版之后，他找到我，请我为电大作一个"经济学故事"的节目，用讲故事的形式介绍经济学，每个故事讲五六分钟。正好三联希望我再修订过去《微观经济学纵横谈》与《宏观经济学纵横论》。这两个想法合在一起，就有了现在这本书。

　　对这本书的内容等，我在序言中已写了不少，这里只补充一点，就是最后的"史传篇"。"史传篇"是关于经济学史和经济史的，内容仅30篇。但我想说明的是，经济学史是讲经济学本身发展的历史的，对学习经济学十分重要，经济史是历史的核心，当然也十分重要，但这两个学科现在极为冷清，真正下功夫研究并有著作的人不多。我对这两个学科极有兴趣，也读了一点儿书，想了一点儿问题，但要真正出成书不可能了。因此，把我思考的一些问题写出来，引起大家的兴趣。研究学说史和经济史是一个清苦的冷门，难以成名和发财，进入这些学科全靠个人兴趣。我希望有条件、有兴趣的人从事这种冷门学问。这两个学科有许多学问值得我们思考，例如马尔萨斯的《人口论》有什么意义？新剑桥学派为什么使剑桥经济学的统治地位失去？中国有过资本主义萌芽吗？这些问题相当重要。我写了自己极为浅薄的看法，希望抛砖引玉，能引起更多人的兴趣。

本书也是我读书与思考的结果。这本书的内容参考了许多图书和文章。由于是一本普及性的书，其来源我也不一一指出了。我向所有我用过的著作的作者、译者致意，深表谢意。

我最早普及经济学的书就是三联出版的。这是我最后一本普及经济学的书，也由三联出版。我已近 80 岁，以后要能写也只写读书随感之类的东西了，与专业经济学是再见的时候了。三联是我终身的朋友，我会永远记住这一点。